DIETER JEDDELOH

Die Frage der Haftung bei fehlerhafter Ausführung von Bundesgesetzen durch die Länder

Schriften zum Öffentlichen Recht

Band 116

Die Frage der Haftung bei
fehlerhafter Ausführung von Bundesgesetzen
durch die Länder

Von

Dr. Dieter Jeddeloh

DUNCKER & HUMBLOT / BERLIN

Alle Rechte vorbehalten
© 1970 Duncker & Humblot, Berlin 41
Gedruckt 1970 bei Buchdruckerei Bruno Luck, Berlin 65
Printed in Germany

Vorwort

Die Abhandlung hat im Frühjahr 1969 der Rechts- und Staatswissenschaftlichen Fakultät der Philipps-Universität Marburg/Lahn als Dissertation vorgelegen. Die Arbeit hat Herr Professor Dr. H. Görg betreut. Ihm und Professor Dr. H. Herrfahrdt (†) habe ich für Rat und Förderung zu danken. Dank schulde ich nicht zuletzt Herrn Ministerialrat a. D. Dr. J. Broermann für die freundliche Aufnahme der Abhandlung in die Schriftenreihe.

Münster/Westf., im Dezember 1969

Dieter Jeddeloh

Inhaltsübersicht

I. Teil: Grundlegung

Erster Abschnitt 13
A. Die Aufgabe 13
B. Klärung der Begriffe 16
    I. Haftung 16
   II. Fehlerhafte Ausführung 20
       a) Begriff der „Ausführung" 20
       b) Fehlerhaftigkeit der Ausführung 22
       c) Fall der Schädigung 23
  III. Bundesgesetze 25
  IV. Durch die Länder 26
C. Historischer Exkurs 28

Zweiter Abschnitt: Die Verwaltung nach dem Bonner Grundgesetz 34
A. Aufbau der Verwaltung 34
    I. Formen der Verwaltung 34
       a) Landeseigene Verwaltung 34
       b) Bundesauftragsverwaltung 34
       c) Die übrigen Formen 35
   II. Mittel der Einflußnahme des Bundes auf die Länderverwaltung nach dem Grundgesetz im allgemeinen 35
       a) Landeseigene Verwaltung 35
       b) Bundesauftragsverwaltung 36
B. Die Verwaltung von Bundesmitteln 38
    I. Aufgaben- und Lastenverteilung nach dem Grundgesetz im allgemeinen 38
   II. In Betracht kommende Verwaltungsgebiete und Gesetze 46
       a) Bundesgesetze, auf Grund deren die Länder bzw. die Gemeinden (Gemeindeverbände) nach Maßgabe des Landesrechts — eigenverantwortlich Bundesmittel bewirtschaften 47
          1. Kriegsfolgelasten 47
          2. Bundesentschädigungsgesetz 50
          3. Landesbeschaffungsgesetz 51
          4. Bundeswahlgesetz 51
          5. Wohnungsbaugesetze 52
          6. Wohngeldgesetz 52

b) In Bundesauftragsverwaltung zu vollziehende Bundesgesetze, auf Grund derer die mit der Durchführung betrauten Stellen Mittel des Bundes bewirtschaften 53

   1. Bundesfernstraßen 53
   2. Schutz der Zivilbevölkerung (Luftschutz) 53
   3. Selbstschutzgesetz 54
   4. Schutzbaugesetz 54
   5. Zivilschutzkorpsgesetz 54
   6. Wirtschaftssicherstellungsgesetz 54
   7. Verkehrssicherstellungsgesetz 54
   8. Ernährungssicherstellungsgesetz 54
   9. Unterhaltssicherungsgesetz 55
  10. Soldatenversorgungsgesetz 55
  11. Bundesleistungsgesetz 55
  12. Ausgleichsgesetzgebung 56

     aa) Lastenausgleichsgesetz 56
     bb) Allgemeines Kriegsfolgengesetz 57
     cc) Währungsausgleichsgesetz 57
     dd) Altsparergesetz 57

  13. Administrative Programme des Bundes 57

III. Formen der Mittelverwaltung 59

  a) Allgemeines 59
  b) Die Möglichkeiten der Zuweisung, Verwendung und Abrechnung von Bundesmitteln im einzelnen 61

   1. Leistung von Ausgaben „unmittelbar für fremde Rechnung" 61
   2. Erstattung 64
   3. Pauschalierung 66

C. Rechtsvergleichung 67

  I. USA 68
 II. Schweiz 69
III. Österreich 69

II. Teil: Die Frage der Haftung

Vorbemerkung 71

Erster Abschnitt: Kann sich der Bund an die Empfänger seiner Mittel halten? 73

A. Allgemeines 73

B. Der Rückforderungsanspruch im einzelnen 73

  I. Aktivlegitimation 73
 II. Die rechtlichen und tatsächlichen Aussichten von Rückforderungsansprüchen der Bundesrepublik gegenüber den einzelnen Leistungsempfängern 75

Zweiter Abschnitt: Haften Landesbedienstete dem Land unmittelbar? 77
A. Zulässigkeit 77
B. Unmittelbare Schadenszufügung 77

Dritter Abschnitt: Haften Landesbedienstete dem Bund im Rahmen der Bundesauftragsverwaltung unmittelbar? 81
A. Landesbeamte 81
    I. Schaden 81
    II. Die Haftungsnorm 81
    III. Die Voraussetzungen der Haftung nach den landesrechtlichen Bestimmungen im einzelnen sind 82
        a) Verletzung der den Beamten obliegenden Pflichten 82
        b) Der Begriff „Dienstherr, dessen Aufgaben er wahrgenommen hat", in § 46 I BRRG und im Landesrecht (Funktionstheorie) 83
        c) Nehmen die im Rahmen der Bundesauftragsverwaltung tätigen Landesbeamten Aufgaben des Bundes oder des Landes wahr? 89
    IV. Erstattungsgesetz 100
    V. Auswirkungen des Ergebnisses auf außerhalb der Bundesauftragsverwaltung stehende Landesbeamte 100
    VI. Haftung nach sonstigen Vorschriften für Beamte der landeseigenen und der Bundesauftragsverwaltung? 101
        a) § 839 BGB? 101
        b) §§ 823, 826 BGB? 101
        c) Haushaltsrechtliche Vorschriften 102
            1. Haftungsbestimmungen (§§ 32, 33 RHO) 102
            2. Rechnungsprüfung (Art. 114 GG; §§ 2, 4, 6, 10 BRHG; 84, 87, 102, 104 RHO). Möglichkeiten der Schadensregulierung im Wege der Rechnungskontrolle des Bundes und die Abgrenzung der Haftungsfrage vom Rechnungsprüfungsverfahren 103
B. Nicht-beamtete Landesbedienstete 106

Vierter Abschnitt: Haften die Länder dem Bund unmittelbar? 107
A. Allgemeines 107
B. Rechtsweg 107
C. Die Länderhaftung im einzelnen 109
    I. Art. 108 Abs. 4 S. 2 GG 109
    II. „Öffentlich-rechtliches Auftragsverhältnis"? 113
    III. Allgemeiner Erstattungsanspruch 114
    IV. Bundestreue 118
    V. Aufrechnung 120
    VI. Öffentlich-rechtliches Schuldverhältnis 121
    VII. Treuhandschaft 123
    VIII. Ist Art. 34 GG i. V. m. § 839 BGB im bundesstaatlichen Verhältnis anwendbar? 124

Zusammenfassende Schlußbemerkung 129
Schrifttum 132

Abkürzungen

AO	Reichsabgabenordnung
AÖR	Archiv des öffentliches Rechts
AVVFStr	Allgemeine Verwaltungsvorschriften für die Auftragsverwaltung der Bundesfernstraßen
BayVerwBl	Bayerische Verwaltungsblätter
BB	Betriebsberater
BBG	Bundesbeamtengesetz
BGB	Bürgerliches Gesetzbuch
BGBl	Bundesgesetzblatt
BGH	Bundesgerichtshof
BGHZ	Entscheidungssammlung des Bundesgerichtshofs in Zivilsachen
BK	Bonner Kommentar
BML	Bundesministerialblatt für Landwirtschaft
BR	Bundesrat
BRD	Bundesrepublik Deutschland
BRHG	Bundesrechnungshofgesetz
BRRG	Beamtenrechtsrahmengesetz
BSHG	Bundessozialhilfegesetz
BSG	Bundessozialgericht
BT	Bundestag
BVerfG	Bundesverfassungsgericht
BVerfGG	Bundesverfassungsgerichtsgesetz
BVG	Bundesversorgungsgesetz
BVerwG	Bundesverwaltungsgericht
DBG	Deutsches Beamtengesetz
DGO	Deutsche Gemeindeordnung
DÖH	Der öffentliche Haushalt
DÖV	Die öffentliche Verwaltung
DJZ	Deutsche Juristenzeitung
Drs	Drucksache
DVBl	Deutsches Verwaltungsblatt
DVO	Durchführungsverordnung
E	Entscheidung
G	Gesetz
GG	Grundgesetz
GO	Gemeindeordnung
GVG	Gerichtsverfassungsgesetz
HA	Hauptausschuß
HBFinW	Handbuch der Finanzwissenschaft
HCHE	Herrenchiemsee-Entwurf

HdbdDtStR	Handbuch des Deutschen Staatsrechts
IFLA	Informationen zum Lastenausgleich
JÖR	Jahrbuch des öffentlichen Rechts
JR	Juristische Rundschau
JZ	Juristenzeitung
KOV	Die Kriegsopferversorgung
LOG	Landesorganisationsgesetz
LAG	Lastenausgleichsgesetz
L-M	Lindenmaier-Möhrung. Entscheidungssammlung BGH
MBl	Ministerialblatt
MDR	Monatsschrift für Deutsches Recht
NJW	Neue Juristische Wochenschrift
NW	Nordrhein-Westfalen
OGHZ	Entscheidungssammlung des Obersten Gerichtshofs (britische Zone)
OVG	Oberverwaltungsgericht
RArbBl	Reichsarbeitsblatt
RBB	Reichshaushalts- und Besoldungsblatt
RGRK	Kommentar der Reichsgerichtsräte (Bundesrichter) zum Bürgerlichen Gesetzbuch
RG	Reichsgericht
RGZ	Entscheidungssammlung des Reichsgerichts in Zivilsachen
RHO	Reichshaushaltsordnung
RJWG	Reichsjugendwohlfahrtsgesetz
RKO	Reichskassenordnung
RLA	Rundschau für den Lastenausgleich
RRO	Reichsrechnungsordnung
RWB	Reichsbestimmungen für die Wirtschaftsbehörden
RT	Reichstag
RV	Reichsverfassung von 1871
RVerwBl	Reichsverwaltungsblatt
ÜLG	Überleitungsgesetz
VdVStRL	Veröffentlichungen der Vereinigung Deutscher Staatsrechtslehrer
VerwVG	Verwaltungsverfahrensgesetz
VerwGO	Verwaltungsgerichtsordnung
VfG	Verwaltungsverfahrensgesetz
VGG	Verwaltungsgerichtsgesetz
WiGBl	Wirtschaftsgesetzblatt
WP	Wahlperiode
WRV	Weimarer Reichsverfassung
ZBR	Zeitschrift für Beamtenrecht
ZLA	Zeitschrift für den Lastenausgleich

I. Teil

Grundlegung

Erster Abschnitt

Einleitung

A. Die Aufgabe

Der föderative Aufbau der Bundesrepublik Deutschland hat es mit sich gebracht, daß die Gliedstaaten in großem Umfang Mittel des Zentralstaates in eigener Verantwortung oder in dessen Auftrag verwalten. Hieraus ergibt sich eine besondere verfassungsrechtliche Problematik. Vielfach ist oder gibt sich nämlich als Träger der finanziellen Aufwendungen der Oberverband, während die Bewirtschaftung der Mittel den Unterverbänden obliegt[1]. Ein kennzeichnendes Merkmal für diese Tatsache ist „das Auseinanderfallen von Finanzverantwortung und Verwaltungsverantwortung"[2].

Dabei bedeutet „Finanzverantwortung" allgemein die Verpflichtung, Mittel bereitzustellen. Wen die Finanzverantwortung trifft, richtet sich grundsätzlich nach der „Verwaltungsverantwortung", der Verwaltungszuständigkeit (Art. 106 Abs. 4 Ziff. 1, 83, 30 GG). Nach der Verfassung hat daher der Bund die Finanzierungspflicht derjenigen Aufgaben, für deren Verwaltung er selbst zuständig (bundeseigene Verwaltung) oder für die ihm sonst ausdrücklich die Finanzverantwortung auferlegt ist (Art. 120 GG)[3].

---

[1] Nach *Klein,* in Festschr. f. Giese, S. 108, beträgt der Anteil der Bundesausgaben, die nicht von Bundesbehörden, sondern für Rechnung des Bundes von den Ländern verwaltet werden, etwa 3/4 der Bundeseinnahmen. Vgl. auch Vialon, AÖR n. F. 38, S. 20.

[2] Hierzu Begr. d. BReg. zu den Fin.reform.ges., BT-Drs. Nr. 480, 2. WP; Ber. d. Abg. Arndgen, 28. Sitz. 2. WP, S. 1224; Dr. Gülich, 55. Sitz., S. 2707 (1953); Schriftl. Ber., S. 2707 ff.; vgl. auch Denkschr. d. Präs. d. BRechnH., Rj. 1952, BT-Drs. 1892, 2. WP Nr. 137 ff., 142; Drs. 554, 3. WP, Nr. 40; Drs. 1518 Nr. 128; Görg, DÖV 1951, S. 625; ders. in Festg. f. Herrfahrdt, S. 89 f.; Hacker in Hdb. Komm. Wiss. u. Praxis, Bd. 3, S. 415; Helmert, Haushaltswesen, S. 159; Hettlage, Fin.Arch. 1953, S. 413; Köttgen, Jhb. öff. R. n. F. 3, S. 87; Vialon, Haushaltsrecht, S. 66, ders., Öff. Fin.w., S. 325.

[3] *Rietdorf,* DÖV 1953, S. 226, u. *v. d. Heide,* DVBl. 1953, S. 290, äußern insofern zu Recht die Auffassung, daß der Begriff Finanzverantwortung die Ver-

Die Länder hingegen müssen für die Aufgaben, deren Verwaltung ihnen obliegt, auch die Mittel aufbringen. Diese Grundregel wird in der Praxis jedoch vielfach durchbrochen, da der Zentralstaat in großem Umfang Mittel für Aufgaben bereitstellt, die weder von ihm zu verwalten sind, noch zum Sachbereich des Art. 120 GG gehören.

Aus dieser Trennung (Art. 120 GG) und Überschneidung haben sich zwischen Bund und Ländern häufig Meinungsverschiedenheiten ergeben, wie beispielsweise darüber, ob und in welchem Maße dem Bund eine Einflußnahme auf die Mittelverwaltung durch die Unterverbände zusteht. Insbesonders ging es aber um die Frage, ob die Unterverbände oder deren Bedienstete dem Bund bei nicht ordnungsgemäßer Ausführung seiner Gesetze *haften*. Die Frage nach der Haftung und der zugrundezulegenden Anspruchsnorm konnte immer dann gestellt werden, wenn außerhalb der Bundesverwaltung stehende Behörden, die Teile des Bundeshaushaltsplanes ausführen, den Bund durch Veruntreuungen, Überhebungen oder Überzahlungen geschädigt hatten.

Die Möglichkeit, den Bund zu schädigen, ist besonders dann gegeben, wenn Behörden der Unterverbände Bundesmittel (unmittelbar) selbständig bewirtschaften. Diese Form der Mittelbewirtbeschaftung ist als Folge des föderativen Aufbaues der Bundesrepublik die Regel. Der Bund hat dabei auf die Ausgabengebarung seiner Mittel im einzelnen keinen Einfluß, sondern muß die Verfügungen der Landesbehörden unbesehen honorieren; sofern Fehlausgaben bewirkt werden, trifft der Schaden nicht das jeweilige Land, sondern den Bund.

Die im Zusammenhang mit der Haftungsfrage entstandenen Streitpunkte sind bisher nicht ausgeräumt[4]. Eine Lösung durch den Gesetzgeber ist in absehbarer Zeit wohl nicht zu erwarten[5]; sie dürfte auch überaus schwierig sein, da bei jedem Versuch einer gesetzlichen Regelung mit großem Widerstand der Länder zu rechnen wäre. Eine grundsätzliche, umfassende Klärung durch die Rechtsprechung steht ebenfalls noch aus.

In der Vergangenheit haben die beteiligten Stellen deshalb vielfach versucht, Streitigkeiten durch Vergleich zu schlichten[6]. Sprach in Schadensfällen die Rechtslage eindeutig zugunsten eines Beteiligten, so war

---

antwortung für die Bereitstellung *und* Bewirtschaftung der erforderlichen Mittel umfasse. Zur Frage, welchen Inhalt der Begriff „Aufgabenverantwortung" i. S. Art. 106 Abs. IV Ziff. 1 GG hat, vgl. S. 39 ff.

[4] Vgl. Helmert, Haushaltswesen, S. 236; v. Turegg-Kraus, S. 221 f.; Sturm, DÖV 1966, S. 78; ders. S. 256 ff.; Gutachten der Komm. f. d. Finanzreform, Rdnr. 215.

[5] Vgl. jedoch die Bemerkung auf S. 129.

[6] Nr. 236 der Denkschr. des Präs. BRH, Haushaltsrechn. 1952, BT-Drucks. 1892, 2. WP (1953).

A. Die Aufgabe

in Einzelfällen ein Schadensausgleich durch Übereinkunft möglich. Verhandlungen des Bundesausgleichsamtes mit dem Deutschen Städtetag, dem Deutschen Landkreistag sowie Vertretern der Allgemeinen Kommunalen Haftpflichtschadenausgleiche, um die Haftungsfrage z. B. auf dem Gebiet der Ausgleichsverwaltung vergleichsweise zu regeln, blieben erfolglos. Einen der daraufhin im ordentlichen Rechtswege ausgetragenen Musterprozesse, bei denen der Schadensersatzanspruch auf § 839 BGB i. V. m. Art. 34 GG gestützt wurde, entschied der Bundesgerichtshof zuungunsten des Bundes[7]. Unlängst hat auch das Bundesverwaltungsgericht eine Klage der Bundesrepublik abgewiesen, bei welcher der Bund (Ausgleichsfonds) den Ersatzanspruch im wesentlichen auf ein öffentlich-rechtliches Auftragsverhältnis gestützt hatte[8].

Weiterhin sind hier das zur Sache ergangene Urteil des LVG Schleswig zu erwähnen[9], sowie die allerdings unveröffentlichten Urteile des VG Augsburg, des LVG Hannover und des LVG Minden[10], durch welche Ersatzansprüche des Bundesausgleichsamtes gegen Landkreise abgewiesen wurden.

Soweit bekannt geworden ist, hat es der Bund bisher nicht versucht, im Wege der Beamtenhaftung gegen Länderbedienstete selbst vorzugehen.

Die Erinnerungen des Bundesrechnungshofes richten sich an die Adresse der Länder, die, soweit sie der Rechnungsprüfung und dem Haushaltsrecht des Bundes unterworfen sind, ihrerseits den Beanstandungen des Rechnungshofes nachkommen müssen[11].

Das Schrifttum weist eine Reihe von Abhandlungen auf, die sich mehr oder weniger eingehend der Haftungsfrage angenommen haben[12]; doch fehlt es auch hier an einer systematischen und umfassenden Gesamtdarstellung.

Welche Höhe der Schaden hat, der dem Bund im Laufe der Zeit durch Verwaltungsfehler entstanden ist, wird sich nicht genau feststellen lassen. Allein auf dem Gebiet der Versorgungsverwaltung soll die Summe der Überhebungen bis 1954 ca. 84 Millionen Mark betragen haben[13].

---

[7] BGHZ 27, 210 = DÖV 1958, S. 868, wie BGH auch OLG München, Urt. v. 25. 9. 1958 (unveröffentl.).
[8] BVerwGE 12, 253 = DÖV 1961, S. 545 mit zust. Bespr. v. Bachof in JZ 1962, S. 350 (355) Nr. 26.
[9] In DÖV 1960, S. 464.
[10] Az.: PL 24 III 59; II A 55/59; 3 K 56/59.
[11] Vgl. § 102 Abs. 2 RHO, § 2 BRHG; BT-Drs. 1518, 3. WP, Anlage C, Nr. 80—83.
[12] Die einschlägigen Untersuchungen sind im Schrifttumsverzeichnis mit (x) gekennzeichnet.
[13] Nach *Stefen*, DÖH 1955, S. 239 unter Bezugnahme auf ein Rdschr. des Bundes der Versorgungsbeamten Nr. 8/58, das entspr. Angaben des MinR *Stengel* v. Bundesmin. für Arbeit u. Soz. enthalten soll.

Schätzungen für die Folgezeit liegen, soweit ersichtlich, nicht vor, desgleichen nicht für die anderen der nach Art. 83, 84 GG in Betracht kommenden Verwaltungen. Allgemein läßt sich das Ausmaß der Schädigung aber aus den Denkschriften des Präsidenten des Bundesrechnungshofes zu der Bundeshaushaltsrechnung für die einzelnen Rechnungsjahre erkennen[14].

Auch der dem Bundesausgleichsfonds durch Veruntreuungen und den Gesetzen zuwiderlaufende Fehlentscheidungen erwachsene Schaden ist ziffernmäßig nicht erfaßt. Nach Schätzungen sollen jedoch allein auf dem Sachgebiet der Kriegsschadenrente 10 % der Gesamtfälle überzahlt worden sein[15].

Es zeigt sich somit, daß der Haftungsfrage in der Praxis für alle Beteiligten eine besondere Bedeutung zukommt.

Der Gegenstand der folgenden Untersuchung ist damit hinreichend gekennzeichnet.

Aufgabe der Abhandlung im einzelnen wird es sein, das Entstehen und die Problematik der Haftung als Verfassungsproblem in seinen staats- und verwaltungsrechtlichen Zusammenhängen systematisch darzustellen und Lösungsmöglichkeiten zu suchen.

B. Klärung der Begriffe

I. Haftung

Das Staats- und Verwaltungsrecht kennt keinen eigenen Haftungsbegriff[1]. Es verwendet den Begriff ohne Einschränkung so wie das Privatrecht[2].

Im Privatrecht steht der Sinn des Wortes Haftung allerdings nicht eindeutig fest[3]. So ist insbesondere umstritten, ob und wieweit zwischen Schuld und Haftung ein begrifflicher Gegensatz besteht. Auf die Streitfragen im einzelnen braucht hier indes nicht eingegangen zu werden, da sie überwiegend theoretischer Natur sind[4]. Einigkeit besteht nämlich

---

[14] Für 1951 Drs. 1140 Anl. B; 1952 Drs. 1892 Nr. 136 ff. (219—222); 1953 Drs. 2660; 1954 Drs. 84 (3. WP) Nr. 71 ff.; 1955 Drs. 554 Nr. 40—98; 1956 Drs. 1518 Nr. 55, 61, 79, 118, 128—130, 140; 1957/58 Drs. 2751 Anl. D; f. 1961 Drs. IV/3052 (4. WP).
[15] König, DÖV 1957, S. 112 (113); Denkschr. in BT-Drs. 554, 3. WP, Nr. 127 ff.
[1] Vgl. z. B. Forsthoff, Lehrb. S. 367 ff. — Haft.grds. im Anstaltsrecht — oder S. 279 ff. — Staatshaftung —; Triepel, Reichsaufsicht, S. 283, zur Haftung des Reiches gegenüber fremden Staaten für das Verhalten der Einzelstaaten.
[2] Auch in der Rechtsprechung sind keine Abweichungen vom privatrechtlichen Haftungs- u. Schadensbegriff zu bemerken.
[3] Enneccerus-Lehmann, 15. Bearb. (1958) § 2 III.
[4] Enneccerus-Lehmann, aaO; Larenz, SchuR. I S. 17; Schreiber, Hdw.b. S. 97.

B. Klärung der Begriffe

darin, daß jemand im allgemeinen dann „haftet", wenn er für ein bestimmtes eigenes Verhalten, oder für das anderer Personen oder für bestimmte Gefahren in der Weise verantwortlich ist, daß er dem dadurch Geschädigten Ersatz zu leisten hat; Haftung bedeutet in diesen Fällen so viel wie Verantwortlichkeit, und zwar mit der Folge einer möglichen Schadensersatzpflicht[5]. Liegt diese Verantwortlichkeit, das „Einstehenmüssen" vor, dann ist weiterhin, um einen möglichen Schadensersatzanspruch zur Folge zu haben, ein Verschulden des Verantwortlichen erforderlich. Die nachfolgende Untersuchung muß dabei auch von dem Verschuldensbegriff des bürgerlichen Rechts ausgehen, da das öffentliche Recht ebensowenig einen eigenen Verschuldens- wie Haftungsbegriff besitzt.

Das Privatrecht wird vom Verschuldensgrundsatz beherrscht. Das bedeutet, daß der Schuldner Vorsatz und Fahrlässigkeit zu vertreten hat (§ 276 BGB), sofern nicht gesetzlich oder vertraglich etwas anderes bestimmt ist[6].

Nach allem umfaßt der Begriff „Haftung", wie er der Untersuchung zugrundegelegt wird, folgende Merkmale:

Ein Einstehenmüssen für eigenes oder fremdes Verhalten, das bei schuldhafter Pflichtverletzung die Verpflichtung zum Schadensersatz zur Folge hat und das nach Feststellung die Zugriffsmöglichkeit des Verletzten (Berechtigten) auf das Vermögen des Schuldners ermöglicht.

Unterliegt im allgemeinen die Verwendung der Haftungsgrundsätze des Privatrechts im Staats- und Verwaltungsrecht allgemein keinen Bedenken, so fragt es sich dennoch, ob der Haftungsbegriff im Staatsrecht nicht deswegen eine Erweiterung — oder was näher liegt — eine Einschränkung erfahren muß, weil der Bund im bundesstaatlichen Verhältnis besondere Möglichkeiten der Einflußnahme auf die Länder durch die das Verhältnis in erster Linie regelnde Verfassung (Art. 84, 85, 37 GG) erhalten hat, so daß von einem besonderen „verfassungsrechtlichen Haftungsbegriff" die Rede sein könnte.

Das Grundgesetz enthält den Begriff „Haftung" nur in Art. 108 Abs. 4 Satz 2 GG. Hiernach haften die Länder dem Bund mit ihren Einkünften für eine ordnungsgemäße Verwaltung derjenigen Steuern, die sie im Auftrage des Bundes verwalten und die dem Bund zufließen[7]. Nach Giese-Schunck[8] ist allerdings auch hier der gemeingültige Begriff der Haftung als des „Einstehenmüssens für die Erfüllung einer staatsrecht-

---

[5] Larenz, aaO, S. 16.
[6] Larenz, Schuldrecht I, S. 200 f.
[7] Vgl. im einzelnen II. Teil, 4. Abschn. C I.
[8] Komm. GG, 6. Aufl. 1962, Art. 108, Anm. 10; ebenso Wacke, Finanzwesen, S. 54.

lichen Verbindlichkeit" zugrunde zu legen. Auf Einzelheiten, insbesondere auf die Frage des Verfahrens, wird später zurückzukommen sein[9]. An dieser Stelle genügt die Feststellung, daß eine Erweiterung oder Beschränkung des Haftungs*begriffs* wegen Art. 108 GG nicht erforderlich ist, da dort das Wort „Haftung" ohne einen auf eine Besonderheit hindeutenden Zusatz verwendet wird. Der Verfassungsgeber hätte eine von der gemeingültigen Bedeutung des oben entwickelten Ausdrucks abweichende Bedeutung zum Ausdruck bringen müssen. Da das nicht der Fall ist, gilt der gemeingültige Haftungsbegriff[10]. Es wird vielmehr zu untersuchen sein, ob Vermögensschäden aus Verwaltungsfehlern, die der Bund mit den verfassungsmäßigen Aufsichtsbehelfen nicht beheben kann, u. U. durch einen außerverfassungsrechtlichen Haftungsanspruch korrigiert werden können.

Die folgende Untersuchung erstreckt sich nicht auf diejenigen Fälle, in denen der Zentralstaat die Gliedstaaten mit den Mitteln der Aufsicht allgemein zu ordnungsgemäßer Ausführung seiner Gesetze anhält, soweit eine *materielle* Schädigung dabei nicht eingetreten ist. Gegenstand der Darstellung ist ausschließlich die „finanzielle Haftung".

Daß Triepel nach dem seiner umfassenden Darstellung zugrundeliegenden damaligen Staats- und Verfassungsrecht kaum zu etwaigen Schadensersatzansprüchen dieser Art zwischen dem Reich und den Einzelstaaten Stellung nimmt[11], ist erklärlich:

Soweit sich nämlich im Reich von 1871 Zentralstaat und Gliedstaaten gleichgeordnet gegenüberstanden und keine unabhängige Stelle zur Streitentscheidung über Ersatzansprüche zur Verfügung stand, fielen solche Ansprüche nicht unter die Reichsaufsicht gem. Art. 4 RV, sondern die des Art. 76 RV und damit unter die Fälle der sogenannten „unparteiischen Reichsaufsicht"[12], die für Triepels umfassende Untersuchung nur am Rande von Interesse war[13]. Fragen der „finanziellen Haftung" gehörten außerdem nach früherer Rechtsauffassung mehr dem Privatrecht an[14], so daß über sie als „Streitigkeiten privatrechtlicher Natur" durch die ordentlichen Gerichte zu befinden gewesen wäre[15].

---

[9] Vgl. II. Teil, 4. Abschn. A, B, C I.
[10] Im Ergebnis übereinstimmend Giese-Schunck, aaO.
[11] worauf sich *Groß* in DÖV 1962, S. 404 (407) beruft.
[12] Triepel, Reichsaufsicht, S. 471 ff. (473, 474).
[13] Als durch Art. 19 WRV für öffentlich-rechtliche Streitigkeiten zwischen dem Reich und einem Land die Zuständigkeit des Staatsgerichtshofes begründet wurde, nahm sich *Triepel* der einschlägigen Fragen eingehender an (vgl. Streitigkeiten, S. 3, 33).
[14] Triepel, Reichsaufsicht, S. 484; G. Meyer, Staatsrecht, S. 739 f.; Kormann, System der rechtsgeschäftlichen Staatsakte, S. 121 f.
[15] Vgl. auch Art. 19 WRV.

B. Klärung der Begriffe

Im übrigen würde die Behandlung des Haftungsproblems in Triepels Monographie sicherlich nicht fehlen, wenn es zur Zeit der Abfassung der „Reichsaufsicht" noch akut gewesen wäre.

Nach dem Grundprinzip des Verfassungsaufbaues des Deutschen Reiches hatten zwar die Bundesstaaten die Reichsgesetze auszuführen, jedoch grundsätzlich auf eigene Kosten[16]; für die Reichsausgaben hatten nach Maßgabe des Art. 70 RV die Bundesstaaten aufzukommen[17]. Allein auf dem Gebiet der Militärverwaltung[18] bewirtschafteten Behörden der Bundesstaaten Reichsmittel zunächst und unmittelbar für Rechnung des Reiches, so daß sich hier eine beachtliche Parallele zum gegenwärtigen Rechtszustand ergibt[19].

Für Triepel war diese Erscheinung aber deswegen nicht mehr interessant, weil sich durch die Reichsgesetzgebung ab 1873, durch die Verwaltungspraxis und Rechtsprechung entgegen dem Wortlaut der Verfassung die Auffassung durchsetzte[20], nach der die Behörden der Einzelstaaten in finanzieller Hinsicht als Reichsbehörden angesehen wurden, die nicht nur für Rechnung, sondern im Namen (Vertretung) des Reiches handelten[21]. In allen die Finanzen berührenden Angelegenheiten unterlagen die Bundesstaaten damit nicht mehr der Reichsaufsicht, sondern unterstanden der behördenmäßigen „Dienstaufsicht" des Reichskanzlers[22].

Auch nach heutiger Rechtsauffassung zerfällt die Ausübung der Bundesaufsicht zufolge einer von Triepel[23] eingeführten Unterscheidung in die Beobachtungs- und Berichtigungsfunktion; die Bundesaufsicht ergreift das gesamte verwaltungsmäßige Verhalten der Länder[24]. Maßstäbe der Bundesaufsicht sind daher nicht nur die Grundgesetznormen, sondern das gesamte Landesrecht und alle Bundesgesetze und Verordnungen des Bundes. Die Beobachtungsfunktion hat als nur überwachende Tätigkeit schon nach ihrer eigenen Zweckbestimmung für die Haftung, die einen Schaden voraussetzt, den es zu berichtigen gilt, aus der Betrachtung auszuscheiden. Eine Schadensbehebung ließe sich — wenn überhaupt — allenfalls mit Hilfe der Berichtigungsfunktion verwirklichen.

---

[16] Laband, DJZ 1913, S. 1.
[17] Arndt, Reichsverfassung, Art. 70, Anm. 1.
[18] Die Steuer- und Zollverwaltung soll hier unberücksichtigt bleiben.
[19] Einzelheiten vgl. nachstehend C.
[20] Triepel, Reichsaufsicht, S. 312 ff. (314); Laband 4, S. 334 ff.; aber auch S. 574 f.
[21] Triepel, aaO, S. 314; v. Seydel, Comm., S. 353.
[22] Triepel, aaO, S. 215, 225, 312 ff., 571, 608; Laband 4, S. 338 f.
[23] Reichsaufsicht, S. 120.
[24] Maunz-Dürig, Art. 84, Anm. 45; vgl. a. Triepel, aaO, S. 484 und die dort angeführten Beispiele (Fußnote 3).

Berichtigungsfähig ist — nach Triepel — in der allgemeinsten Form „jede unstatthafte Unterlassung und jede unstatthafte Handlung"; Gegenstand der Aufsicht in formeller Hinsicht ist „diejenige Tätigkeit des Einzelstaates, von der das Reich fordern kann, daß sie geschieht, daß sie unterbleibt oder daß sie rückgängig gemacht wird"[25].

Diese Formulierungen könnten wegen ihrer überaus weiten Fassung die Vermutung aufkommen lassen, es sei der Bundesregierung möglich, Überzahlungen, die bei der der Ausführung von Bundesgesetzen entstanden sind, im Wege der Aufsicht von den Ländern „berichtigen", d. h. zurückfordern zu können.

Diese Annahme wäre jedoch unzutreffend. Art. 84 Abs. 3, 4 GG sind keine Anspruchsnormen für Ansprüche, die aus dem Verwaltungsbereich herrühren und bei der Verwaltungstätigkeit entstanden sind; Art. 84 Abs. 3, 4 GG enthalten vielmehr Einflußrechte verfassungsrechtlicher Art, die es dem Oberverband in einem föderalistischen Staatswesen ermöglichen sollen, die divergierenden und auseinanderstrebenden Kräfte im Bundesstaat zu koordinieren und zusammenzuhalten.

So liegt auch den zitierten Textstellen Triepels stets die Voraussetzung zugrunde, daß im Wege des Aufsichtsverfahrens nur *Meinungsverschiedenheiten* zwischen der Zentralgewalt und einer Landesregierung auf einem von der Verfassung ergriffenen Gebiete abgestellt werden können[26].

Damit soll jedoch nicht gesagt sein, daß finanzielle Forderungen überhaupt nicht Gegenstand der Bundesaufsicht sein können; soweit aber Vermögensansprüche geltend gemacht werden, müssen diese grundsätzlicher Art sein (z. B. Meinungsverschiedenheiten im Rahmen des Finanzausgleichs) und erhebliches Gewicht haben. Die Ausführungen Triepels[27] zur Ersatzvornahme können nach geltendem Recht nur in diesem Sinne interpretiert werden. Daß mittels der Bundesaufsicht keine einzelnen Ersatzansprüche aus Verwaltungsfehlern durchgesetzt werden können, ist daher nicht zweifelhaft.

II. Fehlerhafte Ausführung

a) Begriff der „Ausführung"

Der Begriff „Ausführung der Gesetze" ist nicht neu, sondern hat seine feste, staatsrechtliche Bedeutung schon im Kaiserreich und der Weimarer Zeit erhalten (Art. 7 I Ziff. 3 RV, Art. 15 Abs. 2, 3 WRV). Das Grundgesetz

---

[25] Reichsaufsicht, S. 484, oben.
[26] aaO, S. 354 ff., 471; vgl. auch Graubaum, S. 3.
[27] Reichsaufsicht, S. 676 ff. (678); Graubaum, S. 120.

B. Klärung der Begriffe

verwendet regelmäßig den Ausdruck „ausführen", wenn es die Tätigkeit bezeichnen will, welche die Verwaltung vollbringt, wenn sie abstrakte Normen in die Wirklichkeit umsetzt, das Gesetz „anwendet"[28]. Damit ist „ausführen" ein Teil des allgemeinen Verwaltungshandelns; unter Ausführung von Bundesgesetzen im Sinne der Art. 30, 83 GG ist die verwaltungsmäßige Ausführung zu verstehen[29]. „Verwalten" bedeutet nach Wolff[30] — unter Ableitung des Begriffs aus dem mittelhochdeutschen „waltan" — sovie wie: etwas beeinflussen, ausführen, durchführen, verrichten, Geschäfte besorgen. Die Verwaltung erschöpft sich demnach nicht in der Ausführung von Gesetzen; ausführen ist nur ein — wenn auch wesentlicher — Teil der Verwaltungstätigkeit[31].

Giese[32] hatte Zweifel darüber geäußert, ob die Fassung „Ausführung der Gesetze" im Grundgesetz geglückt sei. Seine Bedenken begründet er allerdings damit, daß die Grenzen gegenüber der Auftragsverwaltung gem. Art. 85 GG verwischt würden[33]; „ausführen" bedeute offenbar „befolgen", „anwenden", „handhaben"; die Ausführung von Gesetzen erfolge „durch weitere Regelung und durch behördliche Handhabung"[34].

Zu der Frage, was „ein Gesetz ausführen" bedeutet, hat Triepel eingehende Überlegungen angestellt[35].

Gesetzesausführung heiße, die vom Gesetz gewollten Wirkungen herbeiführen[36]. In erster Linie werde deshalb ein Gesetz von demjenigen ausgeführt, an den es sich wende, für den es bestimmt sei. Der einzelne führe das Gesetz aus, indem er den im Gesetz aufgestellten Forderungen nachkomme, Pflichten, Gebote erfülle und Verbote beachte. Auf der anderen Seite werde das Gesetz auch von dem „ausgeführt", der, ohne selbst Adressat der gesetzlichen Norm zu sein, ihr zur Verwirklichung verhelfe. Letzteres sei Aufgabe der Obrigkeit, also der Verwaltung.

Die Ausführung im ersten Sinne nennt Triepel „Erfüllung", die im zweiten „Vollziehung", „Handhabung".

---

[28] Art. 83, 84, 85, 86, 120a GG.
[29] BVerfGE 11, S. 6 (15); nicht jedoch die Landesgesetzgebung, vgl. BVerfGE 6, 309 ff., 328 ff.; 8, 122 ff., 131; a. A. z. B. Bullinger, AÖR 83 (1958), S. 279 ff. (295), BVerfGE, DÖV 1960, 424; Sturm, DÖV 1966, 424; Sturm, DÖV 66, S. 262.
[30] Lehrb. I (4. Aufl.), § 2 II a 1.
[31] Herrfahrdt, BK, Bem. II 2 zu Art. 83; Maunz, Staatsrecht (9. Aufl.), S. 200; Laforet, ÖV 1949, S. 221.
[32] GG f. d. BRD. 1. Aufl. (1951) Bem. 2 zu Art. 83; anders allerdings schon die 2. Aufl. 1953.
[33] Dagegen v. Mangoldt, S. 449.
[34] so nunmehr Giese-Schunck, S. 170.
[35] Reichsaufsicht, S. 372 ff.
[36] Nach *Graubaum* bedeutet „richtig ausführen", das Gesetz in dem Sinne vollziehen, den ihm der Gesetzgeber beigelegt hat.

Triepel entwickelte weiter die Auffassung, im bundesstaatlichen Verhältnis „erfüllten" die Einzelstaaten wiederum die Reichsverfassung, die ihnen die Vollziehung der Reichsgesetze zur Pflicht mache, indem die Staaten die Reichsgesetze handhabten. Die Handhabung der Reichsgesetze sei nicht nur eine Pflicht der Gliedstaaten, sondern auch deren Recht.

Es bestehe daher kein Anlaß — wie es in der Literatur üblich sei —, dem in der Verfassung gebrauchten Ausdruck „Ausführung der Reichsgesetze" nur eine der Bedeutungen, nämlich „Handhabung", zu unterlegen.

Nun genügt es für das geltende Recht aber nicht, unter dem Begriff „Ausführung der Bundesgesetze" deren Handhabung und Erfüllung zu verstehen, wenn Erfüllung lediglich bedeutet, daß die Länder das Grundgesetz erfüllen, indem sie die Bundesgesetze handhaben. Das Grundgesetz stellt nicht nur die Forderung an die Länder, die Bundesgesetze zu erfüllen[37], sondern gewährt dem Bund bei der Handhabung — im Gegensatz zur RV 1871 ausdrücklich — bestimmte Einflußmöglichkeiten aufsichtlicher und organisatorischer Art (Art. 84, 85 GG). Den Ländern obliegt gegenüber dem Bund auch deren Befolgung und damit „Erfüllung". Zutreffend versteht daher v. Mangoldt[38] unter Ausführung von Bundesgesetzen, wie sie sich aus den Art. 83 ff. ergibt:

Die organisatorischen Maßnahmen, das Verwaltungsverfahren und die Verwaltungsakte oder Verwaltungshandlungen, welche dazu dienen, den Bundesgesetzen Rechtswirksamkeit zu verleihen oder zu sichern."

b) *Fehlerhaftigkeit der Ausführung*

Wenn „Gesetze ausführen" heißt, die vom Gesetz gewollten Wirkungen herbeizuführen[39], dann bedeutet „fehlerhafte Ausführung", daß vom Gesetz *nicht* gewollte Wirkungen herbeigeführt werden. Im Rahmen der Art. 30, 83 ff. GG bedeutet das: die Länder müssen die Bundesgesetze richtig, reibungslos und vollständig ausführen[40].

Da es eine Forderung der Verfassung und Bestimmung des auszuführenden Gesetzes selbst ist, vollzogen und damit verwirklicht zu werden, fällt die Nichtausführung oder Nichtanwendung eines Gesetzes[41] gleichfalls unter den Begriff „fehlerhafte Ausführung", so, wenn ein Land sich weigert, ein Bundesgesetz auszuführen oder wenn ein einzelner Be-

---

[37] Vgl. OVG, OVGE 13, 22 (25).
[38] aaO, S. 449.
[39] Vgl. S. 21.
[40] s. BVerfGE 11, S. 6 (17).
[41] Vgl. hierzu auch Triepel, Reichsaufsicht, S. 217.

diensteter eine Vorschrift nicht handhabt, deren Anwendung zwingend geboten ist.

Eine Norm ist demnach fehlerhaft ausgeführt, wenn sie nicht oder nicht in der von ihr gewollten Weise angewendet worden ist.

Hierzu zählen auch die Fälle, in denen eine Rechtsmaterie wohl bundesgesetzlich und durch allgemeine Verwaltungsvorschriften (Art. 84 Abs. 2 GG) einheitlich geregelt ist, den mit der unmittelbaren Ausführung der Norm betrauten Bediensteten jedoch ein verhältnismäßig weiter *Ermessensspielraum* eingeräumt ist, wie vor allem auf dem Gebiet der Sozialgesetzgebung, hier besonders im Bereich des Fürsorgewesens.

Die mangelnde oder mangelhafte Ausführung kann sich gegen einen einzelnen, der Adressat des Gesetzes ist, richten oder gegen die Körperschaft, deren Gesetz auszuführen ist.

Die Ausführung selbst und das Verhalten desjenigen, der ausführt, kann dabei im einzelnen sein:

1. rechtswidrig = fehlerhaft im engeren Sinne
2. unzweckmäßig = zweckwidrig
3. mit sonstigen leichten Fehlern behaftet = unrichtig[42].

Eine Schadensersatzpflicht kann sich hiernach aber nur ergeben, wenn einmal die rechtliche *Pflicht* bestand, fehlerfrei, zweckmäßig und richtig zu handeln und eine Verletzung dieser Pflicht schuldhaft erfolgt ist, zum anderen, wenn ein *Schaden* vorliegt.

c) Fall der Schädigung

„Schaden ist die Einbuße, die jemand infolge eines bestimmten Vorganges oder Ereignisses an seinen natürlichen Lebensgütern, sei es an seinem Eigentum oder sonst an seinem Vermögen, erleidet[43]." Im gegenwärtigen Zusammenhang kommt jedoch allein ein materieller Schaden in Betracht, also der Schaden „der unmittelbar in Gestalt der Entziehung, Vernichtung oder Beschädigung eines Vermögensgutes entsteht"[44].

Hierbei wird der Vermögensverlust, den der Geschädigte erleidet, in Geld ausgedrückt *(rechnerischer Schaden).*

Nachfolgend wird davon auszugehen sein, daß der Fall der Schädigung dann eingetreten ist, wenn das Bundesvermögen dadurch verringert

---

[42] Vgl. *Wolff*, aaO, § 51 I a, allerdings beschränkt auf Verwaltungsakte. Die Verwaltung wird jedoch nicht nur tätig, indem sie Verwaltungsakte erläßt, wenngleich der Verwaltungsakt das wichtigste Mittel jeder hoheitlichen Tätigkeit auf dem Gebiete der Verwaltung darstellt. Da die Aufzählung aber erschöpfend jedes fehlerhafte Verhalten der Verwaltung umfaßt, darf die Aufstellung Wolffs in vorliegendem Zusammenhang gleichwohl verwandt werden.
[43] Larenz, aaO, S. 143.
[44] Larenz, aaO, S. 144.

worden ist, daß Bundesmittel in Anspruch genommen und verausgabt worden sind, die nicht oder nicht in der bewilligten Höhe ausgezahlt werden durften und deren Erstattung durch den Empfänger aus rechtlichen oder tatsächlichen Gründen ausgeschlossen ist[45]. Zu denken ist beispielsweise an überzahlte Versorgungsrenten (§§ 30 ff., 66 BVG), falls eine Rückforderung gemäß § 47 VfG nicht möglich ist. Ein Schaden kann sich naturgemäß auch daraus ergeben, daß zu Unrecht Sachleistungen, etwa auf Grund des § 12 BVG[46], erbracht worden sind.

Man könnte in diesem Zusammenhang noch weiter unterscheiden nach Schädigungen durch reine Verwaltungshandlungen, vor allem durch mangelhafte Beachtung der gesetzlichen Vorschriften und darauf zurückzuführende Verfügungshandlungen[47]. Der nicht durch das Gesetz gedeckten Leistungsgewährung stehen die Fälle beispielsweise der Unterschlagung durch Bedienstete der Gebietskörperschaften als Schadensursache grundsätzlich gleich.

Umgekehrt kann ein Schaden auch in der Weise entstehen, daß dem Bunde zustehende Einnahmen nicht oder nicht in der richtigen Höhe vereinnahmt worden sind. Hier ist an die Steuerverwaltung zu denken, soweit diese Steuern für Rechnung des Bundes erhebt (Art. 108 Abs. 4 S. 1 GG). Die Haftung der Bediensteten der Landesfinanzbehörden folgt aus § 23 AO[48].

Geschädigt kann sein:

1. der einzelne Staatsbürger, zu dessen Gunsten der Bedienstete eigentlich hätte tätig werden sollen,
2. das Land, wenn diesem unmittelbar oder mittelbar durch die fehlsame Amtshandlung ein Schaden erwächst,
3. der Bund als Ausgabenträger.

Beachtlich ist aber nur der zuletzt genannte Fall; es wird noch im einzelnen zu entwickeln sein, daß dort das Schwergewicht der Thematik

---

[45] Zur Frage der Rücknahme fehlerhafter Verwaltungsakte u. über die Möglichkeit d. Rückf. v. Leistungen vgl. II. Teil, 1. Abschn.
[46] Vgl. Wilke, Komm. zum BVG, Erl. zu § 12.
[47] Vgl. Ber. der Rechn.Kommission, RT-Drs. 1889/90 Nr. 126, S. 515; „Solche weitergehenden Verfügungshandlungen sind u. a. alle, welche entgegen der bestehenden Steuer-, Zoll-, Gebühren-, Gerichtskosten — usw. — Gesetzgebung eine eintreibbare Forderung zugunsten des Pflichtigen niederschlagen, ferner alle, welche aus civilrechtlichen Gründen dem Reich erwachsene Forderungen (condictio indebiti bei Pensionsüberhebungen, condictio furtiva und condictio data causa non secuta bei Kassen- u. Rechnungsdefekten, actio contraria bei Nachlaß von Pachtzinsen, Konventionalstrafen usw.), obgleich sie eintreibbar sind, aufgegeben."
[48] *Stefen*, DÖH 1957, S. 200 ff. (207) weist zu Recht darauf hin, daß bei der Ausgaben- und Einnahmenverwaltung rechtlich der gleiche Tatbestand, nur mit umgekehrten Vorzeichen, vorliegt.

B. Klärung der Begriffe

liegt, da die Bundesrepublik als Folge des föderalistischen Aufbaus des Staates den größten Teil ihres Haushaltes der Bewirtschaftung durch die Länder und Gemeinden (Gemeindeverbände) überlassen muß.

III. Bundesgesetze

In Betracht kommen grundsätzlich alle Gesetze, die der Bundesgesetzgeber nach den Bestimmungen des VII. Abschnitts des Grundgesetzes erlassen hat und die der Ausführung durch Verwaltungsbehörden außerhalb der Bundesverwaltung unterliegen. Auch das Grundgesetz rechnet hierzu, allerdings wohl nur, soweit es vollziehbare Normen enthält[49], desgleichen die auf Grund verfassungsrechtlicher Ermächtigung erlassenen Rechtsverordnungen des Bundes[50].

Von Interesse sind jedoch nur diejenigen Bundesgesetze, bei deren Ausführung durch Länderbehörden Mittel des Bundes verausgabt werden.

Es ist daher fraglich, ob auch das Bundeshaushaltsgesetz durch die Länder ausgeführt wird. Das Haushaltsgesetz steht zwar verfassungsrechtlich anderen Gesetzen gleich[51]. Um wirksam zu werden, muß es demnach auch das durch das Grundgesetz vorgeschriebene Gesetzgebungsverfahren durchlaufen und im Bundesgesetzblatt, Teil II, veröffentlicht werden. Der Haushaltsplan wird dem Gesetz als Anlage beigefügt. Das Haushaltsgesetz ist jedoch im übrigen inhaltlich Beschränkungen unterworfen (vgl. Art. 110 Abs. 2 Satz 3 GG); es ist ein Gesetz im nur formellen Sinne, welches in erster Linie die Aufgabe hat, den Haushaltsplan des Bundes festzustellen (Art. 110 Abs. 2 Satz 1 GG). Das Bundeshaushaltsgesetz ermächtigt darüber hinaus die Bundesregierung, die im Haushaltsplan aufgeführten Einnahmen zu erheben und die vorgesehenen Ausgaben aufgrund der einschlägigen Gesetze zu leisten. Da das Haushaltsgesetz des Bundes sich demnach nicht an die Länder richtet, sondern eine Einnahme- und Ausgabenermächtigung für die zuständigen Organe der eigenen Körperschaft enthält, wird es auch grundsätzlich nicht durch die Länder ausgeführt. Vielmehr ist es erforderlich, daß die zuständigen Stellen des Bundes die Länder und Gemeinden (Gemeindeverbände) ihrerseits ausdrücklich ermächtigen, den Haushalt des Bundes auszuführen, vgl. § 4 Abs. 2 I. ÜLG[52]. Damit wird aber das Haushaltsgesetz selbst nicht ein durch die Länder im Sinne der Art. 83, 84 GG auszuführendes

---

[49] str.; bejah. Maunz, StR (9. Aufl.), S. 202 unter dd.; Hamann, Art. 83 B 1; s. a. Triepel, Reichsaufsicht, S. 376; ablehn., BVerfGE 8, 131; Frowein, § 4, S. 33 ff.
[50] Hamann, Art. 83 B 1.
[51] Hamann, Art. 110 B 3.
[52] Vgl. hierzu I. Teil, 2. Abschn., B III b.

Gesetz. Vielmehr werden die außerhalb des Bundes stehenden Stellen lediglich ermächtigt, Teile des Bundeshaushalts*planes* auszuführen[53].

Im allgemeinen wird den außerhalb der Bundesverwaltung stehenden Stellen die Verwaltung der Bundesmittel durch ein spezielles Bundesgesetz zugewiesen. Es kommt aber auch vor, daß in der Praxis Mittel im Bundesetat bereitgestellt werden, deren Bewirtschaftung im einzelnen sich *ohne* ein solches Bundesgesetz, z. B. nur nach den Richtlinien des Bundes, vollzieht. So etwa beim „Grünen Plan", dem als allgemeines Gesetz wohl das Landwirtschaftsgesetz vom 5. 9. 1955 (BGBl. I S. 565, § 1) zugrunde liegt. Die Verwaltung der Mittel speziell erfolgt aber lediglich nach Richtlinien[54]. Insoweit wird also das Bundeshaushaltsgesetz ebenfalls durch Landesbehörden ausgeführt[55].

Denkbar ist u. U. auch eine Schädigung des Bundes durch die Verletzung von Verwaltungsvorschriften, welche der Bund gem. Art. 84 Abs. 2 GG mit Zustimmung des Bundesrates zur Vereinheitlichung der Ausführung eines mittelzuweisenden Gesetzes erlassen hat. Verwaltungsvorschriften enthalten jedoch nur administrative Regelungen[56]. Eine mangelnde oder mangelhafte Beachtung einer Verwaltungsvorschrift ist somit keine fehlerhafte Ausführung eines Bundesgesetzes. Vielfach wird allerdings die Verletzung eines Bundesgesetzes gleichzeitig mit dem Verstoß gegen eine Verwaltungsvorschrift einhergehen. Fälle einer derartigen Schädigung sollen aber, soweit sie sich als Verletzung allein der Verwaltungsvorschrift darstellen, aus der Betrachtung ausscheiden.

IV. Durch die Länder

Eine Gesetzesausführung wird bei der Untersuchung nur insoweit zu berücksichtigen sein, als sie Behörden obliegt, die keine Bundesbehörden, Bundesorgane oder Bundesbetriebe sind[57].

---

[53] Vgl. die zutreffende Formulierung in § 4 Abs. 2 Ziff. 2 BRHG.
[54] Vgl. z. B. für die Flurbereinigung, BML 1958, S. 181, Nr. 20 C; Nr. 21 ff.; Düngemittel, BML 1959, S. 133; Eier, BML 1957, S. 122; zur Rechtsnatur dieser Richtlinien (am Beispiel der Studentenförderung nach dem „Honnefer Modell") vgl. *Klein*, Gemeinschaftsaufgaben, S. 168 ff., 171, Fußn. 130.
[55] Krit. insoweit *Laband* 2, S. 807, Anm. 2, der bemerkt, „daß durch die Aufnahme von Ausgaben in den Reichsetat darüber, wer die Ausgaben als Rechtssubjekt (Dritten gegenüber) zu leisten habe, gar nichts bestimmt wird". Rechtssbj. u. Rechtsobj. werden heute aber durch Richtlinien bestimmt; s. a. Lassar, Hb. StR. I, S. 316.
[56] von Mangoldt, S. 454; Giese-Schunck, Art. 84 Bem. 2; Hamann, Art. 84, Bem. B 7; Peters, Lehrbuch, S. 77; Heim, DÖV 1958, S. 566, 569.
[57] Vialon, Haushaltsrecht, § 64 a RHO, Bem. 3; vgl. auch Katzenstein, DÖV 1958, S. 593 (600).

B. Klärung der Begriffe

Führen Bundesbehörden Gesetze des Bundes aus, ist die Haftungsfrage nicht problematisch, da sie durch § 78 Abs. 1 BBG in der durch § 139 Abs. 1 Ziff. 14 BRRG geänderten Fassung für Bedienstete des Bundes geregelt ist. Hiernach hat der Bundesbeamte dem Bund den diesem durch eine Amtspflichtverletzung zugefügten Schaden zu ersetzen. Für Nicht-Beamte gilt das allgemeine Arbeitsvertragsrecht. Eine Schadensersatzpflicht kann sich außerdem aus § 33 Abs. 3 RHO ergeben, wenn Bundesbedienstete § 33 Abs. 1 und Abs. 2 RHO verletzen, indem sie eine Maßnahme anordnen oder eine Zahlung anweisen, zu der der Bund nicht verpflichtet ist.

Eine Gesetzesausführung durch die Länder ist auf jeder Verwaltungsstufe möglich: Oberste Landesbehörde, mittlere und untere Landesbehörden[58]; jede dieser Stellen kann den Bund schädigen, wenn sie mit der Verwaltung von Haushaltsmitteln des Bundes betraut ist und dabei nicht ordnungsgemäß verfährt. Allgemein könnte man diese Behörden als „Anweisungsbehörden" bezeichnen[59].

Vom Bund aus gesehen sind die Gemeinden (Gemeindeverbände) nach Landesrecht Bestandteile der Länder; sie sind die unteren Landesbehörden[60]. Ihre Einschaltung in die staatliche Verwaltungstätigkeit beruht vielfach unmittelbar auf Bundesgesetzen[61]. Die verfassungsrechtliche Zulässigkeit für eine unmittelbare Beteiligung der Gemeinden (Gemeindeverbände) durch den Bundesgesetzgeber wird in der Praxis sowohl für den Bereich der Bundesauftragsverwaltung als auch für den landeseigenen Vollzug bejaht[62].

---

[58] s. hierzu auch Triepel, Reichsaufsicht, S. 168, 270.

[59] *Lassar*, Erstattungsanspruch, S. 40 f., nennt die Behörden, die eigentlich über die Staatsgelder verfügen — zur Unterscheidung von den Kassenbehörden — „Anweisungsbehörden". Dies seien solche, die „die vom Staat zu leistenden Ausgaben zu vollziehen und die ihm gebührenden Leistungen entgegenzunehmen hätten"; in BGHZ 13, 85 wird die Gemeinde, welche für den Bund Forderungen auf Grund von Kriegs- und Kriegsfolgeschäden befriedigt, als „Zahlstelle" des Staates bezeichnet; vgl. auch die Kontroverse zwischen Schulze, Lb. d. Dt. StR., S. 264 u. Laband, AöR, 3, S. 491 ff., 500, 526.

[60] Görg, „Beiträge", S. 207 f.; Hacker, Hdb. III, S. 411, 415; Gönnenwein, S. 89; vgl. auch §§ 15 und 16 LOG NW v. 10. 7. 62 (GVBl. S. 421). Dieses klare Prinzip wird allerdings als solches dadurch bedroht, daß der Bund im Zuge der Finanzreformbestrebungen direkte staatsrechtliche Beziehungen zwischen sich und den Gemeinden herstellen will, indem er unter Umgehung der Länder die Finanzausstattung der einzelnen Gemeinden maßgeblich zu beeinflussen beabsichtigt (vgl. Art. 106 Abs. 6 des Finanzreformgesetzes BR Drs. 138/68; siehe hierzu die Stellungnahme des Rechtsausschusses des BR, des Finanzausschusses des BR sowie die Erklärung der Ministerpräsidenten der Länder, abgedruckt in „Das Parlament" v. 1. 5. 1968 (Nr. 18), S. 1, 2; dazu Stellungnahme des Bundesministers der Finanzen, aaO, S. 5).

[61] Görg, DÖV 1961, S. 41 (43) Fußn. 15; Köttgen, Die Gemeinde und der Bundesgesetzgeber, S. 80 f.

[62] Vgl. Gönnenwein, Gemeinderecht, S. 166 f. m. w. N.; Köttgen, aaO, S. 78 f.

Gleichwohl ergeben sich im Zusammenhang damit zahlreiche Probleme, wie zum Beispiel die Frage, ob und inwieweit der Bund in das innere Leben der Gemeinde eingreifen darf, oder ob die Länder in der Lage sind, ein dem Bund gemäß Art. 85 GG zustehendes Weisungsrecht dadurch zu beschränken, daß sie (die Länder) auf das überlieferte und nicht verwaltungsrechtlich anfechtbare Weisungsrecht verzichten, indem sie sogenannte „Pflichtaufgaben nach Weisung" in das jeweilige Kommunalverfassungsrecht einführen[63], bei denen die Weisungen anfechtbar sind. Zu Recht wird hier der namentlich in Art. 84 Abs. 5 S. 2, 85 Abs. 3 GG zum Ausdruck kommende Vorrang des Grundgesetzes betont[64].

Mehr als 75 % aller Bundesgesetze müssen von den Kommunen ausgeführt werden[65].

Auch Bedienstete von Gemeinden und Gemeindeverbänden können demnach den Bund schädigen, sofern sie in Ausführung von Bundesgesetzen Bundesmittel bewirtschaften; einer gesonderten Untersuchung ihrer Haftung oder derjenigen ihrer Anstellungskörperschaften bedarf es jedoch zunächst nicht. Wenn sich nämlich bei der Abhandlung der Haftungsfrage als bundesstaatliches Problem ergeben sollte, daß eine Inanspruchnahme der Länder oder deren Bediensteten unmöglich ist, spricht eine Vermutung dafür, daß ein Vorgehen gegen Gemeinden (Gemeindeverbände) als bloße Bestandteile der Länder erst recht keine Aussicht auf Erfolg verspricht. Die Gemeinden sollen daher im folgenden bei Besonderheiten zwar erwähnt werden[66]; sofern keine besonderen Haftungsnormen gegen die Gemeinden gerichtet sind, ist auf eine die Gemeinden betreffende Haftung erst einzugehen, wenn die Haftbarkeit der Bundesländer selbst bejaht werden muß[67].

C. Historischer Exkurs

Ein geschichtlicher Rückblick kann hier nur die Aufgabe haben, das vergangene deutsche Staats- und Verfassungsrecht daraufhin zu betrachten, ob es Parallelen zu den in dieser Untersuchung aufgeworfenen Fragen aufweist, durch die deren Beantwortung vielleicht ermöglicht oder wenigstens gefördert wird. Die Haftungsfrage ist in der Weise, wie sie sich zur Zeit zwischen dem Bund und seinen Gliedstaaten ergibt, ein

---

[63] z. B. §§ 3 und 4 HessGO, § 3 Abs. 1 und 2 GO NRW.
[64] Vgl. Görg, DÖV 1961, S. 41 ff. (45); Köttgen, aaO, S. 79; Gönnenwein, aaO, S. 108, 166 f.
[65] Becker, Hdb. Bd. 1 S. 151; s. a. allgemein S. 150; Hacker, aaO, S. 415; Köttgen, „Die Gemeinde u. d. Bundesgesetzgeber", S. 22 u. 68 ff. (75); Anders, „Der Landkreis", 1960, S. 190.
[66] Siehe Seiten 47, 59, 73, 77, 84, 86, 88, 90, 97, 127.
[67] Siehe unten S. 128.

C. Historischer Exkurs

speziell bundesstaatliches Problem. Der erste Bundesstaat[1] jedoch, der sich nach dem Norddeutschen Bund in der deutschen Geschichte zur vollen staatlichen Wirksamkeit entfaltet hat, ist das sich auf die Verfassungsurkunde vom 16. 4. 1871 gründende Deutsche Reich. Das Staatswesen von 1871 weist in seiner auf die Staatlichkeit der Bundesglieder abgestellten Struktur Züge auf, die in vieler Hinsicht dem föderativen Aufbau der Bundesrepublik ähnlich sind. Verwandte Züge zwischen der RV 1871 und dem Bonner Grundgesetz zeigen sich in besonderem Maße bei der Steuer- und Zollverwaltung und der Verwaltung der Heeresangelegenheiten im Deutschen Reich. Auf diesen Gebieten lag nämlich die Verwaltungszuständigkeit ausschließlich bei den Bundesstaaten[2]; deren Behörden vereinnahmten, beziehungsweise verausgabten Reichsmittel selbständig und unmittelbar für Rechnung des Reiches[3]. Für Ausfälle an abzuliefernden oder zu verrechenden Zöllen und Steuern hafteten die Bundesstaaten gem. Art. 16 Abs. 2 des Zollvereinsvertrages von 1867 in Verbindung mit Art. 40 RV[4]. Damit bestand schon im alten Reich für die Einnahmenverwaltung eine Regelung, die dem geltenden Recht entspricht, denn durch Art. 108 Abs. 4 S. 2 GG ist auch heute die Haftungsfrage positiv geregelt.

Dagegen gab es auf dem Gebiete der Heeresverwaltung keine spezielle Haftungsbestimmung, die hier das Auseinanderfallen von Finanzverantwortung und Verwaltungsverantwortung zugunsten des Reiches überbrückt hätte, falls die Gliedstaaten sich geweigert hätten, überzahlte Beträge an das Reich zurückzuzahlen.

Auf den ersten Blick mag es aus heutiger Sicht auffällig erscheinen, daß das Fehlen einer solchen Haftungsnorm in der damaligen Zeit nirgendwo expressis verbis als Mangel erwähnt worden ist. Diese Tatsache kann auf verschiedenen Gründen beruhen. So erscheint es möglich, daß sich die damalige Staatsrechtslehre und Verwaltungspraxis der Haftungsproblematik deswegen nicht angenommen haben, weil Haftungsfälle selten oder in unbedeutendem Ausmaß auftraten[5], etwa weil die der

---

[1] Als solcher wurde er überwiegend angesehen; vgl. statt vieler G. Meyer, Staatsrecht, 6. Aufl. (1905), S. 201 f. m. w. N.
[2] Hinsichtlich der Zölle- u. Verbrauchssteuern vgl. Laband 4, S. 333, 413; v. Seydel, Comm., Art. 36, Note II; Triepel, Reichsaufsicht, S. 183 ff.; G. Meyer, StR. (1905), S. 769; RGZ 5, 41; 11, 75. Selbst *Hänel*, StR. Bd. 1 (1892), S. 399, der regelmäßig den einer Selbständigkeit der Länder am wenigsten zustimmenden Standpunkt einnahm, konnte nichts gegen den Wortlaut des Art. 36 I RV ausrichten. Zur Selbständigkeit der Militärverwaltung vgl. S. 16.
[3] Zoll: Laband 4, S. 333; 573 ff.; Hänel, S. 400 ff.; v. Seydel, S. 252 ff.; Militärausgaben: Laband 4, S. 56 ff., 333, 565 Anm. 4, 574; G. Meyer, S. 778; vor allem v. Seydel, S. 348 ff. m. w. N.
[4] Vgl. Laband 4, S. 509, 574; Hänel, S. 400; Speck, S. 67 f.
[5] Vgl. z. B. Bericht d. Rechnkomm. betr. Etatsjahr 1885/86, RT-Drs. Nr. 117 u. die Darlegung des Vertreters der R.Fin.verwalt. Drs. Nr. 126, S. 516 ff.: 1884/

Mittelbewilligung zugrundeliegenden Gesetze gering an Zahl[6] und im Vergleich mit den zahlreichen modernen Bestimmungen und auch zur damaligen Zoll- und Steuergesetzgebung verhältnismäßig unkompliziert und von qualifizierten Bediensteten der Kontingentverwaltungen leicht auszuführen waren. Überdies waren die Behörden der Kontingentsverwaltungen an die Ausgabensätze des Reichshaushalts gebunden und unterlagen der Reichsaufsicht (Art. 4 Nr. 14, 17 RV)[7].

Abgesehen von diesen Besonderheiten waren es jedoch zwei Faktoren, welche die Frage einer Haftung nicht aufkommen ließen: Einmal die Rechnungsprüfung durch den Rechnungshof und die Pflicht zur Rechnungslegung über die Einnahmen und Ausgaben auf dem Gebiete des Heerwesens, zum anderen die Entwicklung des Reichsstaatsrechts dahingehend, die Heeresverwaltung in finanzieller Hinsicht gerade auf Grund der verfassungsmäßigen Pflicht zur Rechnungslegung und dadurch eintretender Verantwortlichkeit des Reichskanzlers (Art. 72 RV) als unmittelbare Reichsangelegenheit anzusehen[8].

Die Rechnungskontrolle zunächst der Finanzen des Norddeutschen Bundes und dann des Reichshaushalts wurde der preußischen Oberrechnungskammer unter der Bezeichnung „Rechnungshof des Deutschen Reiches" seit 1868[9] für jedes Haushaltsjahr durch ein besonderes Gesetz übertragen, da Bundesrat und Reichstag sich über den Gesetzentwurf von 1872[10] nicht einigen konnten. Trotz dieser recht unsicheren Rechtsgrundlagen für die Tätigkeit des Rechnungshofes war dieser in der Lage, seinen Aufgaben nachzukommen, so daß er im Bereich der finanziellen Militärverwaltung dafür sorgen konnte, „daß die Gesamtheit, das Reich bei dieser Haftung[11] nicht wider Gebühr zu Schaden kommt"[12]. Die Verwaltungsbehörden hatten für die Erledigung der vom Rechnungshof aufgestellten Monita zu sorgen, soweit sie diese als begründet ansahen; hierzu konnte der Rechnungshof notfalls mit Strafen anhalten[13].

---

85 betrug die Summe der „zu Ungebühr geleisteten Zahlen und der Niederschlagung von Defekten" 60 000 M bei einem Etat von 786 000 000 M; s. a. Rechn.komm. Etatsjahr 1884/85, RT-Drs. Nr. 463, 8. Leg.Per. I. Sess. 1890/92, Bd. 124, S. 2717 ff.

[6] Vgl. die Zusammenstellung der Militärverwaltungsgesetze bei v. Seydel, Comm., S. 106 ff.

[7] Vgl. Ber. der Rechn.komm. für das Etatsjahr 1889/90, RT-Drs. 126, S. 515, Ziff. 1 u. 2.

[8] RT-Drs. aaO, Ziff. 3.

[9] Gesetz v. 4. 7. 1868 (BGBl. S. 433).

[10] Betr. d. Einrichtung u. Befugnisse des Rechnungshofes; RT-Drs. Nr. 10, 1. Leg.Per., III Sess. 1872; für Preußen galt das Gesetz v. 27. 3. 1872 (Pr.Ges.S. S. 278 ff.); seit dem Gesetz v. 11. 2. 1875 (RGBl. S. 61) traten in der Praxis die Vorschriften dieses preuß. Gesetzes an die Stelle des Gesetzes aus dem Jahre 1868 (Fußn. 9). Dieser Zustand wurde wiederum durch § 2 d. Reichskontrollgesetzs v. 21. 3. 1910 (RGBl. S. 521) legalisiert.

[11] Gemeint ist die vermögensrechtliche Verpflichtung des Reichsfiskus aus den Geschäften der bundesstaatlichen Kontingentsverwaltungen.

[12] v. Seydel, Komm. S. 353.

[13] Vgl. § 102 ff. RHO für das geltende Recht.

C. Historischer Exkurs

Hinsichtlich der Militärverwaltung galt dabei die Besonderheit, daß die Bemerkungen des Rechnungshofes in letzter Instanz mit den Verwaltungschefs, den Kriegsministern der (drei) Kontingente zu erledigen waren und Ordnungsstrafen gegen die der Militärdisziplin unterstellten Rechnungsleger nicht vom Rechnungshof direkt verhängt werden konnten, sondern nach dessen Antrag nur von dem Chef der betreffenden Kontingentverwaltung[14].

Es war nicht ausdrücklich geregelt, was für den Fall zu geschehen hatte, daß letzterer eine Beanstandung des Rechnungshofes und dessen Aufforderung, die angeblich zu Unrecht geleisteten Beträge zugunsten der Reichskasse wieder einzuziehen und die Bediensteten durch Disziplinarstrafen hierzu anzuhalten, als unrichtig ansah. Die Frage scheint damals allerdings auch nicht praktisch geworden zu sein. Sie liegt theoretisch auf derselben Ebene wie das von Laband[15] kurz berührte Problem, welche Instanz über eine Meinungsverschiedenheit zwischen dem Rechnungshof und dem Reichskanzler zu entscheiden habe. Laband sah hier die Zuständigkeit des Bundesrates gem. Art. 7 Ziff. 3 RV als gegeben an. Triepel[16] würde auch hierin wohl einen Fall der sogenannten „unparteiischen Reichsaufsicht" erblickt und eine sinnentsprechende Anwendung des Art. 76 RV befürwortet haben.

Im Gegensatz zu heute hat sich die Wissenschaft im Reich von 1871 zunächst einmal mit der Frage der Zuständigkeit, dem Auffinden einer zur Entscheidung bereiten Instanz, befassen müssen. Da sie bereits damit wenig Erfolg hatte, kam sie nicht mehr zu der Frage nach der Anspruchsgrundlage für die Rückforderung von zu Unrecht in Anspruch genommenen Reichsmitteln.

Über fast alle mit der Rechtsnatur des Reichsheeres und dessen Verwaltung zusammenhängenden Fragen hat man dabei seinerzeit nahezu mit Erbitterung Streit geführt[17]. Die unitarische Richtung vertrat unter anderem die Auffassung, daß die Landesbehörden auf diesem Gebiet nichts weiter seien als mittelbare Reichsbehörden, die im Namen, in Stellvertretung, als Organe, als Repräsentanten des Reiches tätig würden[18]. Demgegenüber stützte sich die Gegenmeinung auf die föderative Struktur der Reichsverfassung und betonte die Selbständigkeit der

---

[14] Vgl. Laband 4, S. 565, Fußn. 4; dem entspricht § 102 Abs. 2 RHO; Vialon, Haushaltsrecht, § 102 RHO Bem. 7: „Der gegebenen Rechtslage entspricht es ferner, daß der Rechnungshof seine Anordnungen gegenüber bundesfremden Behörden nicht durch Strafen durchsetzen kann. Hier ist der Mittelweg gewählt, daß der Rechnungshof die zuständige oberste Dienstaufsichtsbehörde um die Verhängung von Strafen zwecks Durchführung seiner Anordnungen ersuchen kann."
[15] Vgl. den Gesetzentwurf betr. die Einrichtung u. Befugnisse des Rechnungshofes i. d. F. 1877 (§ 17 Abs. 2, 3), RT-Drs. Nr. 16; Laband 4, S.. 569.
[16] Triepel, Reichsaufsicht, S. 471—479 (476), insb. Fußn. 3; s. a. S. 7.
[17] Laband 4, S. 56, 67 ff., 330 ff. (339); Triepel, aaO, S. 213 ff., 220 ff.
[18] Vgl. u. a. Hänel, S. 528 f.; Triepel, Reichsaufsicht, S. 214 m. w. N.

Militärverwaltung[19]. Die amtliche Rechtsanschauung, der auch das Reichsgericht beitrat, vertrat einen vermittelnden Standpunkt[20]. Sie erkannte grundsätzlich die Selbständigkeit der Länderverwaltungen an, näherte sich aber gerade in bezug auf den finanziellen Bereich mehr der unitarischen Auffassung. Interessanterweise hat sich diese Entwicklung schließlich soweit verstärkt, daß die Meinung vorherrschend wurde, die gesamte finanzielle Militärverwaltung werde nicht mehr bloß für Rechnung, sondern im Namen des Reichs geführt. Aus dieser „Korrektur der Reichsverfassung"[21] wurden dann auch alle Konsequenzen gezogen: Die mit der militärischen Finanzverwaltung betrauten preußischen, sächsischen und württembergischen Landesstellen, an der Spitze die Kriegsministerien, wurden, obwohl nach wie vor von Landesbeamten verwaltet, als Behörden angesehen, die unmittelbar Reichsgeschäfte führten und nunmehr dem Reichskanzler auf diesem Sektor als vorgesetzter Oberbehörde unterstanden[22]. Die geschilderte Entwicklung hatte vor allem seit dem Jahre 1873, also schon kurz nach der Reichsgründung, eingesetzt, und zwar vor allem auf Grund des „Gesetzes über die Rechtsverhältnisse der zum dienstlichen Gebrauche einer Reichsverwaltung bestimmten Gegenstände"[23]. Es leuchtet ein, daß für eine Haftungsfrage zwischen Reich und Ländern nach Abschluß dieser Entwicklung kein Raum mehr war, denn nachher hatte die Reichsverwaltung das Recht, die Finanzgebarung der Kontingentsverwaltungen durch Maßnahmen, wie Genehmigungen und Anweisungen, zu leiten.

Eine vergleichsweise „Korrektur des Grundgesetzes" ist wegen der Art. 20, 23, 28, 29, 79 Abs. 3 GG undenkbar. In die gleiche Richtung zielende Entwicklungstendenzen sind aber auch in der heutigen Verfassungswirklichkeit zu beobachten[24].

Da die Haftungsfrage vorliegend nur als ein speziell bundesstaatliches Problem behandelt wird, kann sie sich als ein solches für die Zeit der Weimarer

---

[19] Ausführl. v. Seydel, Comm., S. 348 ff.; Laband 4, S. 67 ff., 330 ff.; es gab auf Grund bestehender Militärkonventionen (Zusammenstellung bei Laband 4, S. 34 f.) neben dem Kontingent Preußens, dem die meisten Bundesstaaten ihre Kontingente unterstellt hatten, die selbständigen Kontingente Bayerns, Sachsens und Württembergs. Die von Bayern aufzuwendenden Beträge erschienen im Reichshaushaltsetat in einer Summe (Pauschalierung); die Spezialetats stellte Bayern selbst auf (Laband 4, S. 56). Ersparnisse kamen Bayern zugute. Sachsen und Württemberg hingegen bewirtschafteten unmittelbar die Spezialetats des Reichshaushalts. Daher mußten sie auch Ersparnisse an das Reich abführen (Laband 4, S. 57; Jehle, AÖR 17 (1902), S. 267).
[20] RGZ 20, 150 = AÖR 4 (1889), S. 147 ff. m. Anm. v. Hergenhahn; Laband 4, S. 67 Fußn. 2; v. Seydel, Comm., S. 349 ff.
[21] Triepel, Reichsaufsicht, S. 314.
[22] Triepel, aaO, S. 312 ff. (314); Laband 4, S. 234 ff.; oben S. 19.
[23] v. 25. 5. 1873 (RGBl. S. 113).
[24] Vgl. z. B. § 4 des IV. ÜLG; hierzu unten S. 49 f.

C. Historischer Exkurs

Republik nicht stellen[25]. Denn der Weimarer Staat wird zwar noch als „Bundesstaat" bezeichnet, ihm fehlte jedoch die entsprechende föderative Grundlage[26]. So konnte sich das Reich durch einfaches, nicht verfassungsänderndes Gesetz auf den ihm durch die Verfassung zugewiesenen Sachgebieten unmittelbar vollziehende Funktionen auch bis in die unterste Verwaltungsinstanz übertragen[27]. Nach damaliger Auffassung war das Reich auch zur Finanzierung reichswichtiger Aufgaben und damit zur Einflußnahme auf ihre Durchführung zuständig, wenn die Aufgaben von den Ländern oder einzelnen Ländern nicht erfüllt werden konnten oder tatsächlich nicht erfüllt wurden[28].

Das Reich konnte also im Einzelfall die Verwaltungs- *und* Finanzverantwortung für sich in Anspruch nehmen.

Soweit Länderbehörden Teile des Reichshaushalts ausführten, wie beispielsweise bei der Verwaltung der Wasserstraßen im Wege der Auftragsverwaltung, leisteten die Länder die Mittel nicht unmittelbar für Rechnung und zu Lasten des Reichshaushalts; die verausgabten Beträge wurden den Ländern vielmehr erstattet[29].

---

[25] In anderem Zusammenhang sind aber gleichwohl Streitigkeiten über Haftungsfragen aufgetreten, so z. B. zwischen dem Reich und Preußen über Schäden, die durch dessen Feststellungsbehörden für Besatzungsschäden am Reichsvermögen entstanden waren (vgl. Denkschrift u. Bem. des Reichsrechnungshofes zur Haushaltsrechnung 1925, RT-Drs. Nr. 549, III. WP 1928, S. 50 ff.). Die Streitfrage wurde durch Vergleich ausgeräumt (vgl. Denkschr. zur Haushaltsrechn. 1927, RT-Drs. Nr. 1587, IV. WP 1928, S. 45 unter 4.).

[26] Thoma, in Hdb. d. Dt. StR., Bd. 1, S. 169 ff.; Anschütz, VdVStRL, Heft 1 (1924), S. 18; C. Schmitt, Verfassungslehre, S. 388 ff.

[27] Art. 14 WRV; vgl. Anschütz, Komm., Bem. 1; Lassar, Hdb. d. Dt. StR., Bd. 1, S. 311, 318; Klein, AÖR 1963, S. 377 (393).

[28] Lassar, aaO, S. 316.

[29] Vgl. Denkschr. u. Bem. des RRechnhofes zur Haushaltsrechnung 1924, RT.-Drs. Nr. 4054, III. WP, 1924/28, S. 34; für 1925, RT.-Drs. Nr. 549, III. WP. 1928, S. 23.

Zweiter Abschnitt

Die Verwaltung nach dem Bonner Grundgesetz

A. Aufbau der Verwaltung

Die Darstellung der möglichen Formen der Verwaltung nach dem VIII. Abschnitt des Grundgesetzes kann sich, da sie im einschlägigen Schrifttum ausführlich beschrieben ist[1], auf das Notwendigste beschränken; aus Gründen der Systematik darf sie jedoch nicht ganz fehlen.

I. Formen der Verwaltung

a) Landeseigene Verwaltung

Die Gesetzgebungszuständigkeit und die Ausführung der Gesetze hat das Grundgesetz in verschiedener Weise zwischen dem Gesamtstaat und den Gliedstaaten verteilt. Abgesehen von dem Vollzug der Gesetze durch die bundeseigene Verwaltung obliegt die Ausführung der Bundesgesetze gem. Art. 83 GG den Ländern grundsätzlich als eigene Angelegenheit. Art. 83 GG bringt zum Ausdruck, daß das Schwergewicht der Verwaltung bei den Ländern liegen soll. Wie Art. 30 GG den Ländern die Ausübung der staatlichen Befugnisse und die Erfüllung der staatlichen Aufgaben als Generalklausel zuweist, so enthält Art. 83 GG den Grundsatz der Länderzuständigkeit für den Bereich der Verwaltung. Ausnahmen von dieser Grundregel kann nur das Grundgesetz selbst treffen oder zulassen[2].

b) Bundesauftragsverwaltung

Eine Ausführung von Bundesgesetzen durch die Länder unter einer gegenüber Art. 83, 84 GG erhöhten Abhängigkeit vom Bund kennt das Grundgesetz in Gestalt der Auftragsverwaltung[3]. Sie ist nur in den vom Grundgesetz ausdrücklich vorgesehenen Fällen zulässig[4], vgl. Art. 85, 87 b Abs. 2, 87 c, 89 Abs. 2 S. 3 und 4, 90 Abs. 2, 108 Abs. 1 S. 4, Abs. 4, 120 a GG.

---

[1] Vgl. statt vieler, Maunz, Staatsrecht (1959), S. 197.

[2] Art. 14 WRV ließ dagegen Ausnahmen durch einfaches Reichsgesetz zu. Vgl. auch S. 33.

[3] Die Auftragsverwaltung entstammt dem Kommunalrecht, ausgehend von § 166 der Stein'schen Städteordnung v. 19. 11. 1808 (GS. S. 324). Das Institut war in der WRV nicht enthalten, der Verfassungspraxis aber gleichwohl bekannt (Anschütz, Komm., S. 111; JÖR Bd. 1, S. 636 ff.; Herrfahrdt, BK, Bem. I zu Art. 85). So verwalteten z. B. die Länder auf Grund eines Staatsvertrages die Wasserstraßen im Auftrage des Reiches (Anschütz, aaO, S. 469).

[4] Maunz, Staatsrecht, S. 203.

A. Aufbau der Verwaltung 35

Über die Frage der Rechtsnatur bestehen verschiedene Auffassungen. Auf den Meinungsstreit wird im Verlaufe der Abhandlung ausführlich zurückzukommen sein[5].

c) Die übrigen Formen

Die anderen der nach dem Grundgesetz möglichen Verwaltungsformen sind für die gegenwärtige Darstellung nicht von Interesse. Beim Landesvollzug von Landesgesetzen (Art. 30 GG) und der Bundesverwaltung gem. Art. 87, 87 b GG[6] werden die Verwaltungen jeweils in ihren eigenen Bereichen tätig und verausgaben eigene Mittel.

Bundesunmittelbare Körperschaften oder Anstalten, wie z. B. die Träger der Sozialversicherung, deren Tätigkeitsbereich über das Gebiet eines Landes hinausreicht (Art. 86 S. 1, 87 Abs. 2 und 3 GG), führen zwar Bundesgesetze aus. In der Regel haben sie jedoch ihren eigenen Haushalt, dessen Mittel sie bewirtschaften[7].

Da es sich bei den betreffenden Körperschaften und Anstalten nicht um außerhalb der Bundesverwaltung stehende Stellen handelt, wird sich das Haftungsproblem auch nicht insoweit stellen, als der Bund nach Art. 120 GG, § 1 Abs. 1 Ziff. 9 und 10 des I. ÜLG i. d. F. des IV. ÜLG v. 28. April 1955 (BGBl. I S. 193) die Aufwendungen der Arbeitslosenfürsorge und die Zuschüsse zur Arbeitslosenversicherung trägt, die nach § 21 des Ersten ÜLG für Rechnung des Bundes geleistet werden.

Die Haftungsfrage, wie sie vorliegend verstanden werden soll, stellt sich überhaupt zwischen selbständigen Trägern unmittelbarer Bundesverwaltung und dem Bund nicht. Sollten hier Haftungsprobleme bestehen, so ist deren Berücksichtigung nach dem Thema dieser Untersuchung ausgeschlossen.

Das Gleiche gilt für etwaige Haftungsfragen zwischen Sondervermögen des Bundes und dem Bunde[8].

II. Mittel der Einflußnahme des Bundes auf die Länderverwaltung nach dem Grundgesetz im allgemeinen

a) Landeseigene Verwaltung

Art. 84 GG enthält die dem Bunde zustehenden Aufsichtsmittel für den Bereich der landeseigenen Verwaltung, soweit ihm die ausschließliche oder konkurrierende Gesetzgebung zusteht. Auf die Ausführung der kraft konkurrierender oder ausschließlicher Landeskompetenz erlassenen Landesgesetze hat der Bund keinen Einfluß[9].

---

[5] Vgl. 2. Teil, 3. Abschnitt, A III c.
[6] Eingehend Schäfer, DÖV 1958, S. 241.
[7] Vgl. z. B. § 30 des G. über die Errichtung einer Bundesanstalt für Arbeitsvermittlung u. Arbeitslosenversicherung v. 10. 3. 1952 (BGBl. I S. 123); § 3 des Postverwaltungsgesetzes v. 24. 7. 1953 (BGBl. I S. 676).
[8] Vgl. z. B. §§ 1, 4 (2), 30 (1) des Bundesbahngesetzes v. 31. 12. 1951 (BGBl. I S. 955); §§ 1, 4 d. G. ü. d. Verwaltung des ERP-Sondervermögens v. 31. 8. 1953 (BGBl. I S. 1312).
[9] Giese-Schumck, Art. 84 II 1; Maunz, StR., S. 201 f.

Im einzelnen bestehende folgende Einwirkungsmöglichkeiten[10]:
1. Erlaß allgemeiner Verwaltungsvorschriften mit Zustimmung des Bundesrates[11].
2. Regelung der Behördeneinrichtungen und des Verfahrens mit Zustimmung des Bundesrates (Folgerung aus Art. 84 Abs. 1 GG)[12].
3. Recht der Einzelweisung in besonderen Fällen (Art. 84 Abs. 5)[13].
4. Die Bundesaufsicht gem. Art. 84 Abs. 3, welche eine Kontrolle der Rechtmäßigkeit, nicht der Zweckmäßigkeit der Ausführung bedeutet.

Die Bundesaufsicht kann geltend gemacht werden durch die einfache Mängelrüge oder die Entsendung von Beauftragten zu den obersten Landesbehörden.

Werden festgestellte Mängel nicht beseitigt, so beschließt auf Antrag der Bundesregierung oder des Landes der Bundesrat darüber, ob das Land das Recht verletzt hat. Gegen den Beschluß des Bundesrates ist die Anrufung des Bundesverfassungsgerichts möglich (Art. 93 Abs. 1 Ziff. 3 GG und §§ 68 ff. BVerfGG).

Ob der Bundeszwang (Art. 37 GG) als Vollstreckungsmaßnahme bereits vor einer Entscheidung des Bundesverfassungsgerichts ausgeübt werden kann, ist streitig[14]. Die Frage dürfte, obwohl der Bundeszwang im bundesaufsichtlichen Verfahren die ultima ratio darstellt, zu bejahen sein. Art. 37 GG würde eine reine Bestimmung über die Vollstreckung von Urteilen des Bundesverfassungsgerichts sein, wenn eine vorherige Feststellung des Gerichts, daß das Land eine Bundespflicht verletzt hat, Voraussetzung eines Vorgehens im Wege des Bundeszwanges gegen das Land wäre. Das aber kann nicht angenommen werden.

Die Aufzählung der Mittel der Bundesaufsicht ist nicht erschöpfend[15]. Auch die in Art. 84 Abs. 5 GG vorgesehenen Einzelweisungen haben hier Bedeutung. Beachtlich ist außerdem noch Art. 35 GG, soweit dort die Pflicht zur Amtshilfe ausgesprochen ist[16].

b) Bundesauftragsverwaltung

Nach Art. 85 Abs. 1 GG bleibt die Behördeneinrichtung auch hier Angelegenheit der Länder[17], soweit nicht Bundesgesetze mit Zustimmung des Bundesrates etwas anderes bestimmen.

---

[10] Ausführliche Darstellung bei Maunz aaO., S. 202 ff.
[11] Beispiele: Verw.vorschriften zur Durchführung des Bundesversorgungsgesetzes v. 1. 3. 1951 (BGBl. I S. 791); Verwaltungsvorschrift z. G Art. 131 GG (B.Anz. Nr. 91 v. 13. 5. 1952).
[12] G. über die Errichtung der Behörden der Kriesopferversorgung v. 12. 3. 1951 (BGBl. I S. 169).
[13] Vgl. § 4 Paßgesetz (BGBl. I 1952 S. 290); § 3 Flüchtlingsnotleistungsgesetz (BGBl. 1953 I S. 45).
[14] Bejahend: Giese, Komm. (1953), Art. 84 Anm. 9; Hamann, Komm. (1956), Art. 84 C. 10; Koellreuther, StR., S. 148. Verneinend: Maunz, StR, S. 203.
[15] Herfahrdt, BK, Art. 84.
[16] Hamann, aaO., Art. 84 C. 9; vgl. auch RdSchr. d. Bundesmin. d. Innern vom 21. 3. 1950 (BMBl. S. 4) über den Verkehr mit Länderbehörden.
[17] Ob auch der Gemeinden, ist umstritten; vgl. Schäfer, DÖV 1960, S. 647.

A. Aufbau der Verwaltung

Das Hauptunterscheidungsmerkmal gegenüber der landeseigenen Verwaltung ist, daß sich die Aufsicht des Bundes auf die Gesetzmäßigkeit *und* Zweckmäßigkeit der Ausführung erstreckt (Abs. 4). Außerdem hat der Bund das Recht, allgemeine Verwaltungsvorschriften zu erlassen (Abs. 2)[18], die einheitliche Ausbildung der Bediensteten zu regeln und Weisungen zu erteilen (Abs. 3 des Art. 85). Das Weisungsrecht ist hier generell und kann auch von den zuständigen obersten Bundesbehörden ausgeübt werden. Adressaten der Weisungen bleiben jedoch, vom Fall der Dringlichkeit abgesehen, die obersten Landesbehörden.

Die Darstellung der Verwaltungstypen und zentralstaatlichen Einflußrechte auf die Länderverwaltungen, wie sie das Grundgesetz vorsieht, wäre ohne einen Blick auf die Verfassungspraxis unvollständig. Denn die bloßen verfassungsrechtlichen Organisationsnormen gewinnen erst Leben, wenn beleuchtet wird, in welchem Geiste sie tatsächlich gehandhabt werden.

Die schon in der 1. Legislaturperiode des Bundestages erkennbaren Tendenzen zur intensiven Inanspruchnahme und verstärktem Ausbau der zentralstaatlichen Einflußrechte[19] haben sich auch in der Folgezeit fortgesetzt, wobei als Schrittmacher des Zentralismus zumeist an die Adresse des Zentralstaates gerichtete Forderungen von Wirtschaft und Gesellschaft gewirkt haben[20].

Im einzelnen sind u. a. folgende Erscheinungsformen des genannten zentralistischen Trends festzustellen:

In die Ausführung von Bundesgesetzen, deren Vollzug Aufgabe der Länder ist, haben sich in erheblichem Umfang Bundesministerien durch Genehmigungsvorbehalte[21] und Festsetzungen von Spezialzuständigkeiten[22] eingeschaltet. Die Entscheidungen der obersten Bundesbehörden ergehen in der Form sog. Ministerialverwaltungsakte. Außerdem ist im gesetzesfreien Raum im Rahmen von finanziellen Förderungen bestimmter Sachgebiete eine umfangreiche Verwaltungstätigkeit des Bundes zu verzeichnen[23]. Zur Rechtfertigung wird auf die haushaltsrechtliche Verantwortung des zuständigen Bundesministers für die Förderungsmittel des Bundes verwiesen.

Ein weiteres anschauliches Beispiel der Begründung einer Verwaltungszuständigkeit der Bundesregierung, die nicht vom Grundgesetz ge-

---

[18] Vgl. §§ 325 ff. LAG; §§ 36 ff. BLG; 7 ff. AtomG.
[19] Vgl. Köttgen, JÖR n. F. Bd. 3, S. 99 f.; Geiger, Bay. Verw.Bl. 1964, S. 65 (69), 108.
[20] Köttgen, JÖR n. F. Bd. 11, S. 206 ff.; *Köttgen* liefert auch für die 2. u. 3. Leg.Periode eine intensive Entwicklungsanalyse, deren Ergebnisse hier zugrundegelegt werden dürfen.
[21] Vgl. § 28 AußenwirtschaftsG i. d. F. v. 28. 4. 1961 (BGBl. I S. 481).
[22] § 17 Abs. 3 I. Gesetzes zur Regelung der Staatsangehörigkeit v. 22. 2. 1955 (BGBl. I S. 65).
[23] z. B. § 22 I. WoBauG i. d. F. v. 27. 6. 1956 (BGBl. I S. 523); § 4 Abs. 3 FischG v. 31. 8. 1955 (BGBl. I S. 567).

tragen wird, findet sich in § 26 RJWG v. 11. 8. 1961 (BGBl. I S. 1206, ber. 1875).

Im allgemeinen hat der Bund die ihm durch die Verfassung gewährten Einflußmöglichkeiten voll ausgeschöpft. Von der Möglichkeit, die Landesregierungen zum Erlaß von Rechtsverordnungen zu ermächtigen, hat der Bund kaum Gebrauch gemacht. Auch die Bedeutung von Ausführungsgesetzen der Länder ist zurückgegangen[24]. Vielmehr werden die Landesbehörden insbesondere durch allgemeine Verwaltungsvorschriften oder durch das Institut der Einzelweisung dem Willen der Bundesregierung in einer Weise unterworfen, daß die Landesbehörden auch im ländereigenen Bereich auf das Setzen von Verwaltungsakten beschränkt sind, deren Inhalt weithin durch Bundesgesetz, Verwaltungsvorschriften oder Einzelweisung festgelegt ist[25].

Eine noch einschneidendere Änderung des föderativen Verfassungsbestandes sieht das Gutachten der Kommission für die Finanzreform vor[26].

B. Die Verwaltung von Bundesmitteln

I. Aufgaben- und Lastenverteilung nach dem Grundgesetz im allgemeinen

Um festzustellen, in welchem Umfang und auf welchen Verwaltungsgebieten Bundesmittel durch außerhalb der Bundesverwaltung stehende Stellen bewirtschaftet werden, ist zu untersuchen, in welcher Weise das Grundgesetz die Aufgaben- und Lastenverteilung zwischen Bund und Ländern regelt. Es hat sich nämlich seit Bestehen der Bundesrepublik bei jedem Versuch einer Änderung der durch das Grundgesetz geschaffenen Finanzverfassung immer wieder bestätigt, daß die Verteilung des Steueraufkommens auf der einen Seite und die Übertragung der Lasten andererseits, sowie die Befugnis zur Verwaltung der Mittel Zentralprobleme jeder bundesstaatlichen Ordnung darstellen. In diesen Bereichen hat in Vergangenheit und Gegenwart die Antinomie Unitarismus — Föderalismus wohl ihren schärfsten Ausdruck gefunden, und nirgendwo sonst stoßen beide Auffassungen regelmäßig so hart aufeinander, wobei selbstverständlich, da es ja um Geld geht, meistens hinter- oder vordergründig machtpolitische Interessen eine erhebliche Rolle spielen. Auch die Haftungsfrage steht — als eine Folge des bundes-

---

[24] Köttgen, aaO., S. 222.
[25] u. a. dieser Umstand veranlaßt *Klein*, in den Ländern bloße Substituten einer bundeseigenen Verwaltung zu sehen (Gemeinschaftsaufgaben, S. 137); vgl. hierzu Sturm, DÖV 1966, S. 264; unten S. 41, 90.
[26] Vgl. hierzu im einzelnen S. 42, 129 f.

B. Die Verwaltung von Bundesmitteln

staatlichen Systems — mit der Aufteilung und Trennung der Verantwortlichkeiten in vollem Zusammenhang.

Auszugehen ist von Art. 106 Abs. 4 Ziff. 1 GG, der den allgemeinen Lastenverteilungsgrundsatz zwischen Bund und Ländern enthält[1]. Hiernach tragen grundsätzlich beide gesondert die Ausgaben, die sich aus der Wahrnehmung ihrer Aufgaben ergeben. Die Aufgabenverteilung richtet sich dabei allein nach der Verwaltungszuständigkeit[2]. Dieser allgemeine Lastenverteilungsgrundsatz besagt daher, daß der Bund grundsätzlich die Ausgaben für die Bundesausgaben zu tragen hat, sofern er auch für die Verwaltung zuständig ist, also eine bundeseigene Verwaltung besteht, und daß die zur Wahrnehmung von Länderaufgaben erforderlichen Mittel von den Ländern aufzuwenden sind, wenn deren Verwaltungszuständigkeit gegeben ist. Die Pflicht zur Mittelbereitstellung liegt daher in erster Linie bei den Ländern, da das Grundgesetz diesen primär die Verwaltungszuständigkeit zugewiesen hat. Kraft ausdrücklicher Verfassungsvorschrift sind von dieser Regel nur die in Art. 120 bezeichneten und von den Ländern zu verwaltenden Ausgaben ausgenommen[3].

Damit Bund und Länder ihren jeweiligen Aufgaben auch finanziell gerecht werden können, strebt das Grundgesetz auf der Einnahmenseite eine möglichst gerechte Steuerverteilung an (vgl. Art. 105, 106, 107)[4].

Abgesehen von dem Sondertatbestand des Art. 120 GG schließt das Lastenverteilungsprinzip, also die „Kongruenz zwischen administrativer Aufgabenkompetenz und Ausgabenverantwortung"[5], unmittelbare Beteiligungen des Bundes an den Ausgaben der Länder und umgekehrt — in der Form von Zuschüssen, Beiträgen und Kostenerstattungen usw. — im allgemeinen aus[6]. Es wird allerdings angezweifelt, ob unter „Auf-

---

[1] Zur Entstehungsgeschichte der jetzigen Fassung des Art. 106 GG durch das Finanzverf.G. v. 23. 12. 55 (BGBl. I S. 817) und allgemein vgl. BT.-Drs. 480, S. 13 ff.; Fischer-Menshausen, DÖV 1956, S. 161; Görg, „Beiträge", S. 205 (213); Patzig, AÖR 1961, S. 245 ff.; Vialon, Haushaltsrecht, Art. 106, Erl. 19, § 17 RHO, Erl. 3, 8, 9.
[2] Vgl. insbes. Fischer-Menshausen, DÖV 1952, S. 675; 1953, S. 230; 1956, S. 167; Hüchting, DÖV 1954, S. 290; Heim, DÖV 1958, S. 566.
[3] BT.Drs. 480, S. 47.
[4] Einzelheiten vgl. Görg, „Beiträge", S. 214.
[5] Giese-Schunck, Art. 106 GG, Nr. 26.
[6] Vgl. BT.-Drs. 480, S. 49, 117; in diesem Zusammenhang soll nicht unerwähnt bleiben, daß der Bund auf einigen Gebieten, z. B. bei der Kriegsfolgenhilfe, gem. § 1 Abs. 1 Ziff. 3 I. ÜLG mittels der sog. „Interessenquote" doch eine Beteiligung der Länder erreicht. Sie bedeutet, daß die mittelverwaltende Stelle einen Teil der von ihr ausgezahlten Beträge auf den eigenen Haushalt übernehmen muß (vgl. Hacker, Hdb. Bd. 3, S. 416). Die Interessenquote soll als „fühlbare Eigenbeteiligung" erzieherisch auf die mit der Bewirtschaftung von Mitteln befaßten Behörden einwirken, sie zur Sparsamkeit bei der Verwaltung der fremden Mittel anhalten und damit das Auseinanderfallen von Finanzverantwortung und Vollzugskompetenz auf finanzwirtschaftlich wichtigen Ge-

gabenverantwortung" und der sich aus ihr gem. Art. 106 Abs. 4 Ziff. 1 GG ergebenden „Ausgabenverantwortung" allein die Verwaltungszuständigkeit zu verstehen ist. Es ergeben sich nämlich Schwierigkeiten aus dem Umstand, daß die Exekutive in aller Regel Ausgaben lediglich auf Grund mittelzuweisender Gesetze bewirtschaften und verausgaben darf. Es läßt sich daher die Meinung vertreten, daß es richtiger sei, die Aufgaben- und damit Ausgabenverantwortung derjenigen Körperschaft anzulasten, deren Legislative das Gesetz beschlossen hat und zu dessen Ausführung Mittel bereitzustellen sind. Daher will Köttgen[7] darauf abstellen, daß die Kosten derjenige übernehmen müsse, der über sie praktisch entschieden habe (Veranlassungsprinzip)[8]. Diese These berücksichtigt zwar zutreffend, daß nach dem Aufbau des Grundgesetzes das Schwergewicht der Gesetzgebungsbefugnis beim Zentralstaat, das Hauptgewicht der Verwaltungskompetenz bei den Gliedstaaten liegt[9]. Es wäre daher nach dieser Meinung wohl richtiger, wenn die Ausgabenverantwortung in der Hauptsache dem Bund obläge, wenn und soweit dieser von seiner Gesetzgebungsaufgabe Gebrauch macht und Gesetze beschließt, auf Grund deren finanzielle Leistungen erbracht werden müssen. Die Auffassung erscheint jedoch bei restloser Verwirklichung geeignet, die im Zuge der Neuordnung der Finanzverfassung im Jahre 1955 jedenfalls im Grundsatz erreichte und auch wohl der bundesstaatlichen Systematik entsprechende Abgrenzung, nach welcher sich der Träger der Verwaltungskompetenz mit der ausgabenverantwortlichen Körperschaft deckt, aufzuheben. Gegen ihre Richtigkeit spricht außerdem, daß der Gesetzgeber bei der Verfassungsänderung einen anderen Weg beschritten hat. Für den Fall nämlich, daß den Ländern zusätzliche Ausgaben durch Bundesgesetz auferlegt werden, sind Revisionsklauseln zugunsten der Länder eingeführt worden (Art. 106 Abs. 5, 4 GG). Liegen demnach gem. Art. 106 Abs. 4 Ziff. 1 i. V. m. Art. 30, 83, 84 GG Verwaltungs- und Finanzverantwortung grundsätzlich bei den Ländern, so müssen diese auch die für die Ausführung der Bundesgesetze erforderlichen sächlichen und persönlichen Verwaltungskosten bereitstellen[10].

---

bieten erträglich gestalten (vgl. BT.-Drs. 480, S. 44; Görg, DÖV 1951, S. 625 (626); Fischer-Menshausen, DÖV 1955, S. 265; Kurzwelly, Kriegsfolgenhilfe I, S. 17 ff., 37).

Die in der Praxis bisher festgesetzten Prozentsätze als Interessenquote haben wegen ihrer geringen Höhe (z. B. 15 %) die in die Eigenbeteiligung gesetzten Erwartungen nicht erfüllen können. Die Interessenquote kann außerdem die Häufigkeit von Fehlentscheidungen wohl herabsetzen, sie aber nicht gänzlich unmöglich machen.

[7] DÖV 1953, S. 358 ff.

[8] Im Ergebnis übereinstimmend: v. d. Heide, DVBl. 1953, S. 290; Hettlage, Finanzarchiv n. F. Bd. 14, S. 411; Maunz-Dürig, Art. 106, Rd.-Nr. 12.

[9] Vgl. Klein, AÖR 1963, S. 396.

[10] Die Übernahme von Verwaltungskosten durch den Bund widerspricht demnach der Grundregel des Art. 106 Abs. 4 Ziff. 1 GG und ist grundsätzlich

B. Die Verwaltung von Bundesmitteln

Es ist versucht worden, den Schluß von der Gesetzgebungskompetenz auf die Verwaltungshoheit zu ziehen[11]. Dieser Meinung kann angesichts der von der Verfassung (Art. 30, 83 ff. GG) vorgenommenen Trennung der Verwaltungsbereiche von Bund und Ländern nicht gefolgt werden[12].

Finanzielle Beteiligungen sollen dagegen bei den sog. „Gemeinschaftsaufgaben" zulässig sein, also in den „Sachbereichen, in denen Bund und Länder zusammenwirken und sich in die Verwaltungsbefugnisse teilen"[13].

Bisher ist jedoch weder eine Klärung des Begriffs „Gemeinschaftsaufgaben" erreicht, noch die verfassungsrechtliche Zulässigkeit der Gemeinschaftsaufgaben selbst dargetan worden. Es fehlt an festen und klaren Maßstäben[14]. Zu den Gemeinschaftsaufgaben sollen beispielsweise die Angelegenheiten der Auftragsverwaltung zählen[15], außerdem auch diejenigen landeseigenen Verwaltungsgebiete, auf denen die Länder dem Bund ein sachliches Weisungsrecht eingeräumt haben[16].

Allgemein haben sich in der Staatspraxis einige schlagwortartige Begriffe gebildet, nach denen, abgesehen von den Fällen einer ausdrücklichen Zuweisung oder Zulassung von Bundesaufgaben durch das Grundgesetz selbst, der Bund entgegen dem Grundsatz, daß die Bestimmung der Verwaltungskompetenz die Vorentscheidung für die Ausgabendeckung bildet, die Möglichkeit oder sogar die Pflicht haben soll, seine Mittel einzusetzen. Es handelt sich um die Zuordnungskategorien: 1. „Aufgaben des Bundes im bundesstaatlichen Verhältnis" oder „natürliche Bundesaufgaben", gestützt auf Art. 28 Abs. 3 GG. 2. „Aus der Natur der Sache." 3. Kraft Sachzusammenhangs[17]." Auch was diese Begriffe im einzelnen bedeuten, ist — ebenso wie ihre verfassungsrechtliche Legalität

---

unzulässig (vgl. Görg, RiA 1954, S. 48, 50; Kölble, „Gemeinschaftsaufgaben", S. 43; Entscheidung des Bundesrechnungshofes vom 4. 7. 1957, abgedr. in DÖH 1957, S. 271 f.; im Prinzip a. M. Heim, DÖV 1958, S. 566 ff.; s. a. BT-Drs. 580, Nr. 62, 64.

[11] F. Klein, Gemeinschaftsaufgaben, S. 160.

[12] Vgl. Görg, AÖR 1964, S. 500; Maunz-Dürig, Art. 83, Rd.-Nr. 8.

[13] Vgl. § 351 Abs. 3 LAG; BT.-Drs. 480, S. 49, 117.

[14] BT.-Drs. 480, S. 48 ff., insbes. Nr. 62, 64; Heim, DÖV 1958, S. 566 ff.; Henle, DÖV 1962, S. 201, 205; Vialon, Haushaltsrecht, RHO § 9 Anm. 5, § 17 Anm. 7, insbes. auch die Abhandlungen in „Gemeinschaftsaufgaben", Speyer Bd. 11, sowie die Kritik Görgs in AÖR 64, 495 ff.

[15] Vgl. z. B. § 351 Abs. 3 LAG, der Zuschüsse des Bundes zu den Verwaltungskosten der Länder und Gemeinden vorsieht.

[16] BT.-Drs. 480, S. 50 und 123 f.; Fischer-Menshausen, DÖV 1952, S. 676.

[17] Vgl. Fischer-Menshausen, DÖV 1952, S. 675—677 m. w. N.; Klein, Festschrift für Giese, S. 103; Köttgen, JÖR 3, S. 80; Vialon, Haushaltsrecht, S. 66 ff., Art. 106 GG, Erl. 19; BT.-Drs. 480, S. 48; s. a. BVerfGE 3, 407 (421); 11, 89 (96 f.); Achterberg, DÖV 1964, S. 612 ff.

— äußerst zweifelhaft[18]. Für einen Beitrag zu den Versuchen einer Klärung bietet die vorliegende Untersuchung nur wenig Raum; die Fragen können nur aufgeworfen werden, denn eine eingehende Darstellung würde den Rahmen der Arbeit sprengen. In letzter Zeit tritt das Thema „Gemeinschaftsaufgaben" allerdings in zunehmendem Maße in den Blickpunkt, nicht zuletzt als Folge des „Fernseh-Urteils" des Bundesverfassungsgerichts[19] und ist Gegenstand wissenschaftlicher Erörterung[20]. Die Diskussion des Themas „Gemeinschaftsaufgaben" wird verstärkt geführt, seitdem die von der Bundesregierung und den Ministerpräsidenten der Länder einberufene Gutachterkommission zur Vorbereitung einer Finanzreform die Einfügung eines Art. 85 a GG vorgeschlagen hat, welcher den Begriff „Gemeinschaftsaufgaben" in den VIII. Abschnitt des Grundgesetzes einführen soll.

Art. 85 a des Entwurfs hat folgenden Wortlaut:

„(1) Bei der Erfüllung staatlicher Aufgaben, deren Ausführung Sache der Länder ist, wirken Bund und Länder zusammen, wenn die Aufgaben für die Gesamtheit bedeutsam sind und einer langfristigen gemeinsamen Planung bedürfen (Gemeinschaftsaufgaben).

(2) Durch Bundesgesetz mit Zustimmung des Bundesrates wird bestimmt, welche Aufgaben Gemeinschaftsaufgaben sind. Das Gesetz soll allgemeine Grundsätze für die Erfüllung der Aufgaben enthalten. Die Bundesregierung und der Bundesrat stellen durch übereinstimmende Beschlüsse Pläne und Richtlinien für die Erfüllung der Gemeinschaftsaufgaben auf.

(3) Die Bundesregierung übt die Aufsicht darüber aus, daß die Bundesgesetze, Pläne und Richtlinien eingehalten werden. Sie kann zu diesem Zwecke Bericht verlangen. Art. 84 Abs. 4 gilt entsprechend.

(4) Diese Vorschriften finden keine Anwendung, soweit die Erfüllung der Aufgaben bundesgesetzlich geregelt oder den Ländern als Auftragsverwaltung übertragen ist."

Die Bundesregierung hat den Vorschlag aufgegriffen und inzwischen dem Bundestag den Entwurf eines Finanzreformgesetzes zugeleitet, dessen die Gemeinschaftsaufgaben betreffender Art. 91 a folgenden Wortlaut hat[21]:

„(1) Der Bund wirkt auf folgenden Gebieten bei der Erfüllung von Aufgaben der Länder mit, wenn diese Aufgaben für die Gesamtheit bedeutsam sind und die Mitwirkung des Bundes zur Verbesserung der Lebensverhältnisse erforderlich ist (Gemeinschaftsaufgaben):

1. Ausbau und Neubau von wissenschaftlichen Hochschulen,
2. Verbesserung der regionalen Wirtschaftsstruktur,
3. Verbesserung der Agrarstruktur und des Küstenschutzes.

---

[18] Vialon, Haushaltsrecht, Art. 106 GG, Erl. 19, § 17 RHO, Erl. 7—12, auch S. 62; Fischer-Menshausen, aaO.; Klein, aaO.; Rietdorf, DÖV 1953, S. 225 f.
[19] NJW 1961, S. 547.
[20] Vgl. Stadtler, DÖV 1961, S. 453; Zeidler, AÖR, Bd. 86 (1961), S. 361 ff.; Heft 11, Schriftenr. Speyer.
[21] Vgl. Entwurf Finanzreformgesetz, BR-Drs. 138/68; Art. 91 a ist ebenfalls

(2) Durch Bundesgesetz mit Zustimmung des Bundesrates werden die Gemeinschaftsaufgaben im einzelnen bestimmt. Das Gesetz soll allgemeine Grundsätze für ihre Erfüllung enthalten.

(3) Das Gesetz trifft Bestimmungen über das Verfahren und über Einrichtungen für eine gemeinsame Rahmenplanung. Die Aufnahme eines Vorhabens in die Rahmenplanung bedarf der Zustimmung des Landes, in dessen Gebiet es durchgeführt wird. Art. 87 Abs. 3 findet keine Anwendung.

(4) Der Bund trägt in den Fällen des Abs. 1 Nrn. 1 und 2 50 vom Hundert, in den Fällen des Abs. 1 Nr. 3 mindestens 50 vom Hundert der Aufwendungen in jedem Land. Das Nähere regelt das Gesetz. Der Umfang der Leistungen bleibt der Feststellung in den Haushaltsplänen des Bundes und der Länder vorbehalten.

(5) Bundesregierung und Bundesrat sind auf Verlangen über die Durchführung der Gemeinschaftsaufgaben zu unterrichten."

Das Troeger-Gutachten hatte zur Begründung seines Vorschlages vor allem angeführt, daß es in der Bundesrepublik Bereiche gebe, die von Bund und Ländern nur gemeinschaftlich wirksam verwaltet und finanziert werden könnten[22]. Diese Auffassung mußte starke Bedenken der Länder hervorrufen. Die Bundesregierung sah sich daher in Abstimmung mit den Ministerpräsidenten der Länder dazu veranlaßt, die ursprünglich vorgesehene Generalklausel, die dem Vorschlag des Troeger-Gutachtens entsprach, fallenzulassen und den in Art. 91 a des Finanzreformgesetzes enthaltenen Katalog von drei Aufgaben vorzuschlagen[23]. Nach dem Entwurf der Bundesregierung soll es sich bei den Gemeinschaftsaufgaben nach wie vor um Länderaufgaben handeln, an deren Erfüllung der Bund mitwirkt, und zwar durch eine gemeinsame Rahmenplanung und Finanzierung, während die Durchführung allein den Ländern obliegt[24]. Damit wird zwar den dahingehend vorgetragenen Bedenken der Länder Rechnung getragen worden sein. Es bleiben aber noch zahlreiche Fragen offen, so daß der Bundesrat verständlicherweise seine abschließende Stellungnahme zurückgehalten hat, bis die vorgesehenen Ausführungsgesetze im Entwurf vorliegen[25].

Die Einfügung der neuen Form eines Verwaltungstyps „Gemeinschaftsaufgaben" in die Verfassung ist überhaupt ein derart tiefgreifender Eingriff in die Bundesstaatlichkeit bisheriger Prägung, daß er nur dann vorgenommen werden sollte, wenn eindeutig feststeht, daß die vorhandenen

---

im Rahmen des Finanzreformgesetzes am 12. 5. 1969 in das Grundgesetz eingeführt worden, vgl. im einzelnen die zusammenfassende Schlußbemerkung.

[22] Gutachten, S. 34 ff.; Rd.-Nr. 142—165.
[23] Vgl. Textziffer 81 der Amtl. Begründung, BR-Drs. 138/68.
[24] Amtl. Begründung, Textziffer 80, aaO.; siehe auch die Stellungnahme des Rechtsausschusses des BR (Senator Dr. *Heinsen*), „Das Parlament", Nr. 18/1968.
[25] Vgl. Ausführungen des Ministerpräsidenten *Kühn* vor dem Bundesrat, „Das Parlament" v. 1. 5. 1968 (Nr. 18), S. 2 f.

Verwaltungsformen und Ingerenzen nicht ausreichen. Dabei dürfte der Nachweis schwierig sein, daß zur Gewährleistung eines einheitlichen Vollzuges im gesamten Bundesgebiet mehr als ein sachliches Weisungsrecht erforderlich ist, wie es dem Bund schon im Rahmen der Bundesauftragsverwaltung zur Verfügung steht. Die Länder können auch, wenn sie sich nicht ihrer Staatsqualität begeben und lediglich die Rolle von Bundesorganen übernehmen wollen, einer Ausweitung von Bundeszuständigkeiten über Art. 85 GG hinaus, nicht zustimmen. Die Gliedstaaten dürfen sich überdies mit guten Gründen darauf berufen, daß bislang auch die im Rahmen der landeseigenen Verwaltung von der Verfassung vorgesehenen Ingerenzen (Art. 84 GG), wenn sie einverständlich gehandhabt werden, den einheitlichen Gesetzesvollzug sichergestellt haben[26]. Daran wird deutlich, daß die Schwierigkeiten nicht so sehr bei der Verwaltungszuständigkeit als solcher liegen, als vielmehr darin, daß nach Art. 106 Abs. 4 Ziff. 1 GG die Verwaltungskompetenz regelmäßig die Vorentscheidung für die Ausgabenverantwortung bildet. Es ist nämlich in einem hochindustrialisierten, dicht bevölkerten und eng mit den weltwirtschaftlichen Entwicklungen verknüpften Staat unvermeidlich, daß unvorhergesehene neue Aufgaben entstehen oder vorhandene ein nicht erwartetes Gewicht erhalten. Da die Verwaltungszuständigkeit bei den Ländern liegt, ist es nach dem Lastenverteilungsgrundsatz in solchen Fällen zunächst deren Sache, die notwendigen Deckungsmittel bereitzustellen. Wenn sie hierzu nicht in der Lage sind, läßt sich die Angelegenheit zwar leicht als Gemeinschaftsaufgabe deklarieren, wenn der Bund glaubt, sich finanziell beteiligen zu müssen. Dabei ist es aber insoweit eine Forderung der Verfassung, daß in solchen Fällen die im Art. 106 GG enthaltenen Revisionsmöglichkeiten zugunsten der Länder zur Anwendung gelangen sollen. Wenn diese Revision, aus welchen Gründen immer, unterbleibt, so ergibt sich daraus keineswegs etwa die Notwendigkeit, dem Zentralstaat erweiterte Mitwirkungskompetenzen auf dem Gebiet der Verwaltung einzuräumen, sondern lediglich, die Verteilung der vorhandenen oder neu zu schaffenden Steuerquellen zu überprüfen. Dabei steht allerdings fest, daß eine bloße Neuverteilung keine Vermehrung des Finanzaufkommens mit sich bringt. Wenn daher die Länder dem Bund in der Vergangenheit ganz oder teilweise die Finanzierung von Aufgaben überlassen haben, für die der Bund keine Verwaltungskompetenz besitzt, so ist wiederholt auf die Vorläufigkeit dieser Handhabung bis zur Anwendung des Art. 106 GG zugunsten der Gliedstaaten verwiesen worden. Daß der Zentralstaat — in den letzten Jahren jedenfalls — in der Lage war, sich finanziell an Länderaufgaben zu beteiligen,

---

[26] Das Ausmaß der Einflußnahmen des Bundes auf alle Bereiche der Länderverwaltung zeigen die Ausführungen *Köttgens* (JÖR n. F. 11, S. 223) anschaulich.

B. Die Verwaltung von Bundesmitteln

ist für die Länder ein sicheres Zeichen, daß der Bund über mehr Einnahmen verfügte, als er zur Deckung seiner eigenen Aufgaben benötigte. Es wäre daher wenig wünschenswert, wenn der mühsam erreichte klare Lastenverteilungsgrundsatz im Zuge der Reformbestrebungen verwischt werden würde. Die Reformbemühungen sollten sich besser darauf konzentrieren, den in der Tat schwerfälligen Mechanismus der Revisionsklauseln (Art. 106 Abs. 5 und 7 GG) anwendbarer zu gestalten.

Zusammenfassung ist zu diesem Vorschlag des Finanzreformgesetzes wie folgt Stellung zu nehmen:

Das bundesstaatliche Prinzip ist ein wesentliches Element des Grundgesetzes. Zu ihm gehört vor allem die vertikale Gewaltenteilung. Das anerkennenswerte Ziel einer Finanzreform, nämlich im Wege einer sogenannten „Flurbereinigung"[27] die Finanzierungskriterien erneut zu überdenken, darf jedoch nicht zu dem Gegenprinzip der Aufgabentrennung, der Aufgabenvermischung, führen. Es besteht die Gefahr, daß Mischfinanzierung nur von Länderaufgaben zu Mischverantwortung bei ausschlaggebendem Einfluß des Bundes und damit zu einer unerwünschten Mischverwaltung führt[28]. Das Hauptziel einer Finanzreform, öffentliche Mittel rationeller und sparsamer zu bewirtschaften, wird bei einer Mischform sicherlich nicht erreicht[29]. Für eine selbständige Politik der Landtage bleibt außerdem kaum noch Raum.

Die mit dieser Entwicklung für die eigenverantwortliche Verwaltung der Länder verbundenen Gefahren liegen also auf der Hand. Die finanzielle Beteiligung an Aufgaben der Gliedstaaten durch den Zentralstaat hat sich stets als eine wirksame Methode erwiesen, auf die Verwaltung der Mittel Einfluß zu nehmen, um so ein Mitspracherecht in den nach der Verfassung selbständigen Verwaltungsbereichen der Gliedstaaten zu gewinnen. Wenn die Unterverbände die Mittel des Oberverbandes an- und die damit verknüpfte Kompetenzeinbuße in Kauf nehmen, ist die weitere Folge, daß der Zentralstaat bei einer Neuverteilung des Steueraufkommens unter Hinweis auf seine Mehrbelastung erhöhte Forderungen stellen kann. Allmählich tritt auf diese Weise eine Akzentverlagerung ein, die das gesamte bundesstaatliche Gefüge zugunsten des Zentralstaates verschiebt, so daß das von der Verfassung normierte föderative Prinzip ausgehöhlt wird. Für die Anhänger dieses Staatsgedankens ist es nur ein geringer Trost, daß die geschilderte Entwicklung mit der Konzentration der finanziellen Verantwortung auf den Zentralstaat angeblich im Zeitalter der Großwirtschaft und in der modernen, technisierten und kollektiv gefährdeten Massengesellschaft mit der Anforderung an die Existenzsicherung der Gesamt-

---

[27] Vgl. Troeger-Gutachten, S. 25 ff.
[28] Das Wort „kooperativ" vermag diese Gefahr nicht zu verdecken; es ist überdies mißverständlich, da das GG seinem ganzen Wesen nach bereits auf Kooperation ausgerichtet ist. Verständlich wäre daher nur die Forderung auf mehr Kooperation.
[29] Bei einer festen Beteiligungsquote würden die finanzschwachen Länder, die z. B. 50 % der Kosten des Hochschulbaus nicht aufbringen können, leer ausgehen; s. a. Patzig, AöR 1967, S. 297.

nation unvermeidlich sein soll[30]. Die Länder jedenfalls müssen auf der Hut sein, daß sie sich im Zuge dieser Entwicklungen nicht eines Tages als bloße Provinzen des Zentralstaates entdecken.

Daher wird sich das Hauptaugenmerk auf Art. 79 Abs. 3 GG zu richten haben. Es dürfte schwierig sein, die Vereinbarkeit der vorgeschlagenen Regelungen mit dieser Bestimmung darzutun[31].

Nach dem augenblicklichen Rechtszustand und für den Gegenstand dieser Abhandlung ist jedenfalls festzuhalten, daß die bisherige staatspolitische Praxis sich weitgehend über verfassungsrechtliche und verfassungspolitische Konzeptionen hinwegzusetzen imstande gewesen ist[32]. Denn der Bund hat in der Vergangenheit ganz oder teilweise die Finanzierung von Aufgaben übernommen, die keine Bundesaufgaben sind[33]. Es zeigt sich damit auch in der Bundesrepublik die „Anziehungskraft des größeren Etats" oder das „Gesetz des wachsenden Staatsbedarfs"[34].

II. In Betracht kommende Verwaltungsgebiete und Gesetze

Eine Einteilung der zahlreichen Verwaltungsbereiche, in denen Länderbehörden Bundesgesetze ausführen und dabei Bundesmittel verausgaben, läßt sich unter verschiedenen Gesichtspunkten vornehmen. So könnte man die in Frage kommenden Gesetze auf Grund des oben unter I.) Gesagten nach Bundes- und Gemeinschaftsausgaben aufzugliedern versuchen. Hierbei stünden aber immer die schon angedeuteten Schwierigkeiten einer Abgrenzung von „Gemeinschaftsaufgaben" gegenüber „reinen" Bundes- oder Landesaufgaben im Wege, bei denen ja nicht allein die Verwaltungskompetenz für die Zuordnung entscheidend ist, sondern auch der Inhalt der einzelnen Aufgabe nach den Kategorien, die unter I.) aufgezeigt sind.

Weiterhin ließe sich der Versuch einer Einteilung nach der technischen Seite hin, nämlich entsprechend der Formen der Mittelverwaltung, denken. Diese Gesichtspunkte werden aber gesondert unter III.) nachstehend zu berücksichtigen sein[35].

Daher erweist es sich als sachgerecht und zweckmäßig, auf die Verwaltungskompetenz abzustellen und die Einteilung danach vorzuneh-

---

[30] Vgl. auch BT-Drs. 480, S. 44 f.
[31] Vgl. Konow, DÖV 1966, S. 368 ff.; Patzig, DVBl. 1966, S. 389 ff.
[32] Vgl. Köttgen, JÖR n. F. Bd. 11, S. 182.
[33] Fischer-Menshausen, aaO., S. 674; Bt-Drs. 480, S. 43, 44, 50 und Bericht der Stud.Komm., daselbst Anl. 1, S. 151; Vialon, Haushaltsrecht, S. 64, 456; Henle, DÖV 1962, S. 201 ff.; Kölble, Gemeinschaftsaufgaben, S. 16 ff., 28, 44; ders., DÖV 1964, S. 592; der Bund fördert insbes. kulturelle Aufgaben. Die Mittel werden im Haushaltsplan d. BMI bereitgestellt (Kölble, aaO.).
[34] Vgl. Popitz, HBFiW. II, S. 338 f.; Lassar, Hdb. StR. I, S. 315; Fischer-Menshausen, DÖV 1952, S. 673.
[35] Vgl. S. 59.

men, ob die Länder die Gesetze gem. Art. 83, 84 GG in eigener Verantwortung[36] oder im Auftrage des Bundes nach Art. 85 GG[37] ausführen.

Unter „Aufgabe" im Sinne des Lastenverteilungsprinzips (Art. 106 Abs. 4 Ziff. 1 GG) sind nämlich stets nur die Verwaltungsaufgaben zu verstehen, wie sie sich aus der Kompetenzverteilung des Grundgesetzes ergeben.

a) Bundesgesetze, auf Grund deren die Länder
— bzw. die Gemeinden (Gemeindeverbände) nach Maßgabe des
Landesrechts[38] — eigenverantwortlich Bundesmittel bewirtschaften[39]

1. Die gesamten Kriegsfolge- und Sozialaufwendungen, die der Bund nach Art. 120 GG[40] zu tragen hat, werden im Bundeshaushalt veranschlagt. Die Länder verausgaben diese Mittel zum größten Teil in eigener Verantwortung selbständig. Eine Verwaltungszuständigkeit des Bundes auf diesen Gebieten ist nicht gegeben; seine Einflußmöglichkeit ist auf die Rechte nach Art. 84 GG beschränkt[41]. Art. 120 GG ist damit der Hauptanwendungsfall einer weisungsfreien Landesverwaltung auf Bundeskosten.

Zu Art. 120 GG ist als Ausführungsgesetz das I. ÜLG[42] i. d. F. des IV. ÜLG v. 28. 4. 1955 (BGBl. I S. 193) mit Änderung durch Gesetz vom 21. 2. 1964 (BGBl. I S. 85) ergangen. Der Bund selbst trägt nach Maßgabe der §§ 1, 21, 21 a dieses Ausführungsgesetzes die Aufwendungen für

1. „Besatzungskosten" und Auftragsausgaben (§ 5)[43],
2. „Besatzungs- und Stationierungslasten" (§ 6),
3. die Kriegsfolgenhilfe (§§ 7—13)[44],

---
[36] Vgl. I. Teil, 2. Abschn. A II a.
[37] Vgl. I. Teil, 2. Abschn. A II b.
[38] Die Frage, inwieweit der Bundesgesetzgeber befugt ist, die kommunalen Selbstverwaltungskörperschaften unmittelbar in den Vollzug seiner Gesetze einzuschalten, ist umstritten (vgl. Becker, Bay. VerwBl. 1961, S. 65 ff.; Köttgen, Die Gemeinde und der Bundesgesetzgeber, S. 72 ff.); Beispiel: § 15 Abs. 3 WehrpflichtG v. 21. 7. 1956 (BGBl. I S. 651), LuftschutzG v. 9. 10. 1957 i. d. F. v. 5. 12. 1958 (BGBl. I S. 893), § 2; wenn der Bundesrat gem. Art. 84 Abs. 1 GG zugestimmt hat, dürfte eine Einschaltung der Kommunen zulässig sein.
[39] Die Zusammenstellung erhebt nicht den Anspruch der Vollständigkeit.
[40] Art. 120 GG ist durch Gesetz v. 30. 7. 1965 (BGBl. I S. 649) neu gefaßt worden; vgl. Sturm, DVBl. 1965, S. 719.
[41] Vgl. Fußn. 36; anders, soweit besondere Rechtsträger (Art. 87 GG) eingeschaltet sind (Sozialversicherung).
[42] v. 28. 11. 1950 (BGBl. I S. 773), dessen Vorgänger „Das Gesetz zur vorläufigen Regelung der Kriegsfolgelasten..." v. 6. 8. 1949 (WiGBl. S. 235) war.
[43] Vgl. G. über die Abgeltung von Besatzungsschäden v. 1. 12. 1955 (BGBl. I S. 734).
[44] Vgl. u. a. §§ 8 (2), 9 BEvakuiertenG v. 5. 10. 1957 (BGBl. I S. 1687); § 38 Fl.notleistungsG v. 9. 3. 1953 i. d. F. v. 28. 3. 1960 (BGBl. I S. 193) u. Art. 2 des 2. Änd.G v. 14. 5. 1957 (BGBl. I S. 498).

4. die Umsiedlung Heimatvertriebener und die Auswanderung von Kriegsfolgehilfeempfängern (§§ 14, 14 a),
5. die Rückführung von Deutschen (§ 15),
6. Grenzdurchgangslager (§ 16),
6a. die Zuschüsse zur Kriegsgräberfürsorge, Suchdienst, Rechtsschutz,
7. verdrängte Angehörige des öffentlichen Dienstes und ehemalige berufsmäßige Wehrmachtsangehörige,
8. Kriegsbeschädigte, Kriegshinterbliebene, ihnen gleichgestellte Personen und für Angehörige von Kriegsgefangenen, sowie die folgenden Aufwendungen der sozialen Fürsorge für Kriegsbeschädigte und -hinterbliebene nach den §§ 25—27 des Bundesversorgungsgesetzes i. d. F. v. 7. 8. 1953 (BGBl. I S. 866) ...,
9. Arbeitslosenfürsorge (vgl. § 46 Abs. 2 AVAB),
10. die Zuschüsse zur Arbeitslosenversicherung,
11. die Zuschüsse zu den Lasten der Sozialversicherung (§ 17) (vgl. § 1384 Abs. 2 RVO, § 96 AVG)[45, 46].

Für den Gedanken, den Vollzug dieser Sozialgesetze in eine bundeseigene Verwaltung zu überführen, besteht angesichts der föderalistischen Grundeinstellung der Bundesverfassung so gut wie keine Aussicht auf Verwirklichung. Jeder dahingehende Versuch würde sicherlich an der Haltung des Bundesrates scheitern, zum Teil — Ziff. 3, Kriegsfolgenhilfe — auch undurchführbar sein. Schon bisher hat sich der Bundesrat jeder Stärkung des Bundeseinflusses insoweit stets entschieden widersetzt[47].

Die mittelbewirtschaftenden Stellen leisten nach § 21 ÜLG für Rechnung des Bundes. Das geschieht in der Weise, daß sie den Bundeshaushalt unmittelbar mit den Einzelaufwendungen belasten[48]. Nur die in § 1 Abs. 1 Ziff. 3—6 aufgeführten Sachgebiete werden vom Bund durch Leistung von Pauschbeträgen abgegolten[49].

---

[45] Siehe BVerfG, DÖV 1962, S. 695.

[46] Fraglich ist, ob und inwieweit Kreis und Umfang dieser Lastenverteilung im einzelnen durch einfaches Bundesgesetz geändert werden können. Dem Bundesgesetzgeber steht nach Art. 120 GG nicht die Befugnis zur Legaldefinition der vom Bund zu tragenden Kriegsfolgelasten zu; der Ausdruck Kriegsfolgelasten ist auch nicht nur als Richtschnur für den Gesetzgeber zu verstehen, sondern als ein hinreichend bestimmter Rechtsbegriff (vgl. BVerfGE 9, 305 = DVBl. 1960, S. 430 m. krit. Anm. von Görg).

[47] Vgl. die folgenden Ausführungen zu § 4 ÜLG; BT.-Drs. 480, Nr. 67 (S. 52); aufschlußreich ist die Behandlung des Gesetzentwurfs über „Das Verwaltungsverfahren der Kriegsopferversorgung" (BT-Drs. 68, 1128, 1191); Verm.Ausschuß 1258; 2. WP. (1953); Annahme BT: 76. Sitz. S. 4172 (Randn. C); zur Einrichtung einer Bundesversorgungsverwaltung vgl. Stud.komm. (Drs. 480, Anl. 1, S. 152). Für die Ausführung der Sozialstaatsgesetze wäre die Auftragsverwaltung adäquat, vgl. Köttgen, JÖR 3, S. 88; Görg, DÖV 1955, S. 273 (275).

[48] z. B. § 58 (1) BG Art. 131 v. 13. 5. 51 i. d. F. v. 15. 8. 59 (BGBl. I S. 643).

[49] Vgl. nachfolgend unter III b 3.

B. Die Verwaltung von Bundesmitteln

Hinzuweisen ist in diesem Zusammenhang auf § 4 ÜLG. Diese Bestimmung ist für die Frage bedeutsam, wie der Bund eine ordnungsgemäße Verteilung seiner Mittel gewährleisten kann. § 4 bestimmt, daß in den Sachgebieten, in denen gem. § 21 für Rechnung des Bundes geleistet wird, die Vorschriften über das Haushaltsrecht des Bundes, also vor allem die RHO, RRO und die RKO, anzuwenden sind. Hiervon sind zur Verwaltungsvereinfachung für bestimmte Sachgebiete Ausnahmen zulässig, die durch Rechtsverordnung von seiten der Bundesregierung mit Zustimmung des Bundesrates zu bestimmen sind. Verantwortliche Bundesbehörden können ihre Befugnisse auf die zuständigen obersten Landesbehörden übertragen; landesrechtliche Vorschriften über die Kassen- und Buchführung können für zulässig erklärt werden (§ 4 Ziff. 1 ÜLG). In Angelegenheiten von grundsätzlicher oder erheblicher finanzieller Bedeutung sind die obersten Landesbehörden, die den Vollzug sicherzustellen haben, hinsichtlich der wirtschaftlichen Verwaltung an die Weisungen der obersten Bundesbehörden gebunden (Ziff. 2). Das Weisungsrecht erstreckt sich aber nur auf die finanziellen Folgen der Ausführung, soweit sie den Bundeshaushalt treffen, nicht auf den materiellen Gesetzesvollzug[50].

Mit § 4 ÜLG wird der Versuch unternommen, die Lücke zwischen Verwaltungs- und Finanzverantwortung jedenfalls zum Teil auf dem umfangreichen Gebiet der Kriegsfolgelasten zu schließen[51]. Die Vorschrift soll nach Auffassung der Bundesregierung[52] vor allem dem Umstand Rechnung tragen, daß die zuständigen Bundesminister für die zweckmäßige und wirtschaftliche Verwaltung der Bundesmittel parlamentarisch und haushaltsrechtlich die Verantwortung zu tragen haben (Art. 65 Satz 2, 110, 112, 114 Abs. 1 GG)[53].

Außerdem leitet die Bundesregierung die Notwendigkeit und verfassungsrechtliche Zulässigkeit der Vorschrift aus der Tatsache der Etatisierung der Mittel für die vom Bund zu tragenden Lasten im Bundeshaushalt her (Art. 109 GG)[54].

Schließlich beruft sich die Bundesregierung darauf, daß sich die Verfassungsmäßigkeit des § 4 ÜLG aus ihrer Finanzverantwortung gem. Art. 106 GG ergebe[55].

Hinsichtlich der Verfassungsmäßigkeit der Vorschrift bestehen aber Bedenken.

---

[50] BT-Drs. Nr. 480, 67 (S. 53); Vialon, Haushaltsr., § 1 RHO, Erl. 12.
[51] Zur Entstehungsg. des § 4 vgl. Görg, „Beiträge", S. 220 f.; Krause, DÖV 1955, S. 278; Kurzwelly, DÖV 1955, S. 281, ders. Kriegsfolgenhilfe I, S. 37 f.; Köttgen, JÖR 3, S. 88, 100.
[52] Vgl. Drs. 480, Nr. 67, 185, 186, 232 f.
[53] Köttgen, JÖR n. F. 11, S. 212; Hettlage, VDStRL, Heft 14, S. 35.
[54] Drs. 480, S. 232; vgl. auch Krause, DÖV 1955, S. 280.
[55] Drs. 480, S. 232.

So ist der gegenteiligen Auffassung des Bundesrates[56] insoweit zu folgen, als sich unter Berufung auf die Etatverantwortlichkeit und -kontrolle allein die Verfassungsmäßigkeit der Bestimmung kaum rechtfertigen läßt, denn „der Trennungsstrich, den das Grundgesetz zwischen der Landesverwaltung und der Bundesverwaltung zieht, bildet auch die Grenze für die Reichweite der jeweiligen parlamentarischen Kontrolle"[57].

Außerdem ist der Hinweis des Bundesrates[57], daß das Weisungsrecht generellen Charakter habe und deshalb im Widerspruch zu Art. 84 Abs. 5 GG stehe und zu einer verfassungsrechtlich unzulässigen Mischverwaltung führe, durchaus beachtlich[58].

Auf der anderen Seite kann aber nicht unberücksichtigt bleiben, daß Art. 120 GG nach Art. 106 Abs. 4 Ziff. 1 GG eine *Ausnahmevorschrift* ist, die als solche auch ausnahmsweise besondere, von der verfassungsrechtlichen Normallage abweichende Regelungen erlaubt[59]. Diese die Verfassungsmäßigkeit des § 4 ÜLG bejahende Auffassung verdient den Vorzug.

Köttgen hält darüber hinaus eine „Landesverwaltung für Rechnung des Bundes" außerhalb des Art. 120 GG und der Bundesauftragsverwaltung für verfassungsrechtlich nicht zulässig[60]. Eine nähere Begründung wird allerdings — wohl dem Berichtscharakter der Abhandlung entsprechend — nicht gegeben. Der Meinung Köttgens müßte man sich jedoch selbst dann anschließen, wenn man in der Mittelbewirtschaftungsform „für Rechnung des Bundes"[61] als solcher noch keinen Verstoß gegen die bundesstaatliche Kompetenzverteilung erblicken würde; das die Kostentragung dahingehend regelnde Bundesgesetz selbst stünde aber mit Art. 106 Abs. 4 Ziff. 1 GG nicht im Einklang.

2. Die Ausführung des Bundesentschädigungsgesetzes vom 29. 6. 1956 (BGBl. I S. 559) i. d. F. des Art. I d. Gesetzes v. 19. 8. 1957 (BGBl. I S. 1250) obliegt nach § 173 Ziff. 1 a.a.O. den Entschädigungsbehörden der Länder. Diese vollziehen das BEG als eigene Angelegenheit[62]. Bund und Länder sind Träger der Entschädigungslasten. Der Bund trägt die Hälfte der Aufwendungen (für das Land Berlin 60 %), in die andere Last teilen sich die Länder (§ 172 Abs. 1 BEG). Dem Bundesminister der Finanzen ist die Ermächtigung erteilt, die Höhe der endgültigen Überweisungen und das Überweisungsverfahren durch Rechtsverordnung zu regeln (§ 172 Abs. 4 BEG); da nach Abs. 4 die entsprechende Geltung des § 6 des ÜLG bestimmt ist und die Aufwendungen hiernach unter § 1 Abs. 1 Ziff. 2 des

---

[56] Drs. 480, S. 199, 203; BT-Drs. 1047, 2. WP, S. 8; s. auch Drs. 68, 2. WP, S. 22.

[57] Drs. 1047 aaO.

[58] Diese Auffassung wird von Maunz, VDStRL, Heft 14 (1956), S. 55 f. unterstützt; das generelle Weisungsrecht des Bundes ließ sich nicht durchsetzen, vgl. AbgO. Dr. Troeger, 76. Sitz., 2. WP., S. 4166 ff., Rdnr. B; Arndgen aaO., S. 4171 ff.

[59] So auch Köttgen, JÖR 3, S. 88; 11, S. 219; DÖV Görg 1955, S. 276.

[60] JÖR 11, S. 219 unter Hinweis auf § 65 f. BSHG.

[61] Vgl. im einzelnen nachstehend III b 1.

[62] Vgl. Blessin-Ehrig-Wilden, Komm., § 173 BEG Bem. II 3; über die Besonderheiten der Lastentragung vgl. BT-Drs. 1518, 3. WP., Bem. des BRechnH für 1956, Anl. C, Nr. 140.

IV. ÜLG fallen, werden die Zahlungen nach § 21 ÜLG *für Rechnung des Bundes* geleistet[63].

3. Die §§ 4—6, 28 des „Gesetzes über die Landbeschaffung für Aufgaben der Verteidigung" (LandbeschaffG) vom 23. 2. 1957 (BGBl. I S. 134) werden nach § 8 d. G. als eigene Angelegenheit von Landesbehörden ausgeführt[64], die von den Landesregierungen im Benehmen mit dem zuständigen Bundesminister bestimmt werden[65]. Zur Zahlung der Enteignungsentschädigung ist der Bund verpflichtet (§ 43); auch für die übrigen nach dem Gesetz vorgesehenen Maßnahmen hat der Erwerber, der Bund, einzustehen. So ist der Bund z. B. verpflichtet, die Kosten des Ersatzes oder der Verlegung nach § 5 dem Träger der Aufgabe, also dem Land, *zu erstatten*[66].

4. Nach § 51 des Bundeswahlgesetzes vom 7. 5. 1956 (BGBl. I S. 383) erstattet der Bund den Ländern zugleich für deren Gemeinden (Gemeindeverbände) die durch die Wahl veranlaßten notwendigen Ausgaben durch einen festen, nach Gemeindegrößen abgestuften Betrag je Wahlberechtigten. Länder und Gemeinden haben demnach die Wahlkosten zu verauslagen, erhalten sie jedoch in festen Beträgen *erstattet*[67].

Zu bemerken ist allerdings, daß die Erwähnung des Bundeswahlgesetzes in diesem Zusammenhang Bedenken begegnet[68], da von namhafter Seite die Auffassung vertreten wird, daß der Vollzug des Wahlgesetzes als zu der Selbstorganisation des Bundes gehörig mit dem Vollzug sonstiger Gesetze nicht verglichen werden könne und sich daher notwendig außerhalb des Rahmens der Art. 83, 84 GG bewege[69]. Unter Hinweis auf Art. 30 GG ist aber der Gegenmeinung zu folgen[70].

Auch die Durchführung der Bundestagswahlen fällt nämlich nach Art. 30 GG in die Zuständigkeit der Länder, denn das Grundgesetz trifft weder eine andere

---

[63] Da das Entschädigungsgesetz nicht unter Art. 120 GG fällt und auch nicht im Wege der Bundesauftragsverwaltung vollzogen wird, steht die Ermächtigung der Länder, für Rechnung des Bundes zu leisten, mit der Verfassung nicht im Einklang, vgl. Köttgen, JÖR n. F. 11, S. 219; ähnliche Gesichtspunkte lassen sich bei den Mischtatbeständen des Gesetzes über die unentgeltliche Beförderung von Kriegs- und Wehrdienstbeschädigten sowie anderen Behinderten im Nahverkehr (UnBefG) v. 27. 8. 1965 (BGBl. I S. 978) anführen.
[64] Bauch-Schmidt, Komm. LandbeschaffG u. SchutzbereichsG, § 28 Anm. 5.
[65] Zu Enteignungsbehörden nach § 28 LandbeschaffG und zugleich als zust. Behörden nach §§ 4—6 sind i. d. R. die Regierungspräsidenten bestimmt worden (vgl. Hess. VO v. 19. 6. 1957 (GuVBl. 1957, Nr. 15, S. 75, § 2 Abs. 1, 2; NRW VO v. 21. 5. 1957 (GVBL. S. 111), §§ 1, 2.
[66] Bauch-Schmidt, § 5 Anm. 8.
[67] Vgl. Seifert, BundeswahlG, § 51 Abs. 1 Anm. 1—3.
[68] Köttgen, JÖR 3, S. 92 ff.; Seifert, Vorbem. § 8, S. 76 m. w. N.
[69] Ähnliche Schwierigkeiten treten bei der Durchführung des G. über die Bundesstatistik (BGBl. I 1953 S.1314, § 8) auf; vgl. auch Köttgen, aaO., S. 95.
[70] Vor allem des BRates: InnA., Sitz. v. 29. 1. 1953, Prot. S. 1 f., RA.-Sitz. v. 29. 1. 1952, Prot. S. 11 ff., 25; Rietdorf, DÖV 53, S. 487—491.

Regelung noch läßt es eine solche zu. Vor allem ist kein praktisches Bedürfnis ersichtlich, eine abweichende Regelung zuzulassen, da die Länder das Wahlgesetz des Bundes wie jedes andere Bundesgesetz ohne Schwierigkeiten ausführen können, da nur sie den erforderlichen Verwaltungsapparat bis in die unterste Instanz aufweisen. Das besondere Interesse und die Mitwirkung des Bundes sind überdies in ausreichender Weise gewährleistet (vgl. Art. 38 GG, § 8 BWahlG).

5. Der Bund stellt in jedem Rechnungsjahr zunächst gem. § 14 Abs. 1 des I. WohnungsbauG[71] und dann nach § 6 des II. WohnungsbauG[72] bestimmte Mittel in seinem Haushalt bereit[72], die der Finanzierung insbesondere des sozialen Wohnungsbaus dienen sollen. Die Mittel sind nach § 15 des I. WohnungsbauG an die Länder auf Grund eines bestimmten Schlüssels[73] verteilt. Die weitere Vergabe der Bundesmittel obliegt dann den Behörden der Länder und Gemeinden, die demnach insoweit selbständig mit der Bewirtschaftung von Mitteln des Bundes betraut sind.

Da die Wohnbauförderungsmittel des Bundes den Ländern aber nur *dahrlehnsweise* gegeben werden[74] und voll[75] rückzahlbar sind (§ 20 a.a.O.), kann sich eine Haftung der Länder wegen fehlerhafter Verausgabung von Mitteln gegenüber dem Bund nicht ergeben.

Das jeweilige Land muß also den Schaden selbst tragen, wenn es die Mittel bestimmungswidrig verwendet bzw. verwenden läßt. Es ist daher wohl beraten, sich gegenüber den Bewilligungsbehörden durch Haftungsvorschriften zu schützen[76].

6. Dem Bund kann theoretisch kein Schaden entstehen, wenn eine Überzahlung von Wohngeld nach dem Gesetz vom 23. 3. 65 i. d. F. vom 1. 4. 1965 (BGBl. I S. 177) eingetreten ist. Denn gem. § 44 tritt zwischen Bund und Ländern eine Kostenteilung ein, und zwar übernimmt der Bund die Hälfte des von den Länderbehörden verausgabten Wohngeldes im *Erstattungsverfahren*. Dabei brauchen nur die rechtmäßig verausgabten Mittel erstattet zu werden. Da jedoch eine Überprüfung eines jeden Bewilligungsbescheides durch Bundesstellen nicht durchführbar ist, dürfte praktisch eine Schädigungsmöglichkeit dennoch bestehen.

---

[71] i. d. F. v. 21. 7. 61 (BGBl. I S. 1041).
[72] v. 1. 9. 65 (BGBl. I S. 1618).
[72] Vialon, Haushaltsrecht, § 29 RHO Bem. 4 B; Drs. 1140, Anl. B S. 102, 2. WP.
[73] Vgl. Stadler, Hdb., S. 21 ff.
[74] Drs. 1140, aaO., Nr. 199, Anl. A/25.
[75] Aber abzügl. des sog. Wohngeldes.
[76] Vgl. z. B. § 14 Abs. 3 des „G. zur Neuregelung der Wohnungsbauförderung NRW" v. 2. 4. 1957 (GVBl. NW S. 80).

B. Die Verwaltung von Bundesmitteln 53

b) *In Bundesauftragsverwaltung zu vollziehende*
Bundesgesetze, auf Grund derer die mit der Durchführung betrauten
Stellen Mittel des Bundes bewirtschaften

1. Die Ausgaben für die Unterhaltung und den Ausbau der Bundesautobahnen und der Bundesfernstraßen trägt nach § 6 des „Gesetzes über die vermögensrechtlichen Verhältnisse der Bundesautobahnen und sonstigen Bundesstraßen des Fernverkehrs" vom 2. 3. 1951 (BGBl. I S. 157) und § 5 des Bundesfernstraßengesetzes vom 6. 8. 1953 (BGBl. I S. 903) i. d. F. des Gesetzes v. 6. 8. 1961 (BGBl. I S. 1742) und Abschn. III Art. 4 Abs. 3 des VerkehrsfinanzG v. 6. 8. 1965 (BGBl. I S. 166) i. d. F. des StraßenbaufinanzierungsG vom 28. 3. 1960 (BGBl. I S. 201) der Bund[77]. Seine Verpflichtung ergibt sich unmittelbar aus Art. 90 GG[78]. Die Landesstraßenverwaltungen bewirtschaften, abgesehen von den persönlichen und sächlichen Verwaltungskosten, die im Haushalt des Bundesministers für Verkehr bereitgestellten Mittel[79]. Die Dienststellen der Länder verwalten die ihnen zugeteilten Haushaltsmittel nach Maßgabe des Kassenanschlags und der besonderen Verfügungen in eigener Verantwortung (§ 4 Abs. 4 S. 1 der 2. AVVFStr.), d. h. *für Rechnung des Bundes*[80]. In § 19 Abs. 4 der 2. AVVFStr. hat sich der Bund — allerdings im Zusammenhang mit Leistungen zur Beseitigung von Schäden, für die Dritte ersatzpflichtig sind — eine Heranziehung des Landes zur Ersatzleistung „vorbehalten"[81].

2. Die behördlichen Luftschutzmaßnahmen nach dem Ersten Gesetz über Maßnahmen zum Schutze der Zivilbevölkerung vom 9. 10. 1957[82] werden, soweit das Gesetz sie nicht dem Bund vorbehält, von den Ländern im Auftrage des Bundes, von den Gemeinden im Auftrage des Landes durchgeführt (§ 2 Satz 2; Art. 87 b Abs. 2 GG). Wenn § 2 Satz 1 d. G. den zivilen Luftschutz als Aufgabe des Bundes bezeichnet, so ist damit nicht die Verwaltungskompetenz gemeint[83].

---

[77] § 1 der 1. AVVFStr. v. 3. 7. 1951 (BAnz. Nr. 132) i. d. F. v. 11. 2. 1956 (BAnz. Nr. 38); § 2 Abs. 1 der 2. AVVFStr. bei Marschall-Gudat, S. 88 ff.
[78] Siehe auch VGH München, DVBl. 1962, S. 341.
[79] Vgl. § 4 Abs. 1 der 2. AVVFStr.
[80] § 4 Abs. 4 S. 2 d. 2. AVVFStr.: „die Mittel sind wirtschaftlich, sparsam und mit gleicher Sorgfalt wie die Landesmittel zu verwalten (§ 26 Abs. 1 RHO)".
[81] § 19 Abs. 4 2. AVVFStr. lautet: „Ist dem Bund ein Schaden durch Verschulden eines Bediensteten des Landes entstanden, so behält er sich vor, im Rahmen der Gesetze das Land zur Ersatzleistung heranzuziehen." Die Vorschrift stellt nur ein Vorgehen des Bundes in Aussicht, ist aber selbst keine Anspruchsnorm.
[82] BGBl. I S. 1696.
[83] Die Begründung (BT-Drs. 1978, 2. WP, S. 31) kennzeichnet den Luftschutz als Verteidigung in weiteren Sinne und in dem Sinn als Bundesaufgabe; nach dem formellen Prinzip der Verw.Kompetenz aber nur als eine „Gemeinschaftsaufgabe".

Gemäß § 32 trägt der Bund die entstehenden Kosten; die Ausgaben sind *für Rechnung des Bundes* zu leisten (§ 32 Abs. 2).

3. Die Ausführung des Gesetzes über den Selbstschutz der Zivilbevölkerung (SelbstschutzG) vom 9. 9. 1965 (BGBl. I S. 1240) obliegt nach § 57 den Ländern, einschließlich der Gemeinden und Gemeindeverbände im Auftrage des Bundes. Nach § 58 Abs. 2 Satz 1 trägt der Bund die Kosten, die den Gemeinden und Gemeindeverbänden durch die Ausbildung im Selbstschutz und die Ausrüstung der Selbstschutzpflichtigen mit besonderen Aufgaben sowie der Selbstschutzzüge erwachsen. Die (Zweck-) Ausgaben sind insoweit *für Rechnung des Bundes* zu leisten (§ 58 Abs. 4).

4. Auch das Gesetz über bauliche Maßnahmen zum Schutze der Zivilbevölkerung (Schutzbaugesetz) vom 9. 9. 1965 (BGBl. I S. 1232) wird teilweise als Bundesauftragsverwaltung von den Ländern, einschließlich der Gemeinden und Gemeindeverbände, ausgeführt (§ 32 Abs. 1). Soweit nach den §§ 23 und 28 Kosten entstehen, trägt diese der Bund (§ 29). Nach § 34 Satz 1 sind die Ausgaben *für Rechnung des Bundes* zu leisten.

5. Bei der Ausführung des Gesetzes über das Zivilschutzkorps vom 12. 8. 1965 (BGBl. I S. 782) handeln die Länder gem. § 48 Abs. 1 im Auftrage des Bundes. Nach § 49 Abs. 1 trägt der Bund die Sachausgaben, die nach § 49 Abs. 2 *für Rechnung des Bundes* zu leisten sind.

6. Auch das Gesetz über die Sicherstellung von Leistungen auf den Gebieten der gewerblichen Wirtschaft sowie des Geld- und Kapitalverkehrs (Wirtschaftssicherstellungsgesetz) vom 24. 8. 1965 (BGBl. I S. 920) obliegt den Ländern im Auftrage des Bundes (§ 8 Abs. 1). Gem. § 13 Abs. 1 trägt der Bund die Kosten wiederum ohne die persönlichen und sächlichen Verwaltungskosten. Die Ausgaben sind *für Rechnung des Bundes zu leisten* (§ 13 Abs. 2).

7. Auch das Gesetz zur Sicherstellung des Verkehrs (Verkehrssicherstellungsgesetz) vom 24. 8. 1965 (BGBl. I S. 927) wird nach § 20 Abs. 1 Ziff. 2 von den Ländern im Rahmen der Bundesauftragsverwaltung ausgeführt. Die Sachkosten fallen gem. § 28 Abs. 1 dem Bund zur Last. Sie sind *für Rechnung des Bundes* zu leisten (§ 28 Abs. 2).

8. Schließlich werden die Länder nach § 10 Abs. 1 und 5 des Gesetzes über die Sicherstellung der Versorgung mit Erzeugnissen der Ernährungs- und Landwirtschaft sowie der Forst- und Holzwirtschaft (ErnährungssicherstellungsG) vom 24. 8. 1965 (BGBl. I S. 938) im Auftrage des Bundes tätig. Nach § 21 Abs. 1 des Gesetzes trägt der Bund die Kosten, die für *seine Rechnung* zu leisten sind (§ 21 Abs. 2).

In allen unter 3—8 genannten Gesetzen ist die Anwendung des Haushaltsrechts des Bundes vorgeschrieben.

B. Die Verwaltung von Bundesmitteln   55

9. Nach § 19 Abs. 1 Satz 1 des „Gesetzes über die Sicherung des Unterhalts für Angehörige der zum Wehrdienst einberufenen Wehrpflichtigen" (UnterhaltssicherungsG) vom 26. 7. 1957 (BGBl. I S. 1046) in der Fassung vom 31. 5. 1961 (BGBl. I S. 661) trägt der Bund die Leistungen zur Unterhaltssicherung; die Länder führen das Gesetz im Auftrage des Bundes durch (§ 17 Abs. 1). Die Ausgaben sind *für Rechnung des Bundes* zu leisten. Die damit zusammenhängenden Einnahmen sind an den Bund abzuführen (§ 19 Abs. 1 Satz 2, 3, sowie Abs. 2, die §§ 4 Abs. 2 und 21 ÜLG entsprechen[84]).

10. Gemäß § 88 Abs. 1 des Soldatenversorgungsgesetzes vom 26. 7. 1954 (BGBl. I S. 785) in der Fassung vom 21. 8. 1961 (BGBl. I S. 1367) wird der III. Teil des Gesetzes mit Ausnahme der §§ 85 und 86 von den zur Durchführung des Bundesversorgungsgesetzes zuständigen Behörden im Auftrage des Bundes durchgeführt[85]. Die Aufwendungen für die Versorgungsleistungen trägt der Bund; die Ausgaben sind *für Rechnung des Bundes* zu leisten, die damit zusammenhängenden Einnahmen an den Bund abzuführen (Abs. 4). § 88 Abs. 5 entspricht wiederum § 4 Abs. 2 ÜLG.

11. Soweit der Bund gemäß § 7 des Bundesleistungsgesetzes vom 19. 10. 1956 (BGBl. I S. 815)[86] Leistungsempfänger ist, ist er nach § 22 auch der Entschädigungspflichtige, wenn eine als Bedarfsträger des Bundes (§ 6)[87] anerkannte Behörde auf Grund des § 1 BLG Leistungen in Anspruch genommen hat. Die Ausführung des Gesetzes obliegt dagegen nach § 5 Abs. 2 Anforderungsbehörden der Länder[88], die im Auftrage des Bundes handeln, soweit die Vollziehung des Gesetzes auf Grund des § 1 Ziff. 2 und 3 in Betracht kommt. Sofern die Ausführung des BLG also nicht Zwecken der Verteidigung dient (§ 1 Ziff. 4 und 5), wird das BLG von den Ländern nach Art. 83 GG als eigene Angelegenheit durchgeführt[89].

In beiden Fällen aber fordern die Länderbehörden nicht nur die Leistungen an, sondern setzen nach § 49 auch die Entschädigung und Ersatzleistung fest[90]. Hierbei ist eine Schädigung des Bundes denkbar, so wenn

---

[84] Vgl. amtl. Begründung, BT-Drs. 3210, 2. WP, S. 17.

[85] Siehe auch Schwenck-Biet, Soldatenversorgungsrecht, S. 195 ff.

[86] In der durch § 113 des „G. über Rechte an Luftfahrzeugen" geänderten Fassung v. 25. 2. 1959 (BGBl. I S. 57).

[87] Vgl. RechtsVO über Bedarfsträger nach dem BLG v. 16. 11. 1956 (BGBl. I S. 860).

[88] Nach § 5 Abs. 1 können in bestimmten Fällen auch Bundesbehörden Anforderungsbehörden sein.

[89] Vgl. Bauch-Danckelmann, Komm., § 8 BLG Anm. 3; das BLG soll hier zu den gem. Art. 85 GG auszuführenden Gesetzen gezählt werden, da das Gesetz vor allem auf Anforderungen zum Zwecke der Verteidigung zugeschnitten ist.

[90] Auch für Manöverschäden (vgl. § 75 ff. BLG); nach § 60 BLG steht die Bundesrepublik für die Erfüllung von Verpflichtungen der im § 1 Nr. 3 bezeichneten (auswärtigen) Streitkräfte ein.

56   I. Teil, 2. Verwaltung nach dem Bonner Grundgesetz

eine Landesbehörde eine Zahlungspflicht der Bundesrepublik begründet, beispielsweise für Manöverschäden, obwohl die Voraussetzungen dafür nicht vorgelegen haben.

12. Eine besondere Form der Auftragsverwaltung ist durch Art. 120 a GG eingeführt worden. Nach dieser Vorschrift werden die Gesetze, die der Durchführung des Lastenausgleichs dienen, teils durch den Bund, teils durch die Länder im Auftrage des Bundes durchgeführt. Zu diesen Gesetzen zählen namentlich:

aa) Das Lastenausgleichsgesetz vom 14. 7. 1952 (BGBl. I S. 446) in der Fassung des 8. ÄndG v. 26. 7. 1957 (BGBl. I S. 809); da es gem. Art. 120 a GG sowohl in bundeseigener als auch in Bundesauftragsverwaltung von den Ländern durchgeführt wird, liegt ein Fall der sog. „Mischverwaltung" vor[91]. Die Ausgleichsverwaltung bewirtschaftet den Ausgleichsfonds, der ein rechtlich selbständiges Sondervermögen des Bundes ist, § 5 LAG (vgl. auch § 9 a RHO)[92]. In den Ausgleichsfonds fließen die Ausgleichsabgaben (§§ 3, 56 LAG). Die Ausgleichsleistungen werden durch die Länder im Wege der Auftragsverwaltung bewirkt. Nach § 324 Abs. 3 LAG bleiben die Mittel des Fonds, wenn sie Ländern und Gemeinden zur Bewirkung von Ausgaben zur Verfügung gestellt worden sind, Mittel des Sondervermögens Ausgleichsfonds und damit *Bundesmittel*. Die beauftragten Verwaltungen haben diese Mittel daher von den eigenen getrennt zu halten, zu buchen und als durchlaufende Gelder zu behandeln [93, 94]. Aus dem Umstand, daß die Mittel Bundesmittel bleiben, auch wenn sie Behörden der Länder, Gemeinden und Gemeindeverbände zur Erfüllung der ihnen nach dem LAG übertragenen Aufgaben zur Verfügung gestellt worden sind[95], folgt, daß eine fehlerhafte Verausgabung von Mitteln eine Schädigung des Bundes bedeutet. Es macht also in diesem Sinne keinen Unterschied, daß der Ausgleichsfonds ein Sondervermögen des Bundes ist[96], denn der Ausgleichsfonds ist keine juristische Person, sondern Rechtsträger des Fonds ist der Bund[97]. Daher werden auch Ausgleichsleistungen *für Rechnung des Bundes* bewirkt.

---

[91] Siehe Köttgen, JÖR 3, S. 96; Harmening, § 305 LAG, Vorbem. 2, 3; Maunz, StR., S. 205.
[92] Vialon, Haushaltsrecht, § 9 Bem. 18, S. 1159.
[93] Harmening, § 324 LAG Anm. 9; s. a. § 8 Abs. 1 Satz 3 der GemeindehaushaltsVO v. 4. 10. 37 (RGBl. S. 921) zur Frage des technischen Vollzugs.
[94] Anders Darlehen gem. § 299 LAG.
[95] Diese Stellen sind dann mit der Durchführung des Einnahmen- und Ausgabenplans des Ausgleichsfonds betraut (§ 324 Abs. 3 LAG).
[96] Im übrigen gelten auch für die Verwaltung des Ausgleichsfonds in haushaltsrechtlicher Hinsicht die Vorschriften der RHO sinngemäß (§ 324 LAG); s. a. die 8. LeistungsDV-LA v. 22. 10. 1954 (BGBl. I S. 285).
[97] Zur Geltendmachung von Ansprüchen wäre daher auch der Bund aktiv legitimiert, wenn er seine Rechte nicht auf den Präsidenten des Bundesausgleichsfonds übertragen hätte; Schmidt, DÖV 59, S. 803.

bb) Der IV. Teil (Härteregelung) des „Gesetzes zur allgemeinen Regelung der durch den Krieg und den Zusammenbruch des Deutschen Reiches entstandenen Schäden" (AKG) v. 5. 11. 1957 (BGBl. I S. 1747) wird, wie das LAG, von den Ausgleichsbehörden mit den gleichen Befugnissen und organisatorischen Grundsätzen durchgeführt, soweit die Vorschriften des IV. Teils des AKG nichts anderes bestimmen (§ 76 AKG). Die Mittel für die Durchführung der Härteregelung des AKG werden aber nicht dem Ausgleichsfonds entnommen[98]; sie werden vielmehr unmittelbar im Bundeshaushalt bereitgestellt[99]. Nach § 83 AKG gelten für die Bewirtschaftung die Vorschriften über das Haushaltsrecht des Bundes; § 83 Abs. 2 entspricht sachlich § 4 Abs. 2 Ziff. 1 des ÜLG. Hieraus ist zu entnehmen, daß die Ausgaben *für Rechnung des Bundes* geleistet werden[100].

cc) Über Ansprüche auf Entschädigung nach dem „Gesetz über einen Währungsausgleich für Sparguthaben Vertriebener" (WAG) vom 27. 3. 52 (BGBl. I S. 213) in der Fassung vom 14. 8. 1952 (BGBl. I S. 547) entscheiden gemäß § 6 Abs. 1 diejenigen Behörden, Ausschüsse und Gerichte, welche für die Durchführung des III. Teils des LAG zuständig sind. Nach §§ 6 Abs. 3, 7 obliegt die Bearbeitung der Entschädigungsanträge aber Geldinstituten, die zur Entgegennahme von Spareinlagen berechtigt sind, sowie der Deutschen Bundespost; diese Stellen erteilen den Anspruchsberechtigten auch die Gutschriften.

Das WAG hat jedoch auch das Risiko einer zu Unrecht erteilten Gutschrift den Geldinstituten und der Bundespost aufgebürdet, da es eine Deckungsforderung gegen den Ausgleichfonds nur dann entstehen läßt, wenn die Gutschrift zu Recht erteilt worden und nicht durch unrichtige, auf vorsätzlichem oder grob fahrlässigem Verhalten beruhende Bescheide ihrer Bevollmächtigten entstanden ist (§ 11 Abs. 2 WAG).

Eine Haftung der Länder oder von Bediensteten der Länder scheidet damit aus.

dd) Dasselbe gilt für das Altsparergesetz[101], welches ebenfalls in seinem § 19 Abs. 3 eine Haftungsbestimmung der Geldinstitute gegenüber dem Ausgleichsfonds enthält[102].

13. Abschließend darf nicht unerwähnt bleiben, daß der Bund vielfach Haushaltsmittel der Bewirtschaftung durch Stellen, die weder Behörden des Bundes noch der Länder und Gemeinden sind, zur Erfüllung bestimmter Zwecke überläßt[103]. Es sind dies die sog. *administrativen Pro-*

---
[98] Vgl. § 83 Abs. 1 Satz 2 AKG.
[99] Féaux de la Croix, Komm. § 76 AKG Anm. 2, 5.
[100] Féaux de la Croix, § 83 AKG Anm. 2; Pagenkopf, § 83 AKG Anm. 2.
[101] „Gesetz zur Milderung von Härten der Währungsreform" i. d. F. v. 1. 4. 1959 (BGBl. I S. 169).
[102] Vgl. Käß, Komm., § 19 AltspG, Anm. 12; BVerwGE 12, 253.
[103] Siehe auch § 4 Abs. 2 Ziff. 1—3 BRHG.

gramme des Bundes[104], für die er sich auf eine Zuständigkeitsnorm i. S. des VIII. Abschnitts des Grundgesetzes nicht stützen kann[105]. Daher bestehen gegen die verfassungsrechtliche Zulässigkeit der Mittelgewährung und der damit in der Regel verbundenen verwaltungsmäßigen Einflußnahme des Bundes auf landeszugehörige Verwaltungsbereiche erhebliche Bedenken[106]. Zu ihrer „Rechtfertigung" dienen in der Regel dieselben oder ähnliche Argumente wie für die Begründung der sogenannten „Gemeinschaftsaufgaben"[107].

Die Mittel gehen gesellschaftlichen Organisationen zu[108] und kommen entweder diesen selbst zugute oder werden an einzelne Mitglieder oder allgemein an die Personen, für welche die Mittel letztlich bestimmt sind, weitergeleitet[109].

Die verwaltenden Stellen unterliegen dabei der Kontrolle des Bundesrechnungshofes[110].

Treten auf diesem Sektor Haftungsfälle auf, was erfahrungsgemäß nicht selten der Fall ist, insbesondere durch fehlerhafte Ermessensentscheidungen, so befinden diese sich außerhalb der hier zu untersuchenden Haftungsprobleme im bundesstaatlichen Verhältnis, da Bundesgesetze hier nicht vorliegen. Außerdem ist es der Bundesrepublik freigestellt, die Bewirtschaftung ihrer Subventionen und Zuschüsse an Bedingungen zu knüpfen, die eine ordnungsgemäße Bewirtschaftung sicherstellen und einklagbare Rückforderungsansprüche durch entsprechende Haftungsbestimmungen ermöglichen. Der Bund könnte hier die Zäsur des Grundgesetzes zwischen Verwaltungs- und Finanzverantwortung, letztere einmal unterstellt, auf dem Wege der Vereinbarung überbrücken, wenn er sich schon an derartigen Aufgaben beteiligt. Daher sollen die in diesem Zusammenhang auftretenden Haftungsfragen unberücksichtigt bleiben;

---

[104] Vgl. auch S. 26.

[105] Köttgen, JÖR 3, S. 79.

[106] Diese sind nicht zuletzt durch das „Fernseh-Urteil" des Bundesverfassungsgerichts (DÖV 1961, S. 504) erneut und eingehend zum Ausdruck gebracht worden. Vgl. auch im einzelnen Stadler, DÖV 1961, S. 453 ff.; Zeidler in AÖR 1961, S. 361 ff.

[107] Vgl. S. 41 ff.

[108] Beispiele: Deutsche Forschungsgemeinschaft, Deutsches Rotes Kreuz; Deutsche Zentrale für Fremdenverkehr e. V.; Bundesjugendplan, vgl. Gem. Min.Bl. 1954, S. 281.

[109] Beim Bundesjugendplan werden die Mittel z. T. über die im Bundesjugendring, im Ring politischer Jugend und in der Arbeitsgemeinschaft der Spitzenverbände der freien Wohlfahrtspflege zusammengeschlossenen Organisationen geleitet; bei dem sog. „Honnefer Modell" fließen die Mittel über die Studentenwerke den für förderungswürdig und -bedürftig anerkannten Studenten zu (vgl. VG Berlin in JR 1961, S. 477). Die Bewirtschaftung der Milliardenbeträge des „Grünen Plans" ist ebenfalls teilweise halb- oder nichtstaatlichen Organisationen, wie z. B. Landwirtschaftskammer, Molkereien und Kreditinstituten anvertraut (vgl. statt vieler: BML 1958, S. 172, Nr. 9).

[110] Vgl. z. B. die Bem. 1956, BT-Drs. 554, 3. WP, Nr. 29 (EVSt); Drs. 1518, Anl. A, Nr. 55, 61 (Grüner Plan).

allerdings werden die Überlegungen zur Haftungsproblematik bei der Ausführung von Bundesgesetzen auch für die administrativen Programme von Bedeutung sein. Das gilt in besonderer Weise, wenn man wie Klein[111] der Meinung ist, daß beispielsweise die im Rahmen des Honnefer Modells vom Bundesinnenminister herausgegebenen Richtlinien die Funktion von gesetzesvertretenden Verordnungen erfüllen. Mit den vorstehend beispielhaft aufgeführten Gesetzen soll der Umfang der Verwaltung von Bundesmitteln durch Verwaltungsbehörden der Länder (und Gemeinden) hinreichend aufgezeigt sein. Es ergibt sich — wie unterschiedlich auch die in den Bundesgesetzen geregelten Materien sein mögen —, daß Länder (Gemeinde-)behörden in großem Ausmaß, sowohl was die Bedeutung der Aufgabe, wie beispielsweise die Verwaltung der inneren und äußeren Kriegsfolgelasten, als auch ihr finanzielles Gewicht anbelangt, den Haushalt des Bundes belasten können. Diese Belastung erfolgt aber in technischer Hinsicht auf unterschiedliche Art und Weise.

Zum Teil können Verwaltungsstellen der Länder und Gemeinden selbständig und unmittelbar über die Haushaltsmittel des Zentralstaates verfügen. Hier ist die Gefahr einer Schädigung besonders groß. Es finden sich aber auch Wege, einen Schaden von vorneherein auszuschließen, indem man besondere Formen der Mittelbewirtschaftung wählt. Es ist daher erforderlich, die Hauptformen der Mittelbewirtschaftung zusammenzustellen, um die Fälle aus der Haftungsproblematik ausscheiden zu können, bei denen bereits auf Grund des technischen Vollzugs ein Rückforderungsanspruch des Bundes weniger oder gar nicht in Betracht kommt.

III. Formen der Mittelverwaltung

a) Allgemeines

Bewirtschaftet eine öffentlich-rechtliche Körperschaft Mittel einer anderen oder eine Behörde Mittel einer anderen Behörde, so sind verschiedene Methoden denkbar, die Zuteilung, Verwendung und Verrechnung (bzw. Abrechnung) der Mittel zwischen den beteiligten Stellen zu regeln.

Für die Frage, welche Methode am besten den gewünschten Erfolg, nämlich die ordnungsgemäße Verwaltung der Mittel, zu gewährleisten vermag, wird immer wesentlich sein, in welchem Verhältnis — zum Beispiel ob gleichgeordnet oder untergeordnet — die mittelbewirtschaftenden Stellen zueinander stehen.

---

[111] Gemeinschaftsaufgaben, S. 171.

Im Bundesstaat sind Bund und Länder nach dem Grundgesetz gleichgeordnet; die Länder leiten ihre Staatsgewalt nicht vom Bunde ab, sondern besitzen sie originär[112] und sind dementsprechend Inhaber der Personalhoheit und Gebietshoheit. Umgekehrt hat aber auch der Zentralstaat, der Bund, ursprüngliche Staatsgewalt. Aus dieser Gleichstellung folgt, daß die Länder bei ihrer Verwaltung grundsätzlich nicht den Weisungen des Bundes unterworfen sind, es sei denn, daß das Grundgesetz Ausnahmen zuläßt (vgl. Art. 37, 84 Abs. 5, 85, 128, 119).

Auch in ihrer Haushalts*wirtschaft*[113] sind Bund und Länder selbständig und voneinander unabhängig (Art. 109 GG); beide tragen gesondert die Ausgaben, die sich aus der Wahrnehmung ihrer Aufgaben ergeben[114]. Aus den geschilderten Grundsätzen, belegt durch die einschlägigen Artikel des Grundgesetzes, folgt, daß die Länder auch in der Mittelbewirtschaftung selbständig und weisungsfrei sind. Die Möglichkeit aber, fremde Mittel selbständig und unabhängig zu verwalten, wirft für die beteiligten Stellen eine Reihe von Problemen auf. Für den Träger der finanziellen Lasten, also den Bund, ergibt sich insbesondere die Frage nach der wirksamsten Kontrolle seiner Haushaltsmittel, da die Bundesminister, namentlich der Bundesminister der Finanzen (Art. 114 GG), für die wirtschaftliche und zweckmäßige Verwaltung aller Haushaltsmittel parlamentarisch und haushaltsrechtlich verantwortlich sind (Art. 65 S. 2, 110, 112, 114 Abs. 1 GG; §§ 25 ff. RHO)[115].

Auf der anderen Seite sind die Bediensteten der mittelverwaltenden Gebietskörperschaften der Versuchung ausgesetzt, über fremde Mittel weniger haushälterisch zu verfügen als über eigene Mittel. Diese Feststellung darf gewagt werden, da sie einem allgemeinmenschlichen Erfahrungssatz entspricht. Außerdem hat der Bundesrechnungshof — der dabei die Berechtigung der geleisteten Ausgaben nur stichprobenweise überprüfen konnte — diesen Erfahrungssatz bestätigt gefunden[116].

Die Frage nach der Haftung wird zwar erst akut, wenn der Haftungsfall als Folge einer Schädigung eingetreten ist. Zu einer systematischen Untersuchung gehört jedoch die Darstellung, wann und wie es zum Eintritt von Schäden kommen kann. Daher sind nunmehr die verschiedenen

---

[112] str. vgl. Maunz, StR., S. 154 m. w. N.; Koellreuther, Staatsrecht, S. 129 ff. (138); Wacke, Finanzwesen, S. 73.
[113] Grundsatz der Haushaltstrennung gerade für die Bewirtschaftung, vgl. Wacke, Finanzwesen, S. 79.
[114] Vgl. S. 39 ff. (Lastenverteilungsprinzip des GG).
[115] Siehe auch Ber. d. Rechn.komm., RT-Drs. 1889/90, Nr. 126 (S. 515); 1890/91, Nr. 463; Laband 4, S. 574.
[116] Vgl. Denkschrift des Präs. d. BRH zur Bundeshaushaltsrechnung für das Rechnungsjahr 1952, BT-Drs. 1892, 2. WP, Anlage B Nr. 8; Denkschrift v. 19. 8. 1958, BT-Drs. 554, 3. WP (1957), Nr. 43; Dentschrift v. 24. 10. 1959, BT-Drs. 1518, 3. WP (1957), Nr. 128.

B. Die Verwaltung von Bundesmitteln 61

Möglichkeiten der Mittelbewirtschaftung in technischer Hinsicht unter dem Gesichtspunkt zu prüfen, ob und wie sich aus ihrer Anwendung Schäden ergeben können, die dann die Haftung auslösen.

*b) Die Möglichkeiten der Zuweisung,
Verwendung und Abrechnung von Bundesmitteln im einzelnen*

1. Leistung von Ausgaben „unmittelbar für fremde Rechnung". Auszugehen ist vom Regelfall, das heißt der Leistung der Ausgabe unmittelbar für Rechnung des Bundes[117].

Für Rechnung des Bundes heißt, „daß der Bund Ausgabenträger sein muß, mittelbar oder unmittelbar"[118]. Die Mittel für die Erfüllung der betreffenden Aufgaben stellt der Bund in seinen Haushaltsplan ein, die Länder führen den Bundeshaushalt aus[119].

Die unmittelbare Leistung besteht darin, daß die Länder die Ausgaben unmittelbar zu Lasten der Bundeskasse buchen, wobei die Mittel den Landeshaushalt nicht durchlaufen[120].

Die Führung einer Verwaltung auf Kosten einer anderen war schon im Reich von 1871 im Verhältnis zwischen Reich und Bundesstaaten bekannt[121]; bereits damals verwendete man den Begriff der „Verwaltung für Rechnung des Reiches"[122]. Hinsichtlich des Abrechnungsverhältnisses zwischen der Reichshauptkasse und den Landeskassen der Bundesstaaten[123] und damit der seinerzeitigen Form der Verrechnung besteht keine terminologische Klarheit[124].

Auch heute stößt die rechtliche Konstruktion des Bewirtschaftungsverfahrens „unmittelbar für fremde Rechnung" auf Schwierigkeiten. Sicher ist, daß hinsichtlich der Mittelverfügung von unmittelbarer Stellvertretung i. S. des § 164 BGB nicht die Rede sein kann, da die Länder die Bundesmittel nicht in fremdem Namen für fremde Rechnung, sondern in

---

[117] Vialon, Haushaltsrecht, § 64 a RHO, Erl. 6.
[118] In jedem Falle aber so, daß sich die Ausgabe als eine den Jahresplan überschreitende Haushaltsbelastung des Bundes erweist, vgl. Vialon, Haushaltsrecht, § 33 RHO, Erl. 36.
[119] Vgl. hierzu Helmert, S. 159.
[120] Vgl. die 1. Anw. z. Vollz. d. Reichshaushaltsrechts i. d. Ländern v. 5. 5. 1939, abgedr. b. Vialon, Öffentl. Fin.w., S. 179 zu § 9 RHO, Nr. 35; Köttgen, DÖV 1955, S. 485 ff.; Krause, DÖV 1955, S. 278.
[121] v. Seydel, Comm. RV., S. 348 ff. und die Beispiele S. 350/351.
[122] Laband 4, S. 333, auch S. 56, 565, Fußn. 4 (569), 573 ff.; v. Fries, S. 51; oben I. Teil, 1 Abschnitt C.
[123] Vgl. Bestimmungen v. 13. 1. 1872 z. Regel. der Abrechn. in Annalen 1872, S. 1489 ff.
[124] *Speck*, S. 121, spricht davon, daß die budgetmäßigen Beträge von der Reichskasse an die Kontingentsverwaltungen überwiesen werden, durch die sie dann nach Maßgabe des Reichsbudgets zur Ausgabe gelangt sind; auf S. 172 aaO. ist dann von „Erstattung" die Rede, soweit die Einzelstaaten für Rechnung des Reichs Ausgaben leisteten.

eigenem Namen für fremde Rechnung verausgaben. Es erscheint überhaupt bedenklich, für das bundesstaatliche Verhältnis die Grundsätze des Stellvertretungsrechts heranzuziehen; daher ist auch der Rechtsgedanke der mittelbaren Stellvertretung nicht anwendbar, obwohl diese ein Tätigwerden im eigenen Namen für fremde Rechnung bedeutet[125].

Am ehesten läßt sich von einem reinen *Ermächtigungsverhältnis*[126] sprechen. Die Länder sind auf bestimmten Sachgebieten kraft Gesetzes ermächtigt[127], Verfügungen mit Wirkung gegen die Bundesrepublik zu bewirken (§ 185 BGB). Die nach § 185 Abs. 1 BGB erforderliche Einwilligung ist generell durch Gesetz erteilt. Die Ermächtigung ist lediglich beschränkt durch die Ermächtigungsschreiben[128].

Daß im Rahmen dieses Ermächtigungsverhältnisses die Gefahr von Schädigungen besonders groß ist, liegt auf der Hand. Vor allem hier ist der Bund auf einen ordnungsmäßigen Vollzug seiner Gesetze und der Bewirtschaftung seiner Mittel durch die Bediensteten der Länder in besonderem Maße angewiesen.

Daher liegt die Frage nahe, weshalb gerade die für den Zentralstaat risikoreichste Form der Mittelverwaltung die Regelform darstellt; wie sich anschließend sogleich zeigen wird, sind hierfür mehrere Gründe maßgebend. Vor allem hätten sich auch der Einführung jeder anderen Finanzierungsform dieselben Hindernisse in den Weg gestellt, die der Übernahme der betreffenden Verwaltungszweige in die bundeseigene Verwaltung entgegengestanden hätten[129]. Auch hinter diesen — zunächst nur technischen — Bewirtschaftungsvorgängen werden also auch sogleich die typisch föderalistischen Interessenkonflikte sichtbar.

Zu den Sachgebieten, in denen Länderbehörden „unmittelbar für Rechnung des Bundes" leisten, zählen insbesondere die in § 21 Abs. 1 ÜLG bestimmten Aufgabenbereiche[130].

Die Voraussetzungen für die Bewirtschaftung „für Rechnung des Bundes" werden erst durch die Betriebsmittelwirtschaft der Bundesverwaltung geschaffen. Das Betriebsmittelsystem versetzt den Bundesminister der Finanzen im Zusammenhang mit dem Ausgabesystem „für Rechnung des Bundes" in den Stand, durch seine Ausgabe-Ermächtigungsschreiben die Summe der Mittel — zur Verhütung oder Verringerung eines Defizits — zu begrenzen, die „für Rechnung des Bundes" verausgabt werden.

---

[125] Vgl. Enneccerus - Nipperdey, Allgem. Teil, Bd. 2 (1960), § 179 I.
[126] Und zwar als Verfügungsermächtigung, vgl. Soergel-Siebert, Bd. 1 (1959), § 185, Rd.-Nr. 21.
[127] Eine Einschränkung ergibt sich lediglich aus § 4 ÜLG.
[128] Vgl. Fußn. 2.
[129] Vgl. S. 48.
[130] Im übrigen vgl. die unter oben B II 9 angeführten Beispiele.

B. Die Verwaltung von Bundesmitteln

Es ist daher zum Verständnis des Finanzierungsverfahrens unerläßlich, Wesen und Zweck des Betriebsmittelsystems kurz zu erläutern.

Betriebsmittel selbst sind „Beträge, bis zu deren Höhe der Bundesminister der Finanzen die einzelnen Bundesminister ermächtigt, innerhalb eines bestimmten Zeitraums in ihrem Verwaltungsbereich Auszahlungen leisten zu lassen", § 1 Abs. 1 Ziff. 9 Wirtschaftsbestimmungen für die Reichsbehörden (RWB)[131]. Das Betriebsmittelsystem ist daher eine besondere Form der Kassenwirtschaft, die der wirtschaftlichen und sparsamen Verwaltung von Barmitteln dient. Es hat sich in der Praxis als Bewirtschaftungsverfahren durchgesetzt und bewährt[132].

Daß das Betriebsmittelsystem geeignet ist, eine Gewähr für eine Bewirtschaftung von Haushaltsmitteln im Sinne des § 26 Abs. 1 RHO zu geben, zeigte sich im Reich am Ende der Inflationszeit bei der Umstellung des Finanz- und Kassenwesens auf die Rentenmark, die dem Reichsfinanzminister zunächst nur begrenzt zur Verfügung stand[133]. Der Reichsminister der Finanzen wurde deshalb ermächtigt, den Ressorts Kassenbetriebsmittel in bestimmtem Umfang zuzuweisen. Das geschah in der Weise, daß die obersten Reichsbehörden den nachgeordneten Behörden mit Kassenverwaltung sogenannte Kreditbriefe auszustellen hatten, in denen ihnen für bestimmte Zeitabschnitte die erforderlichen Geldmittel zugewiesen wurden[134]. Die Kassen konnten nur solange Geldmittel erhalten, bis der Kreditbrief erschöpft war. Sie mußten sich dann an die für die Ausstellung jeweils zuständige Behörde wenden, die den Kreditbrief, wenn möglich, ergänzte[134]. Das Verfahren wurde später in den RWB in etwas veränderter Form neu gefaßt und das Gesetz zur Änderung der RHO v. 8. 3. 1930 (RGBl. II S. 31) nahm es unter § 26 Abs. 5 in die RHO auf. Diese Vorschrift in Verbindung mit §§ 1 Abs. 1 Ziff. 9, 47 bis 52 RWB[135] bilden nunmehr die gesetzliche Grundlage für die Betriebsmittelwirtschaft der Bundesverwaltung[136].

Das Betriebsmittelsystem ermöglicht es dem Bundesminister der Finan, die Ausgaben der einzelnen Ressorts mit den Einnahmen des Bundes in Einklang zu bringen und die Liquidität der Bundeskasse zu sichern. Da die für Rechnung der Bundeskasse zahlenden Behörden nicht über den Stand der Einnahmen des Bundes und damit über das kassenmäßige Ist der Bundeshauptkasse unterrichtet sein können, ist es erforderlich, daß die Bundesressorts und auch die Länder in regelmäßigen Zeitabständen im voraus den voraussichtlichen Bedarf an Betriebsmitteln für Bundes-

---

[131] v. 11. 2. 1929 (RMinBl. S. 49); vgl. auch amtl. Begr. RT-Rrs. 2080, IV. WP, 1928, S. 16; allgemein hierzu auch Görg, DÖV 1955, S. 274; Holtkotten, BK, Art. 120, Erl. 2 b; Vialon, Haushaltsrecht, S. 77 und § 26 RHO, Erl. 37; Köttgen, JÖR 3, S. 88; Helmert, S. 206 ff.; Marschall-Gudat, zu §§ 7, 8 der 2. AVVFStr.
[132] Vialon, Haushaltsrecht, § 26 RHO, Erl. 37.
[133] Schulze-Wagner, Komm. RHO (1934), § 26, Nr. 12
[134] Schulze-Wagner, aaO.
[135] „Die RWB werden als weitergeltend betrachtet und widersprechen nach der in der Verwaltungspraxis geltenden Auffassung dem GG nicht", Görg, DÖV 1955, S. 275.
[136] Siehe auch Vialon, § 26 RHO, Erl. 37; Wobser, DÖH 1959, S. 114 ff., 159 ff.

aufgaben beim Bundesminister der Finanzen anmelden[137]. Nach einer Prüfung der sachlichen Berechtigung (im Groben) erteilt der Bundesminister der Finanzen den einzelnen Bundesressorts und den Finanzministern der Länder sogenannte „Ermächtigungsschreiben"[138]. Erst auf Grund dieser Ermächtigungsschreiben können die einzelnen Verwaltungen in dem fraglichen Zeitabschnitt und in einer bestimmten Höhe die Mittel zu Lasten des Bundes verausgaben. Der Bundesminister der Finanzen hat daher im Betriebsmittelsystem ein wesentliches Instrument, die Ausgabenwirtschaft des Bundes zu steuern[139]. Der Bundesminister wird in die Lage versetzt, einem etwaigen bevorstehenden „rechnungsmäßigen" Defizit durch zeitliche Verschiebungen im Benehmen mit den verantwortlichen Ressorts vorzubeugen[139]; sind die mittelbewirtschaftenden Behörden aber erst einmal mit den Ermächtigungsschreiben versehen, ist die Bewirtschaftung der Mittel im *einzelnen* der Kontrolle durch den Minister im Wege des Betriebsmittelsystems entzogen.

Das Betriebsmittelsystem ist daher als Bewirtschaftungsverfahren nicht oder jedenfalls nicht ausreichend geeignet, Schädigungen vom Bundesvermögen fernzuhalten.

2. Erstattung bezeichnet hier nur ein *Verfahren* zur Mittelbewirtschaftung und Verrechnung. Es ist daher weder mit Erstattungsverfahren nach § 1 ErstG, noch mit dem Rechtsinstitut des allgemeinen Verwaltungsrechts „Erstattungsanspruch" zu verwechseln.

Für letzteren Anspruch ist chrakteristisch, daß eine Leistung — auch zwischen Trägern öffentlicher Verwaltung[140] — *ohne rechtlichen Grund* erbracht worden oder der rechtliche Grund später fortgefallen ist, so daß ein Ausgleich der mit der Rechtslage nicht übereinstimmenden Vermögenslage vorzunehmen ist[141]. Auf diesen Erstattungsanspruch wird in anderem Zusammenhang, namentlich bei der Untersuchung der Rechtsnatur von Haftungsansprüchen zwischen Bund und Gliedstaaten, noch näher zurückzukommen sein[142].

Auf dem Wege des Erstattungsverfahrens als Methode der Mittelbewirtschaftung dagegen ersetzen Träger öffentlicher Verwaltung einander Aufwendungen, die sie auf Grund gesetzlicher Bestimmung oder

---

[137] § 49 RWB, Muster 15, 16 der Anlagen zur RWB, abgedruckt bei Schulze-Wagner, aaO.
[138] § 50 RWB, Muster 18a, 18b, aaO., S. 169, 170.
[139] Vialon, Haushaltsrecht, § 26 RHO, Erl. 37.
[140] Lassar, Erstattungsanspruch, S. 106; Wolff, VerwR. I (1958), S. 208; BVerwG, DVBl. 1956, S. 375.
[141] Wolff, Lehrb. I (1958), § 44 II; s. a. Otto Mayer, VR, Bd. 2 (3. Aufl.), S. 380 ff. (382, 386 ff.).
[142] Vgl. II. Teil, 4. Abschnitt, C III; auch die weiteren Nachw. II. Teil, 4. Abschnitt, A, B.

B. Die Verwaltung von Bundesmitteln

von Verwaltungsverträgen[143] für den anderen verauslagen mußten[144]. Hat der Verwaltungsträger vorgeleistet, so steht ihm gegen den Aufgabenträger in finanzieller Hinsicht, wenn dieser auch Träger der Lasten ist, ein Anspruch auf Erstattung seiner Aufwendungen zu, deren Umfang im Einzelfall unterschiedlich geregelt sein kann. Die Aufwendungen können umfassen: Zweckausgaben, sächliche und persönliche Verwaltungskosten, in voller Höhe oder anteilmäßig[145].

Ist auf Grund der bundesstaatlichen Lastenverteilung der Oberverband Lastenträger, so ist im Verhältnis Leistungsempfänger — Verwaltung der jeweilige Unterverband unmittelbar Schuldner der Leistung. Ansprüche auf den Aufgabengebieten, deren Lasten der Bund übernommen hat, richten sich daher nur gegen die Länder als Träger der Verwaltungshoheit[146].

So wird die Versorgung der Kriegsopfer beispielsweise von Versorgungsämtern und Landesversorgungsämtern durchgeführt (vgl. § 1 d. G. ü. d. Errichtung d. Verw.behörden der Kriegsopferversorgung v. 12. 3. 1951 (BGBl. I S. 169) i. d. F. des IV. ÜLG v. 27. 4. 1955 (BGBl. I S. 189). Leistungsbeziehungen bestehen auch nur zwischen diesen Versorgungsämtern, also Landesbehörden, und den Leistungsempfängern, nicht dagegen zwischen letzteren und dem Bund[147]. Art. 120 GG und das IV. ÜLG bestimmen lediglich, daß der Bund die Aufwendungen für die inneren und äußeren Kriegsfolgelasten trägt; die Vorschriften treffen damit jedoch nur das Innenverhältnis Bund — Land[148].

Einen Anspruch auf Erstattung von Ausgaben kann ein Unterverband im Bundesstaat aber nur geltend machen, wenn er die Ausgaben tatsächlich als solche Aufwendungen verausgabt hat, für die der Oberverband auch aufwendungspflichtig ist. Der Oberverband braucht demnach Ausgaben nicht zu erstatten, die für andere Zwecke verwendet worden sind, sei es, daß die Mittel den Empfängern nicht oder nicht in der bewilligten Höhe zustanden oder von Bediensteten veruntreut worden sind[149]. Es

---

[143] Sog. „koordinationrechtliche Verwaltungsverträge", Wolff, Fußn. 1.

[144] Otto Mayer, aaO., S. 389 ff.; vgl. §§ 8 I S. 2, 48 Ziff. 26 GemeindehaushaltsVO: „Erstattungen zwischen den Verwaltungszweigen = Verrechnungen innerhalb des Haushaltsplans, die sich in Einnahme und Ausgabe ausgleichen"; BVerfGE 9, 305 (317, 311, 309); die Beispiele im I. Teil, 2. Abschnitt, B II a.

[145] Die Verwendung der Bezeichnung „Erst. Verfahren" ist, da vieldeutig (s. Lassar, aaO., S. 104 f.), problematisch. Geeigneter erscheint die Bezeichnung „Vorschußverfahren", so Görg, DÖV 1951, S. 627. Die Hoffnung Lassars auf eine terminologische Beschränkung bzgl. des allgem. Erst.-Anspruchs hat sich bisher nicht erfüllt.

[146] So überzeugend Rohwer-Kahlmann, DVBl. 1952, S. 745 ff.; s. a. Görg, DÖV 1951, S. 627; Schack, DVBl. 1957, S. 740 (743 Fußn. 35).

[147] Eyermann-Fröhler, VGG-Komm. (1950), § 22 A d cc.

[148] Das BVG wird also gem. Art. 83, 84 GG ausgeführt; Holtkotten in BK Art. 120 II d 2a; hieran vermag auch § 81 BVG (Fass. v. 27. 6. 1960) nichts zu ändern, der von Ansprüchen gegen den Bund spricht; vgl. hierzu BGH NJW 1959, S. 1726; Stefen, DÖH 1955, S. 241 und KOV 1956, S. 17.

[149] Im Rahmen des Erst.verf. gelten erst recht die Überlegungen, wie sie

kommt dabei auf die tatsächliche Verwendung der Mittel, nicht auf die Buchung an[150].

Bedient sich der Bund nach allen im Einzelfall des Erstattungs- oder Vorschußverfahrens[151], so besteht die größte Sicherheit, nicht mit Aufwendungen belastet zu werden, die er zu tragen weder rechtlich noch tatsächlich verpflichtet ist[152]. Eine Schadenszufügung erscheint hier nahezu ausgeschlossen.

Einer Einführung des Vorschußverfahrens generell stehen jedoch neben den schon erwähnten — sich föderalistischer Argumente bedienenden — politischen Widerständen auch praktische Hindernisse im Wege: So würden sich Länder und Kommunen mit Recht darauf berufen können, daß sie haushaltsmäßig nicht in der Lage sind, die vom Bund zu tragenden Milliardenbeträge vorzuschießen. Ein derartgies Ansinnen würde auch in der Praxis nicht dem Lastenverteilungsgrundsatz entsprechen. Schließlich würde der Vorteil des Bundes, die Ausgaben der Länder- und Gemeindebehörden nicht mehr, wie bei einer Buchung unmittelbar zu seinen Lasten, unbesehen honorieren zu müssen, durch ein erhebliches Mehr an Verwaltungsaufwand- und -Kosten aufgewogen werden.

Für das Erstattungsverfahren sind im I. Teil, 2. Abschnitt unter B II a) Beispiele aufgeführt.

3. Pauschalierung — Eine weitere Form der Mittelbewirtschaftung ist das sogenannte „pauschale Abgeltungsverfahren". Es bedeutet eine Gesamtabfindung von seiten des Aufwendungspflichtigen an denjenigen, der einen Anspruch auf Erstattung seiner Kosten hat; ein Gesamtbetrag tritt an die Stelle von einzelnen Summen und Einzelleistungen. Mit der Überweisung des Pauschbetrages sind alle Kosten abgegolten. Damit entfällt jedes Nachweis- und Verrechnungsverfahren, die Rechnungsprüfung wird vereinfacht und die Verantwortung für die Einzelausgaben liegt bei den Stellen, die unmittelbar die Mittel bewirtschaften[153]. So hat man beispielsweise die Leistungen des Bundes für die Kriegsfolgenhilfe (§§ 1 Abs. 1 Ziff. 3—6, 11, 21 a ÜLG und VO v. 3. 7. 1956 (BGBl. I S. 642) mit Wirkung vom 1. 4. 1955 pauschaliert; dabei ist die Finanzverantwortung bei der Bundesrepublik geblieben, die aber durch die Pauschalierung von der indivi-

---

Griffel, DÖH 1957, S. 244, für einen Fehlbetrag an Mitteln der Kriegsfolgenhilfe beispielhaft anstellt, welche vor dem 1. 4. 1955 für Rechnung des Bundes geleistet wurden.

[150] Griffel, aaO., S. 244.

[151] wie Köttgen, JÖR 3, S. 88, zu Unrecht für das 1. ÜLG annimmt. Dagegen mit Recht Görg, DÖV 1955, S. 274, Fußn. 4.

[152] s. a. Görg, aaO., der meint, daß das Erst.Verf. der grundgesetzlichen Aufgabenverteilung entsprechen würde.

[153] BT.-Drs. 480, S. 52 f.; auch Ber. der Studienkommission, S. 152 ders. Drs.; Kurzwelly, DÖV 1955, S. 282; Vialon, Haushaltsrecht, § 64 a Bem. 6.

duellen Ausgabengebarung der mittelverwaltenden Stellen unabhängig geworden ist[154].

Voraussetzung für die Anwendung des „pauschalen Abgeltungsverfahrens" ist jedoch, daß jeweils geeignete Bemessungsgrundlagen für die Festsetzung der Pauschbeträge zur Verfügung stehen. Denkbar ist zum Beispiel, daß die Gesamtausgaben auf einem bestimmten Gebiet während einer bestimmten Zeit als Bemessungsgrundlage für zukünftige Aufwendungen dienen oder daß durchschnittliche Leistungen in den Einzelfällen eine Pauschalierung ermöglichen (sog. Fallpauschale). Für weitere Ausführungen ist im Rahmen dieser Arbeit kein Raum; Hinweise auf das Schrifttum müssen genügen[155].

Die Behandlung der Finanzierungsverfahren hat damit ergeben, daß Haftungsfragen vor allem bei der Leistung „für Rechnung des Bundes" auftreten können und daß diese Bewirtschaftungsform für die bundesstaatliche Trennung von Finanz- und Verwaltungsverantwortung in besonderer Weise charakteristisch ist. Daß auch bei Anwendung des Erstattungs- oder Vorschußverfahrens Schädigungen des Bundes nicht ausgeschlossen sind, soll kein Grund sein, diese Fälle in die nachfolgende Untersuchung miteinzubeziehen. Der Bund hat es nämlich in der Hand, *vor* der Erstattung die jeweilige Ausgabe auf ihre sachliche Berechtigung hin zu überprüfen. Nutzt er — um eine Doppelbearbeitung zu vermeiden[156] — diese Möglichkeit nicht aus, so geht das Risiko auf ihn über.

C. Rechtsvergleichung

Eine rechtsvergleichende Betrachtung kann sich naturgemäß nur auf einige der wichtigsten solcher Staaten beziehen, welche eine der Bundesrepublik Deutschland ähnliche bundesstaatliche Struktur aufweisen. Der beschränkte Raum gestattet es überdies nur, einen kurzen Blick auf Erscheinungen in anderen Bundesstaaten zu werfen, die mit den in dieser Untersuchung aufgeworfenen Fragen zusammenhängen. Das Hauptaugenmerk wird darauf zu richten sein, ob ausländische Bundesstaaten eine Trennung von Finanz- und Verwaltungsverantwortung kennen, denn nur aus einer solchen Trennung könnte sich auch im ausländischen Recht eine Haftungsfrage ergeben, wie sie sich im Geltungsbereich des Grundgesetzes zeigt.

---

[154] Vgl. Denkschr. d. Präs. d. BRH v. 24. 10. 1959, BT-Drs. 1518, 3. WP (1957), Anl. C Nr. 129, 130 u. die ausführliche Begr. in BT.-Drs. 480, Nr. 186.
[155] Schriftl. Ber. d. AbgO. Gülich, 55. Sitz., BT. 1953, S. 2711; Köttgen, DÖV 1955, S. 485 (490); Wodrich, DÖV 1955, S. 285 ff.; Krause DÖV, 1955, S. 278 ff.; Vialon, Haushaltsrecht, § 9 RHO Erl. 8 (Bauleitungsmittel).
[156] was vom Standpunkt der Verwaltungsoekonomie durchaus zu begrüßen ist.

I. USA

Das Verfassungsrecht der Vereinigten Staaten von Nordamerika hat die Gesetzgebungszuständigkeit und die Vollzugskompetenz zwischen dem Zentralstaat und den Gliedstaaten parallel aufgeteilt, so daß Bundesgesetze in der Regel durch Verwaltungseinrichtungen des Bundes, Gesetze der Einzelstaaten dagegen durch Verwaltungsstellen der Staaten vollzogen werden[1]. Durchweg bewirtschaften daher auch Behörden der Gliedstaaten keine Mittel des Bundes. Diese Regel ist jedoch durchbrochen bei den sog. „grants-in-aid", den Bundeszuschüssen, die eine freiwillige Unterwerfung der Staaten unter die Bundeskontrolle bedeuten[2, 3]. Die Verwaltung der Bundesmittel selbst steht dem Staat zu; es handelt sich auch nicht um eine Auftragsverwaltung von Bundesaufgaben, sondern um eigentliche Staatsaufgaben, denen viele Staaten selbst aus finanziellen Gründen nicht nachkommen können[4], so daß die Finanzverantwortung praktisch auf die Union übergegangen ist.

Um die Bundesmittel zu erhalten, müssen sich die Staaten aber regelmäßig den folgenden vier Auflagen unterwerfen[5]:

a) der Zuschuß darf nur für die konkreten Zwecke, für die er gegeben ist, und nicht für allgemeine budgetäre Ausgaben verwendet werden,

b) der Empfängerstaat muß für denselben Aufgabenkreis seinerseits aus eigenen Mitteln Aufwendungen machen, die in den meisten Fällen der Bundeshilfe gleichkommen, manchmal aber geringer sind; sie können in Ausnahmefällen gänzlich entfallen,

c) der Empfängerstaat muß eine eigene Verwaltungsbehörde für das Zuschußgebiet schaffen, mit der die Bundesbehörden unmittelbar ohne Vermittlung der Staatenbehörden verkehren können.

d) der Empfängerstaat muß sich verpflichten, auf dem Zuschußgebiet den Weisungen der Bundesbehörden zu folgen und gewisse Maßstäbe und Mindestleistungen einzuhalten, seine Pläne und Verwaltungsgrundsätze müssen vom Bund gebilligt werden, und die Verwaltung unterliegt der ständigen Bundesaufsicht.

Dieses Auflagensystem dürfte nahezu lückenlos sein und Haftungsfälle, wie sei hier verstanden werden, von vornherein ausschalten.

---

[1] Vgl. Herrfahrdt, BK, Art. 83 Bem. III 1; Kölble, DÖV 1959, S. 807 f.

[2] Vgl. Karl Loewenstein, S. 121 ff: Im Fiskaljahr 1957/58 z. B. betrug der Gesamtbetrag der Subsidien allein für Sozialleistungen und Erziehung 3.848 Milliarden Dollar.

[3] Die Freiwilligkeit, auf welche die Gerichte die verfassungsmäßige Zulässigkeit dieser Durchlöcherung der bundesstaatlichen Kompetenzverteilung stützen, steht allerdings nur auf dem Papier, weil die Staaten es sich nicht leisten können, auf die Bundesmittel zu verzichten (vgl. Loewenstein, S. 123).

[4] Loewenstein, S.12 2. Die unteren Verwaltungskörperschaften, die Gemeinden, erhalten „grants-in-aid" sowohl von der BReg., als auch von den B.-Staaten in gleicher Weise, vgl. Jähnig, DÖV 1958, S. 89 ff. (92); Adam, DÖV 1961, S. 407 (411); ders. Bay. VerwBl. 1961, S. 36.

[5] Nach Loewenstein, S. 122.

II. Schweiz

In der Staatsrechtslehre der Schweiz gehen die Meinungen darüber auseinander, ob nach der Bundesverfassung vom 29. 5. 1874[6] dem Bund oder den Kantonen der Vollzug der Bundesverwaltungsgesetze grundsätzlich zusteht oder nicht[7]. Sicher ist jedoch, daß die Kantone tatsächlich Bundesgesetze in großer Anzahl ausführen[8].

Die Einnahmequellen sind so zwischen dem Bund und seinen Unterverbänden aufgeteilt, daß beide zur Finanzierung ihrer Aufgaben in der Lage sind; so hat der Bund seit 1849 die in Art. 42 BV normierte Beitragspflicht der Kantone nicht ein einziges Mal in Anspruch zu nehmen brauchen[9]. Auf der Ausgabenseite trennt die Bundesverfassung demgemäß auch nicht — mit einer noch zu erwähnenden Ausnahme — die Finanzverantwortung von der Verwaltungskompetenz. Allerdings zeigt sich auch in der Verfassungswirklichkeit der Schweiz die in allen Bundesstaaten zu beobachtende Tendenz, daß der Zentralstaat — da seine Einnahmen in stärkerem Maße gewachsen sind — mittels Subventionen die Kantone in seine Abhängigkeit bringt[10].

Nach Art. 20 Abs. 2 BV ist die Beschaffung der Kleidung und Ausrüstung (des Heeres) und die Sorge für deren Unterhalt Sache der Kantone, während die Kosten vom Bund zu tragen sind[11]. Dem Wortlaut des Art. 20 Abs. 3 Halbs. 2 BV ist jedoch bereits zu entnehmen, daß die Kantone die betreffenden Aufwendungen zu verauslagen haben, um sie anschließend von der Eidgenossenschaft *erstattet* zu bekommen. Eine Verwaltung des Kantons „für Rechnung des Bundes" findet daher nicht statt, so daß sich aus dem schweizerischen Recht für die vorliegende Abhandlung Parallelen insoweit nicht gewinnen lassen.

III. Österreich

Die Verfassung Österreichs[12] unterscheidet vier Haupttypen von Zuständigkeiten in der Gesetzgebung und Vollziehung: Art. 10 enthält die

---

[6] Über die Weiterentwicklung und Ergänzung ders. vgl. Ruck, Schw. Staatsrecht, 3. Aufl., S. 12 ff.
[7] Verneinend: Fleiner/Giacometti, S. 103 ff.; a. M. wohl zu Recht Ruck, aaO., S. 270 ff., 52 ff., der auf Grund der allgemeinen staatsrechtlichen Verteilungsregel (Art. 3 BV) im Zweifel die Zuständigkeit der Kantone annimmt, soweit sich aus der BV nicht eine Zust. d. Bd. ergibt; vgl. auch W. Burckhardt, Komm., Art. 3 S. 13 ff.
[8] Fleiner/Giacometti, aaO., S. 103.
[9] Ruck, aaO., S. 289 ff.
[10] Ruck, aaO., S. 290 f.
[11] Art. 20 Abs. 3, 2. Halbs.: „die daherigen Kosten werden jedoch den Kantonen vom Bunde nach einer von ihm aufzustellenden Norm vergütet".
[12] Bundes-VerfassungsG i. d. F. v. 1929 (BGBl. Nr. 1 v. 1930); eine Zusam-

enumerative Aufzählung der Zuständigkeit des Bundes für Gesetzgebung *und* Vollzug; die zweite Gruppe (Art. 11) umfaßt die Angelegenheiten, in denen die Gesetzgebung Bundessache, die Vollziehung aber Landessache ist; nach Art. 12 steht auf einigen Gebieten dem Bunde die Gesetzgebung über die Grundsätze, den Ländern aber der Erlaß von Ausführungsgesetzen und die Vollziehung zu; in der vierten Gruppe (Art. 15) schließlich liegt die Kompetenz zur Gesetzgebung und Ausführung ausschließlich auf allen den Bereichen bei den Ländern, die in den Art. 10, 11, 12 nicht aufgeführt sind (generelle Zuständigkeitsnorm)[13]. Es ergibt sich hiernach, daß eine Ausführung von Bundesgesetzen durch die Länder in Österreich nur gem. Art. 11, also auf sehr begrenztem Bereich[14], in Betracht kommt.

Vor allem aber ist in Österreich die Finanzverantwortung nicht von der Vollziehungskompetenz getrennt, denn gemäß § 2 des Finanzverfassungsgesetzes 1948[15] tragen der Bund und die übrigen Gebietskörperschaften „sofern die zuständige Gesetzgebung nichts anderes bestimmt, den Aufwand, der sich aus der Besorgung ihrer Aufgaben ergibt"[16]. § 12 F.-VG sieht lediglich Finanzzuweisungen und Zuschüsse des Bundes an die Länder (Gemeinden) vor. Eine selbständige und unmittelbare Bewirtschaftung des Bundeshaushaltsplans durch Länderbehörden ist dem österreichischen Verfassungsrecht demnach nicht bekannt.

Auch aus dem österreichischen Staats- und Verfassungsrecht lassen sich also keine Gesichtspunkte gewinnen, welche zur Lösung der sich in der Bundesrepublik Deutschland stellenden Haftungsfrage beitragen könnten.

---

menstellung aller seitherigen Novellen findet sich bei Werner-Klecatsky, Österr. B.-verfassungsrecht, 1961, S. 62 f.

[13] Vgl. Adamovich/Spanner, S. 131 ff.

[14] Art. 11 Abs. 2: Ziff. 1: Staatsbürgerschaft u. Heimatrecht. 2. berufliche Vertretungen ... 3. Volkswohnungswesen. 4. Straßenpolizei.

[15] Vgl. Art. 106 Abs. 4 Ziff. 1 GG.; hierzu I. Teil, 2. Abschnitt, B I.

[16] Eine Ausnahme von der allgemeinen und grundsätzlichen Regel enthält § 1 des FinanzausgleichsG 1950 (BGBl. Nr. 36 i. d. F. d. FAG 1959 (BGBl. Nr. 97/1959), der den *Ländern* den Personalaufwand und den Sachaufwand der Behörden der allgemeinen Verwaltung auflastet; vgl. Werner-Klecatsky, aaO., S. 330. Diese Ausnahme ist für die gegenwärtige Haftungsfrage jedoch uninteressant, da sie nicht dem Bund, sondern den Ländern die Finanzverantwortung überträgt.

II. Teil

Die Frage der Haftung

Vorbemerkung

Hat der Bund einen finanziellen Schaden festgestellt, der durch fehlerhafte Anwendung eines seiner Gesetze durch Landesbedienstete entstanden ist, muß er zunächst darüber befinden, gegen welchen der Beteiligten er vorgehen will. Stünde ihm die Entscheidung über die Reihenfolge der Inanspruchnahme frei, würde er sicherlich das Land als den zahlungskräftigsten Schuldner wählen. Dem steht jedoch die rechtliche Verpflichtung entgegen, Ersatz möglichst vorher bei den unmittelbar Begünstigten, den Empfängern der Leistung, zu suchen; denn hier befindet sich die Kehrseite des Schadens[1] (1. Abschnitt). Erst wenn diese Möglichkeit entfällt, liegt es nahe, daraufhin auf die schadenstiftende Person, den einzelnen Bediensteten, abzustellen. Danach sind also Schadensersatzpflichten zwischen den übrigen Beteiligten in folgender Weise denkbar:

1. Land gegen den betreffenden Landesbediensteten unmittelbar (2. Abschnitt).
2. Bund gegen Landesbedienstete unmittelbar (3. Abschnitt).
3. Bund gegen das Land unmittelbar, mit der möglichen Folge von Regreßansprüchen des Landes gegen seine Bediensteten (4. Abschnitt).

Hieraus ergibt sich demnach die weitere Einteilung. Es erscheint bei der Untersuchung nicht erforderlich, die Haftungsfrage für jede der nach dem 1. Hauptteil in Betracht kommenden einzelnen Verwaltungen gesondert zu prüfen, denn es handelt sich in allen Fällen um außerhalb der Bundesverwaltung stehende Stellen, die Bundesmittel für Rechnung des Bundes verwalten.

Allerdings scheint im 3. Abschnitt eine unterschiedliche Behandlung von Beamten und Angestellten der landeseigenen Verwaltung und der Bundesauftragsverwaltung notwendig zu sein. Dem Bund stehen nämlich bei der Auftragsverwaltung mehr Einflußmöglichkeiten zu als bei

---

[1] Vgl. I. Teil, 1. Abschnitt, B II c; im einzelnen siehe den nachfolgenden Abschnitt.

der Verwaltung gem. Art. 83 GG, denn die Beziehungen zwischen den Bediensteten der Auftragsverwaltungen und dem Bund sind enger, da die Landesbehörden auch dem sachlichen Weisungsrecht der zuständigen obersten Bundesbehörden unterstehen (Art. 85 Abs. 3 Satz 1 GG).

Auf den ersten Blick scheint demzufolge ein Vorgehen des Bundes unmittelbar gegen die Bediensteten der Auftragsverwaltungen wegen der durch Art. 85 GG geschaffenen engeren Beziehungen aussichtsreicher zu sein als gegen Beamte und Angestellte landeseigener Verwaltung. Sollte die Untersuchung aber ergeben, daß eine unmittelbare Haftung der Bediensteten der Auftragsverwaltungen nicht besteht, so läßt sich bereits jetzt vermuten, daß auch eine unmittelbare Inanspruchnahme von Amtsträgern landeseigener Verwaltung durch den Bund mit den grundlegenden Gedanken der Verfassung nicht in Einklang stehen kann, es sei denn, daß sich zugunsten des Bundes anwendbare spezielle Haftungsvorschriften auffinden lassen. Die Abhandlung wird sich also zunächst mit der Frage befassen, ob Beamte und Angestellte der Bundesauftragsverwaltung dem Bund haftbar sind. Wenn hier die Antwort bejahend ausfallen sollte, ist die Untersuchung weiter auf die Verwaltung gem. Art. 83, 84 GG mit ihrer schärferen Trennung zwischen Ober- und Unterverband zu erstrecken. Zuvor soll jedoch erörtert werden, ob der Bund die Empfänger von zu Unrecht verausgabten Mitteln in Anspruch nehmen kann[2].

---

[2] Wenn eingangs bemerkt worden ist, daß ein Vorgehen gegen Landesbedienstete hierzu sekundär ist, so gilt diese Feststellung nicht für die Fälle, in denen Landesbedienstete nicht durch fehlerhafte Mittelbewilligung den Oberverband schädigen, sondern dadurch, daß sie sich — z. B. durch Unterschlagung — an Bundesmitteln bereichert haben. Hier ist der Bedienstete selbst der „Empfänger", seine Haftung dementsprechend auch primär.

Erster Abschnitt

Kann der Bund sich an die Empfänger seiner Mittel halten?

A. Allgemeines

Streng genommen verbietet sich eine Untersuchung, ob die Bundesrepublik selbst die Empfänger ihrer Mittel in Anspruch nehmen kann, da sich das Thema der Abhandlung auf die Frage beschränkt, ob Bedienstete der Länder und Gemeinden, die durch fehlerhafte Ausführung von Bundesgesetzen den Bund finanziell geschädigt haben, dem Bund haften; als Anspruchsgegner können hiernach also nur die Bediensteten und ihre jeweiligen Anstellungskörperschaften in Betracht kommen. Bestünde demgegenüber aber die Möglichkeit, daß der Bund von dem begünstigten Personenkreis Ersatz verlangen könnte, so würde in diesem Falle eine Ersatzpflicht der Bediensteten und ihrer Anstellungskörperschaften entfallen, da sich der Geschädigte zunächst an die zu Unrecht begünstigten Personen halten muß[3]. Daher soll auch dieser Fragenkreis der Vollständigkeit halber in gebotener Kürze in die Untersuchung einbezogen werden.

B. Der Rückforderungsanspruch im einzelnen

I. Aktivlegitimation

Der Bund kann nicht ohne weiteres selbst gegen die Empfänger der zu Unrecht gezahlten Beträge vorgehen, da zwischen ihm und den Leistungsempfängern keine Rechtsbeziehungen bestehen; bei der Verwaltung nach Art. 83, 84 GG sowie bei der Bundesauftragsverwaltung tritt nach außen hin das jeweilige Land allein und selbstverantwortlich dem Leistungsempfänger gegenüber. Ebenso wie sich die Ansprüche des einzelnen ausschließlich gegen das Land als Träger der Verwaltungshoheit richten[4], kann umgekehrt auch nur das Land Rückforderungsansprüche erheben, wobei es grundsätzlich gleichgültig ist, daß die Rückzahlung

---

[3] Rechtsgedanke des § 839 Abs. 1 S. 2 BGB; erst wenn sich der Rückleistungsanspruch gegen einen zu Unrecht Begünstigten als nicht realisierbar erweist, kommt für den Bund ein Vorgehen gegen das Land oder Bedienstete des Landes in Betracht.

[4] Vgl. I. Teil, 2. Abschnitt, B III.

regelmäßig (vgl. § 21 Abs. 1 Satz 2 I. ÜLG) im Innenverhältnis dem Bund zugute kommt.

Durchweg überlassen es die einschlägigen Gesetze auch den Behörden der Länder und Gemeinden, für die Wiedereinziehung von Überzahlungen zu sorgen, indem sie die Voraussetzungen des Rückforderungsanspruchs normieren und das Verfahren regeln (vgl. §§ 41, 47 Verw.-VerfG KOV[5]). Generell ist für eine Rückforderung auch nur diejenige Stelle zuständig, welche die Leistung ursprünglich gewährt hat. Das aber ist hier immer eine dem Verwaltungsbereich der Länder zugehörende Behörde; diejenige Behörde, welche den Bewilligungsbescheid erlassen hat, muß also auch den Rücknahmebescheid erteilen (vgl. §§ 40 ff. Verw.VerfG KOV). Die Befugnis der Bundesrepublik zur Geltendmachung der Forderung kann sich jedoch aus dem Gesichtspunkt der Prozeßstandschaft ergeben, denn eine ständige Rechtsprechung[6] läßt es zu, daß ein Dritter ein fremdes Recht in eigenem Namen geltend macht, wenn er von dem Berechtigten hierzu ermächtigt worden ist und ihm ein schutzwürdiges Interesse an der Rechtsverfolgung zur Seite steht.

Für die Länder besteht aus dem Gesichtspunkt der „Bundestreue"[7] auch die Verpflichtung, mit dem Bund zusammenzuwirken und einbringbare Überzahlungen zugunsten der Bundeskasse entweder selbst wieder einzuziehen oder, falls das einzelne Land das Prozeßrisiko nicht tragen will, dem Bund die Ermächtigung zu erteilen, den Prozeß im eigenen Namen und für eigene Rechnung zu führen[8]. Eine Weigerung der Länder würde eine verfassungsrechtliche Meinungsverschiedenheit darüber darstellen, ob der Grundsatz des „bundesfreundlichen Verhaltens" eine solche Verpflichtung umfaßt. Den Streit könnte die Bundesregierung durch Aufgreifen eines Präzedenzfalles durch eine bundesverfassungsgerichtliche Entscheidung generell klären lassen (Art. 93 Abs. 1 Ziff. 3GG).

---

[5] Der Rückforderungsanspruch läßt sich deshalb auch nicht als privatrechtlicher Anspruch des Bundes auffassen, vgl. BGH NJW 1959, S. 1726.

[6] BGHZ 4, 153 (164 ff.); BGH NJW 1959, S. 1726 f.; s. a. BGH NJW 57, S. 1838.

[7] Im einzelnen zur Bundestreue 4. Abschnitt C IV; fraglich ist, ob dem Grundsatz der Bundestreue *verfahrensmäßig* bei einer Weigerung des Landes, die Ermächtigung zu erteilen, dadurch zur Geltung verholfen werden kann, daß die BReg. das BVerfG sofort anruft (BVerfGE 6, 309 [329]; 8, 122 [130]), oder ob vorher der Bundesrat gem. Art. 84 Abs. 3 GG im bundesaufsichtlichen Verfahren mit der Sache befaßt werden muß; s. a. Bayer, S. 122 ff.

[8] Materiellrechtlich ließe sich auch eine Abtretung der Forderung an den Bund denken.

II. Die rechtlichen und tatsächlichen Aussichten von Rückforderungsansprüchen der Bundesrepublik gegenüber den einzelnen Leistungsempfängern

Die Möglichkeiten, überzahlte Mittel von den Empfängern zurückzuerhalten, sind rechtlich eingeschränkt. Außerdem stehen einer Rückforderung vielfach tatsächliche Hinderungsgründe entgegen. Will die Verwaltung nämlich zu Unrecht verausgabte Mittel zurückfordern, so ist dieses ohne besondere Schwierigkeiten möglich, sofern ein Gesetz die Rücknahme[9] des begünstigenden Verwaltungsakts — möglicherweise sogar mit Wirkung für die Vergangenheit — ausdrücklich zuläßt[10] oder ein Verschulden des Begünstigten bei der Gewährung der Mittel im Spiel gewesen ist[11]. In letzterem Falle steht der Behörde deswegen ein Rücknahmegrund zur Seite, weil ein öffentliches Interesse am Entzug einer unredlich erworbenen Rechtslage besteht[12]. Allgemein ist die Zulässigkeit der Rücknahme von einer Interessenabwägung abhängig. Abzustellen ist auf den Einzelfall, wobei es darauf ankommt, ob das schutzwürdige Interesse des Begünstigten an der Aufrechterhaltung des Verwaltungsakts oder das öffentliche Interesse an der Beseitigung überwiegt. Das Rechtsstaatsprinzip (Art. 20 GG) spricht für eine Rücknahme, der Vertrauensschutz des Leistungsempfängers für die Aufrechterhaltung[13].

Die Rücknahme ist in der Regel nicht im öffentlichen Interesse geboten, wenn die Mangelhaftigkeit des Verwaltungsaktes auf einem Verhalten der Behörde beruht und erst recht, wenn sie von der Behörde verschuldet ist[14]. Dieser Auffassung trägt dem Umstand Rechnung, daß es nach überwiegender Meinung in Rechtslehre und Rechtsprechung[15] das Vertrauen der Staatsbürger in die Rechtsgültigkeit und auf den Bestand staatlichen Handelns verlangt, daß der Empfänger von Leistungen bei Gutgläubigkeit nicht rückwirkend in Anspruch genommen werden kann[16]. Das Risiko einer unrichtigen Gesetzesanwendung trägt daher die

---

[9] Die Aufhebung eines fehlerhaften Verwaltungsakts wird als Rücknahme, die eines fehlerfreien als Widerruf bezeichnet (Forsthoff, VR I, S. 238 ff.; Haueisen, DVBl. 1959, S. 229).

[10] Forsthoff, S. 240 m. w. N.

[11] Vgl. z. B. § 47 VwVG KOV, § 8 d. früheren Gesetzes ü. die Gewährung v. Miet- und Lastenbeihilfen v. 23. 6. 1960 (BGBl, I, S. 399).

[12] Wolff, VR I (3. A.), § 53 II b, c; III. c, 2, S. 281; LSG Bremen in BB 1957, S. 543; BVerwG NJW 1958, S. 156; Forsthoff, S. 221.

[13] Vgl. im einzelnen die gründliche Darstellung der Problematik bei Bachof, Verfassungsrecht etc., S. 257 ff.

[14] Wolff, VR I (4. A.), § 53 IV c, 1, S. 298 f.; Menger, VwArch. 49, S. 82 f.

[15] Statt vieler: OVG Berlin in DVBl. 1957, S. 503, Haueisen, DVBl. 1959, S. 229 ff.

[16] Bei Verwaltungsakten mit Dauerwirkung soll dagegen eine Rücknahme ex nunc — für die Zukunft — erlaubt sein, da der fehlerhafte Verwaltungsakt

Verwaltung[17]. Sind demnach auf Grund eines fehlerhaften Verwaltungsaktes Mittel schon ausgezahlt worden, so kann die Verwaltung den Bewilligungsbescheid grundsätzlich nicht mehr zurücknehmen; tut sie es trotzdem, so ist der Rücknahmebescheid in der Regel nicht rechtmäßig, löst also keinen öffentlich-rechtlichen Erstattungsanspruch aus[18, 19].

Außerdem muß sich die Behörde unter Umständen entgegenhalten lassen, daß die Rückforderung gegen den das ganze Rechtsleben bestimmten Grundsatz von Treu und Glauben verstößt[20] oder infolge Zeitablaufs verwirkt ist[21].

Tatsächlich würde eine Inanspruchnahme der Empfänger sehr häufig — vor allem bei Leistungen in den Bereichen des Sozialrechts — schließlich auch an der fehlenden Zahlungsfähigkeit und Unpfändbarkeit der sozial schwachen Bevölkerungskreise scheitern. Der Uneinbringbarkeit der Überzahlungen dürfte damit aus den genannten Gründen die Regel sein.

Soweit eine Rückforderung rechtlich und tatsächlich Erfolg verspricht, werden die betreffenden Landesbehörden ohnehin von sich aus die zu Unrecht verausgabten Bundesmittel einfordern, allein schon deshalb, um sich selbst vor Ersatzansprüchen des Bundes zu schützen.

Kann oder will eine Landesbehörde die Mittel jedoch nicht zurückfordern, um sie der Bundeskasse zuzuführen, kann sich für das Land die Frage stellen, ob es gegen seine eigenen Bediensteten, auf deren Verhalten oder Verschulden die Überzahlungen beruhen, vorzugehen vermag.

---

jedenfalls in Zukunft fehlerfrei, d. h., gesetzmäßig werden müsse (Haueisen, aaO., S. 232).
[17] Jellinek, AÖR 21, S. 27; Bachof, Vornahmeklage, S. 113 f., Anm. 20; Schieren, BVG § 47 VwVG Anm. 4 b.
[18] Haueisen, DVBl. 1959, S. 233.
[19] Der öffentlich-rechtliche Erstattungsanspruch ersetzt als selbstständiges Rechtsinstitut des Verwaltungsrechts die §§ 812 ff. BGB; grundlegend Lassar, Erstattungsanspruch, S. 97 ff.; insb. BVerwGE 4, S. 215 (217) m. w. N.; OVGE Münster 16, 60 (66); RGZ 99, 41 (45); OVG Münster MDR 1954, S. 60 (61) u. NJW, S. 326 m. zust. Anmerkung v. Rempel; E. R. Huber, Wirtschaftsverwaltungsrecht, Bd. 2, S. 596 f. unter bb., S. 621 unter 4 b; Haueisen, NJW 1954, S. 977; s. a. I. Teil, 2. Abschnitt, B III b 2 und II. Teil, 4. Abschnitt, C III.
[20] Mit den Vorbehalten des öffentl. Rechts; Fricke, RiA 1959, S. 51.
[21] Haueisen, NJW 1954, S. 978.

Zweiter Abschnitt

Haften Landesbedienstete dem Land unmittelbar?

A. Zulässigkeit

Hinsichtlich der Zulässigkeit eines Vorgehens des Landes gegen seine Bediensteten bestehen keine Bedenken.

B. Unmittelbare Schadenszufügung

Die erste Voraussetzung für die Inanspruchnahme des Landesbeamten ist, daß er dem Land, als seinem Dienstherrn, unmittelbar einen Schaden zugefügt hat[1].

Ist im Verhältnis Bund—Land der Landesbeamte damit betraut, Bundesmittel zu verausgaben oder auch dem Bunde zustehende Einnahmen zu erheben, so entscheidet die Art der Mittelbewirtschaftung und -verrechnung darüber, wen der unmittelbare Schaden trifft. Oben (s. S. 61 ff.) ist dargelegt, daß die Bewirtschaftung von Mitteln des Bundes durch Behörden der Länder und Gemeinden (Gemeindeverbände) in der Regel zwar in eigenem Namen, aber für Rechnung des Bundes mit Hilfe des sog. Betriebsmittelsystems erfolgt; in der Regel trifft sonach der Schaden unmittelbar den Bund und nicht das Land oder die Gemeinde.

Eine unmittelbare Schadenszufügung gegenüber dem Land durch Landesbeamte ist allerdings wohl im Rahmen des pauschalen Abgeltungsverfahrens möglich. Hat nämlich der Oberverband den Unterverbänden Mittel pauschaliert zur Verfügung gestellt und erlangt der Unterverband das Eigentum an den Mitteln, so ist das Land geschädigt, wenn diese Mittel fehlerhaft verausgabt werden. Denkbar ist eine Schädigung außerdem beim Erstattungsverfahren, wenn der Verwaltungsträger für eigene Rechnung vorleisten muß, der Lastenträger jedoch nur diejenigen Aufwendungen gegen sich gelten zu lassen braucht und erstattet, die auch ordnungsgemäß entsprechend ihres Verwendungszwecks ausgegeben worden sind. Auch soweit es nicht um die Bewirtschaftung der Zweckausgaben selbst, sondern um Schäden geht, die bei und aus der Verwaltungstätigkeit selbst entstehen, kann das Land ein unmittelbarer Schaden treffen. So kann der Beamte bei mangelhafter Verwaltung das Vermögen seines Dienstherrn schädigen, indem er beispielsweise in der Leistungsverwaltung zuungunsten des Antragstellers einen fehlerhaften Leistungsbescheid erläßt. Die Kosten, die sich aus einem sich hieraus ergebenden Rechtsstreit

---

[1] Vgl. I. Teil, 1. Abschnitt B II c.

herleiten, können der verklagten Behörde und damit dem Land bzw. der Gebietskörperschaft auferlegt werden (vgl. § 351 Abs. 2 LAG, aber auch § 334 Abs. 3, 4 LAG)[2].

Ein Schaden dieser Art entsteht jedoch nur *anläßlich* der Verwaltungsführung für fremde Rechnung und berührt das Vermögen des Bundes nicht.

Da das Land keinen Schaden erleidet, wenn es Teile des Bundeshaushaltsplans für Rechnung des Bundes ausführt und Landesbedienstete[3] den Bund durch Veruntreuungen, Überhebungen oder Überzahlungen schädigen[4], muß eine weitere Untersuchung zum 2. Abschnitt insoweit entfallen.

Zu erwägen bleibt abschließend allerdings noch, ob die Länder nicht berechtigt oder gar verpflichtet sind, Schäden des Bundes gegen ihre eigenen Bediensteten zugunsten des Bundes geltend zu machen, und zwar aus dem Gesichtspunkt der sog. „Schadensliquidation im Drittinteresse"[5]. Dieser im Zivilrecht allgemein anerkannte Grundsatz[6] besagt folgendes: In der Regel ist lediglich der Schaden des Ersatzberechtigten zu ersetzen. Ersatzberechtigt ist jedoch nur der andere Vertragsteil oder bei unerlaubten Handlungen derjenige, dessen rechtlich geschützte Güter oder Rechte verletzt worden sind. Es kommt aber vor, daß der durch die Nichterfüllung oder durch die unerlaubte Handlung eintretende Schaden gar nicht bei dem Gläubiger, sondern statt dessen bei einem Dritten entsteht[7]. Dies kann sich u. a. auf Grund eines Rechtsverhältnisses zwischen dem Ersatzberechtigten und dem Dritten z. B. bei unmittelbarer Stellvertretung und dem Handeln in eigenem Namen für fremde Rechnung ergeben. Hier soll es dem „Ersatzberechtigten" ausnahmsweise erlaubt sein, den Schaden ersetzt zu verlangen, der nicht ihm, sondern dem Dritten entstanden ist[8].

Eine Anwendung dieses Grundsatzes im öffentlichen Recht[9], namentlich im Bereich der bundesstaatlichen Rechtsbeziehungen und des Beamtenrechts, ist aber abzulehnen.

---

[2] Vgl. Zschacke, ZLA 1957, S. 146.
[3] Da das Land nicht geschädigt ist, kann es eigenen Schaden auch nicht gegenüber Bediensteten der Kommunnen unter Berufung auf die Vorschriften der Landesbeamtengesetze erheben.
[4] Vgl. I. Teil, 1. Abschn., Einleitung.
[5] Larenz, SchuR I (3. A.), S. 137 ff. (139).
[6] Enneccerus-Lehmann, SchuR (14. A.), S. 79; Erman, § 249 BGB Anm. 11; Larenz, aaO.; Palandt, (15. A.) vor § 249 BGB, Anm. 6; RGZ 170, 249; BGHZ 15, 227.
[7] Larenz, aaO., S. 137 f.
[8] Larenz, aaO., S. 139.
[9] wie von *Schmidt*, DÖV 1959, S. 806 und dem LVG Schleswig, DÖV 1960, S. 464 (466) befürwortet wird.

Es ist kaum zweifelhaft, daß die „Schadensliquidation im Drittinteresse" nicht Ausdruck eines allgemeinen, also nicht nur auf das bürgerliche Recht beschränkten Grundsatzes und somit für das Verwaltungsrecht nicht unmittelbar geltenden Rechtssatzes[10] ist, so daß sich eine direkte Anwendung verbietet und nur eine Analogie in Erwägung zu ziehen ist.

Eine analoge Anwendung des für das allgemeine Schuldrecht des bürgerlichen Rechts entwickelten Grundsatzes ist aber genauso bedenklich, da er zu sehr auf die Belange und Interessengegensätze des Zivilrechts zugeschnitten ist[11]. Eine Schadensliquidation der Länder gegen ihre Bediensteten zugunsten des Bundes würde aber auch eine Verletzung der dem jeweiligen Land obliegenden beamtenrechtlichen Fürsorgepflicht (vgl. z. B. § 79 BGB) bedeuten, nicht zuletzt deswegen, weil der Staat, d. h., die Anstellungskörperschaft sich, soweit es rechtlich möglich ist, nach Art. 34 GG schützend vor seine Amtsträger stellen muß, indem er sie von der unmittelbaren Haftung befreit[12]. Diesem Rechtsgedanken würde es widersprechen, wenn die Länder unmittelbare Ersatzansprüche eines „Dritten" gegen ihre eigenen Beamten und Angestellten selbst durchsetzen oder ermöglichen würden: gegen die Bediensteten können die Länder, wenn sie nicht selbst geschädigt sind, nur im Wege des Rückgriffs vorgehen unter der Voraussetzung, daß sie zuvor an den Geschädigten Ersatz geleistet haben[13].

Aus diesem Gesichtspunkt kann auch einer Entscheidung des Reichsgerichts[14], die eine entsprechende Anwendung des Rechtsgedankens der Schadensliquidation im Drittinteresse auch im öffentlichen Recht — und zwar ohne Begründung — vornimmt, nicht gefolgt werden.

---

[10] Vgl. Forsthoff, VR I, S. 154; Wolff, VR I (3. A.), § 25 I.
[11] Selbst *Friedrichs*, der die Anwendung bürgerlichen Rechts im öffentl. Recht in weitestem Umfang befürwortet hatte, beschränkte die Anwendung der allgemeinen Bestimmungen des BGB über den Schadensersatz (§§ 249 bis 255) bei der Einzeluntersuchung (in AÖR 42, S. 33) auf öffentlich-rechtliche Leistungen, wenn diese sich in einen Anspruch auf Schadensersatz wegen Nichterfüllung oder Verzug umwandelte, also auf typisch schuldrechtl. Verhältnisse; dagegen *Meier-Braneke*, AÖR 11, S. 238 ff.
[12] Hamann, GG Art. 34 A I; Bettermann, DÖV 1954, S. 299 (304); Fischbach, § 78 BBG, Vorbem. I (S. 571, 589 ff.); Siebert in Festschr. für Niedermeyer, S. 215 ff. (242).
[13] Vgl. auch II. Teil, 3. Abschnitt, A VI a, b.
[14] RGZ 171, S. 385 ff. (387); der beklagte Beamte hatte eine Sparkasse (Klägerin), zu der er von seinem Dienstherrn, dem Gewährverband, *abgeordnet* war, durch fehlerhafte Kreditbewilligung geschädigt. Der Entscheidung ist nicht klar zu entnehmen, ob damit auch der Dienstherr als Gewährverband nicht wenigstens mittelbar geschädigt war, so daß sich in dieser Hinsicht ein erheblicher Unterschied zu den hier behandelten Fällen ergeben würde, da ja die Länder als Anstellungsdienstherrn gerade keinen Schaden haben. Jedenfalls hätte es nahegelegen, wie der BGH in einem ähnlichen Fall (ZBR 1956,

Die Länder dürften ebenfalls nicht in der Lage sein, Ersatzansprüche abzutreten oder eine Einziehungsermächtigung mit Prozeßstandschaft zu erteilen[15].

S. 327), die Haftung des Beamten auf § 23 Abs. 1 DGB auf die Funktionstheorie zu stützen, da der Beklagte Aufgaben der Sparkasse wahrgenommen hatte. Unterstellte man einmal die Richtigkeit der reichsgerichtlichen Auffassung, der Gewährverband würde der Sparkasse auf Grund des Art. 131 WRV in Verbindung mit § 839 BGB wegen schuldhafter Verletzung von Amtspflichten hoheitlicher Art durch den Sparkassenbeamten für den ihm daraus erwachsenden Schaden haften (S. 388), so würde auch hier daran festzuhalten sein, daß die Kl. sich zunächst auf Grund des Art. 131 WRV an den Gewährverband hätte halten müssen, der sich seinerseits u. U. an den Beklagten hätte halten können. Soweit das RG also versucht hat, einen Anspruch des Dienstherrn gegen seinen Beamten auf Schadloshaltung eines geschädigten Dritten durch analoge Anwendung der zivilrechtlichen Grundsätze über den „Drittschaden" zu begründen, kann dem nicht gefolgt werden.

[15] Anders bei einem Vorgehen gegen die Empfänger der Leistungen, vgl. II. Teil, 1. Abschnitt.

Dritter Abschnitt

Haften Landesbedienstete dem Bund im Rahmen der Bundesauftragsverwaltung unmittelbar?

A. Landesbeamte

I. Schaden

Daß dem Bund ein Schaden erwächst, wenn seine Mittel zu Unrecht verausgabt werden, ist nicht zweifelhaft[1].

II. Die Haftungsnorm

Sie ist im Landesbeamtenrecht zu suchen, da das Bundesbeamtengesetz nur für die Beamten des Bundes gilt (§§ 1, 2 BBG).

Die Anspruchsgrundlagen bilden daher die jeweiligen Haftungsbestimmungen der Landesbeamtengesetze. Dabei kommen diese Vorschriften nur insoweit zum Zuge, als sie die Frage der Haftung des Beamten gegenüber seinem Dienstherrn, also die Haftung des Beamten im *Innenverhältnis*, regeln.

Bis zum Jahre 1945 galt reichseinheitlich § 23 Abs. 1 DBG[2]. Nach dem Zusammenbruch trat eine Zersplitterung des Beamtenrechts ein[3]. Nachdem der Bund jedoch von seinem Recht zur Rahmengesetzgebung gem. Art. 75 Ziff. 1 GG Gebrauch gemacht hat, haben inzwischen alle Bundesländer ihr Beamtenrecht dem BRRG vom 1. 7. 1957 (BGBl. I, S. 667) angepaßt und Haftungsvorschriften erlassen, die § 46 Abs. 1 BRRG entsprechen[4].

---

[1] Schon nach den bisherigen Ausführungen, vgl. I. Teil, Einf. und B II c.
[2] Vor § 23 Abs. 1 DBG vom 26. 1. 1937 richtete sich gem. Art. 80 EGBGB die Haftung nach Landesrecht. In Preußen z. B. nach §§ 88—91, 127, 145 II 10 ALR; Heyland, DBG, 1938, S. 286.
[3] Vgl. Fischbach, BBG, S. 6.
[4] Art. 85 I BayBG v. 18. 7. 1960 (GVBl. S. 101), § 42 I BerlBG v. 1. 8. 1960 (GVBl. S. 716), § 77 I BremBG v. 20. 12. 1960 (GVBl. S. 141), § 80 I HambBG v. 13. 3. 1961 (GVBl. S. 49), § 91 I HessBG v. 21. 3. 1962 (GVBl. S. 173); § 86 I NiedersBG v. 14. 7. 1960 (GVBl. S. 145), § 84 I NRW BG v. . 6. 1962 (GVBl. S. 271), § 94 I Schl.-Hol.BG v. 19. 3. 1956 i. d. F. v. 2. 1. 1958 (GVOBl. S. 14), § 89 I Bad.-Württ.BG v. 1. 8. 1962 (GBl. S. 89), § 86 I Rhld.-Pf.BG v. 11. 7. 1962 (GVBl. S. 73), § 91 I Saarl.Bg v. 11. 7. 1962 (ABl. S. 505).

§ 46 Abs. 1 BRRG lautet:

Verletzt ein Beamter schuldhaft die ihm obliegenden Pflichten, so hat er dem Dienstherrn, dessen Aufgaben er wahrgenommen hat, den daraus entstandenen Schaden zu ersetzen. Hat der Beamte seine Amtspflicht in Ausübung eines ihm anvertrauten öffentlichen Amtes verletzt[5], so hat er dem Dienstherrn den Schaden nur insoweit zu ersetzen, als ihm Vorsatz oder grobe Fahrlässigkeit zur Last fällt[6]. Haben mehrere Beamte den Schaden gemeinsam verursacht, so haften sie als Gesamtschuldner.

Die dieser Vorschrift entsprechenden Normen der Ländergesetze enthalten die alleinige Haftungsgrundlage für die Haftung der Beamten im Innenverhältnis gegenüber ihren Dienstherren, alle sonstigen gesetzlichen Vorschriften auf diesem Gebiet — wie beispielsweise die §§ 32, 33 RHO und 92, 93 DGO (bzw. die Bestimmungen der Gemeindeordnungen der Länder, die den genannten Vorschriften der DGO entsprechen) — stellen nur mehr Anwendungsfälle dieser Vorschrift dar[7].

Der Haftungsfall wird ausgelöst, wenn ein Beamter die durch das öffentlich-rechtliche Dienstverhältnis begründeten Pflichten verletzt, indem er das Vermögen des Dienstherrn, dessen Aufgaben er wahrgenommen hat, schädigt.

III. Die Voraussetzungen der Haftung nach den landesrechtlichen Bestimmungen im einzelnen sind:

a) Verletzung der den Beamten obliegenden Pflichten

Wenn § 46 Abs. 1 BRRG im Gegensatz zu den bisherigen Bestimmungen (z. B. § 78 I a. F. oder § 23 DBG) anstelle des Begriffs „Amtspflicht" die Fassung „die ihm obliegenden Pflichten" verwendet, so bedeutet dies keine Änderung gegenüber dem bisherigen Rechtszustand; zwischen „dem Beamten obliegenden Pflichten" und „Amtspflichten" i. S. des § 839 BGB besteht mit Ausnahme der rein innerdienstlichen Vorschriften und Anordnungen kein Unterschied[8].

---

[5] Diese Einschränkung fehlt in § 94 I Schl.-Hol. BG, so daß hier eine Erweiterung des Amtsbegriffs im Haftungsrecht eingetreten ist, vgl. Geib, Komm., § 94 Bem. 3.

[6] Anders als nach § 23 I DBG ist die Haftung nunmehr auf Vorsatz und grobe Fahrlässigkeit beschränkt.

[7] Str.: Fischbach, BBG, § 78 A III (S. 577); Plog-Wiedow, BBG, § 78 A II 4, Nadler-Wittland-Ruppert, DBG, Komm. § 23 Anm. 8 (S. 464); nach *Brand*, Komm. DBG (1940), S. 225 sollen die §§ 92, 93 DGO auch neben § 23 I DBG gelten; s. a. *Berger* in RVerwBl. 1938, S. 421: „§§ 92, 93 DGO sind gegenüber allgemein beamtenrechtlichen Bestimmungen leges speciales."

[8] Fischbach, Erg.Bd. zum BBG, 1959, § 78 Anm. 2.

Verletzungen der dem Beamten durch sein *Amt* auferlegten Pflichten[9] können in verschiedenartigem Handeln oder Unterlassen bestehen[10]. Das pflichtwidrige Verhalten des Beamten muß aber vermögensrechtliche Folgen zum Nachteil des Dienstherrn nach sich gezogen haben. Zu den dem Landesbeamten obliegenden Pflichten gehört auch die ordnungsgemäße Ausführung von Bundesgesetzen, nicht etwa nur der Landesgesetze. Diese Pflicht folgt unmittelbar aus dem Grundgesetz, denn wenn die Verfassung den Vollzug der Bundesgesetze den Ländern überläßt, die jeweils in Wahrnehmung ihrer verfassungsmäßigen Zuständigkeiten und Aufgaben tätig werden, so schließen diese Rechte stillschweigend auch die Pflicht ein, die Gesetze des Bundes ordnungsgemäß und fehlerfrei auszuführen[11]. Dabei ist es gleichgültig, ob es sich um landeseigene Verwaltung oder um Bundesauftragsverwaltung handelt, denn in beiden Fällen liegt die Verwaltung grundsätzlich bei den Ländern, und zwar trifft die Länder die Pflicht zu ordnungsgemäßer Ausführung der Bundesgesetze so, daß der Bund keine Veranlassung zum Einschreiten im Wege der Bundesaufsicht hat[12].

Ist eine *Amtspflicht* somit generell gegeben, so schließt sich die weitere Frage an, gegenüber wem der Landesbeamte, der sich zwei Gemeinwesen gegenübersieht, die Pflicht zum ordnungsgemäßen Vollzug der Bundesgesetze hat. Zur Beantwortung dieser Frage ist eine Untersuchung des Begriffs „Dienstherr ..." i. S. der nachstehenden gesetzlichen Vorschriften unerläßlich.

b) Der Begriff „Dienstherr, dessen Aufgaben er wahrgenommen hat", in § 46 I BRRG und im Landesrecht (Funktionstheorie)

Nach § 46 I BRRG, § 23 I DGB und den anderen diesen Vorschriften entsprechenden landesrechtlichen Haftungsbestimmungen ist derjenige Dienstherr schadensersatzberechtigt, dessen Aufgaben der Beamte wahrgenommen hat.

Daß das Land, aus dessen Kasse der Beamte seine Dienstbezüge erhält, normalerweise der Dienstherr des Landesbeamten ist, steht außer Frage, solange man allein auf den Anstellungsakt und das Anstellungsverhältnis abstellt[13]. In haftungsrechtlicher Hinsicht wird aber außerdem

---

[9] Aber nur dieser, keine solche ohne Beziehung zum Amt (private Tätigkeit, unerlaubte Handlung im privaten Bereich).
[10] Beispiel bei Fischbach, § 78 BBG, Anm. B I 4 (S. 579 f.).
[11] Vgl. schon Triepel, Reichsaufsicht, S. 374; die Verpflichtung trifft die Länder u. U. nach dem Grundsatz der Bundestreue, s. a. II. Teil, 4. Abschn., C IV.
[12] Hertl, S. 38.
[13] Vgl. auch Walter Jellinek, Hdb. d. Dt. StR. II, S. 23.

vorausgesetzt, daß der Landesbeamte Aufgaben desjenigen Dienstherrn wahrgenommen haben muß, den er geschädigt hat und dem er für den entstandenen Schaden demzufolge einstehen muß.

Es stellt sich daher zunächst das Problem, ob das Tatbestandsmerkmal „Dienstherr ..." in den §§ 23 I DGB, 46 I BRRG und entsprechendem Landesrecht eine von dem gewöhnlichen Dienstherrnbegriff[14] abweichende Bedeutung hat, ob es — mit anderen Worten — einen *haftungsrechtlichen Dienstherrnbegriff* gibt.

Ist das der Fall, so wird sich — daß es dann auf die Aufgabenwahrnehmung allein ankommt, nach der Prüfung des Tatbestandsmerkmals „Dienstherr ..." selbst (unter c.) — die weitergehende Frage ergeben, wessen Aufgaben nun Landesbeamte tatsächlich beim beauftragten Vollzug von Bundesgesetzen erfüllen, ob sie also im Rahmen der Bundesauftragsverwaltung Aufgaben ihrer Anstellungskörperschaft oder des Bundes oder möglicherweise beider wahrnehmen.

Zunächst ein Blick auf den Dienstherrnbegriff im Bundesbeamtengesetz. Daß hier der Begriff des „mittelbaren Bundesbeamten" im Sinne des § 2 Abs 2. Satz 2 BBG auf den Landesbeamten nicht anzuwenden ist und der Bund danach weder dienst- noch haftungsrechtlich mittelbarer Dienstherr des Landesbeamten ist, geht klar aus der Fassung der zitierten Vorschrift hervor[15]. „Mittelbarer Bundesbeamter" ist nämlich nur derjenige Beamte, der eine bundesunmittelbare Körperschaft, Anstalt oder Stiftung des öffentlichen Rechts zum Dienstherrn hat. Der Begriff des „mittelbaren Bundesbeamten" im Sinne des § 2 Abs. 2 S. 2 BBG gibt also für den haftungsrechtlichen Dienstherrnbegriff nichts her[16].

Bestehen demnach aber zwischen Bund und Landesbeamten keine unmittelbaren dienst- und anstellungsrechtlichen Beziehungen und können

---

[14] Dienstherren können diejenigen Personen des öffentlichen Rechts sein, die berechtigt sind, Beamte zu haben (§ 121 BRRG). Dieses Recht bedeutet die sog. „Dienstherrenfähigkeit". Da grundsätzlich jede Person des öffentlichen Rechts diese Dienstherrnfähigkeit besitzt, kommen als öffentliche Dienstherren der Bund, die Länder, die Gemeinden (Gemeindeverbände) und alle sonstigen Körperschaften, Anstalten und Stiftungen öffentlichen Rechts unter bestimmten Voraussetzungen (vgl. z. B. § 2 Nds. BG und die in ihm enthaltenen Modifikationen; Nadler-W-R-, § 2 DBG Anm. 8/9; Fischbach, § 2 BBG B II, S. 11) in Betracht. Hat einer der genannten Träger hoheitlicher Befugnisse von seiner Dienstherrnfähigkeit und seinem Ernennungsrecht Gebrauch gemacht und durch Anstellung einem Beamten förmlich ein Amt in seinem Verwaltungsbereich übertragen und ihn damit in seine Verwaltung eingegliedert, so ist er der *unmittelbare* Dienstherr des Beamten. Dieser Gedanke liegt für Bundesbeamte dem § 2 Abs. 2 S. 1 BBG zugrunde.
[15] Vgl. auch Sachse-Topka, Nds.BG, Komm. § 2 Anm. 6; Kölble, DÖV 1959, S. 808.
[16] Daß umgekehrt auch der Landesgesetzgeber nicht befugt ist, durch Landesbeamtenrecht ein mittelbares Dienstverhältnis zwischen Landesbeamten und dem Bund herzustellen, ist bereits von *Kölble*, DÖV 1959, S. 809, zu Recht festgestellt worden.

weiterhin Landesbeamte zufolge einer klaren Gesetzesbestimmung nicht mittelbare Bundesbeamte im Sinne des Bundesbeamtenrechts sein, so muß, wenn eine Haftung von Landesbeamten gegenüber dem Bund überhaupt möglich sein soll, der Dienstherrnbegriff des § 23 Abs. 1 DGB und § 46 Abs. 1 BRRG eine besondere, von der gewöhnlichen Auslegung des Begriffs „Dienstherr" abweichende Bedeutung haben[17].

Dieser Schluß liegt auch deswegen nahe, weil die genannten Bestimmungen nicht schlechtweg nur den Begriff „Dienstherr" verwenden, wie es beispielsweise in den §§ 46 Abs. 2 BRRG, 23 Abs. 2 DGB und 78 Abs. 2 BBG der Fall ist, sondern den Zusatz „dessen Aufgaben er wahrgenommen hat" enthalten.

Normalerweise ist Dienstherr nur derjenige Träger hoheitlicher Befugnisse, zu dessen Verwaltungsbereich das dem Beamten übertragene Amt gehört, d. h., in dessen Verwaltungsbereich es eingegliedert ist und dem das Recht zur Ernennung dieses Beamten zusteht[18]. Der Dienstherrnbegriff bestimmt sich also, solange er nicht durch einen Zusatz wie oben ergänzt wird, nach rein *rechtlichen* Kriterien. Durch das Moment der „Aufgabenwahrnehmung" werden zwischen dem Dienstherrn und dem mit der Wahrnehmung von Aufgaben dieses Dienstherrn betrauten Beamten jedoch *sachliche* Beziehungen begründet, wobei es fraglich ist, ob für eine Inanspruchnahme des Beamten auf Schadensersatz diese sachlichen Beziehungen ausreichen, ein haftungsrechtliches Dienstverhältnis zu schaffen, oder ob außerdem zwischen den Beteiligten ein, wenn auch nur mittelbares, dienstrechtliches Verhältnis bestehen muß.

Mit anderen Worten geht es darum, ob der Beamte nur dem Dienstherrn haftet, der ihn angestellt hat (Anstellungstheorie) oder demjenigen, dessen Aufgaben er wahrgenommen hat (Funktionstheorie). Hierbei ist allerdings scharf zu trennen zwischen dem Innen- und Außenverhältnis.

Für das Außenverhältnis, also für die Haftung des Beamten einem Dritten gegenüber nach Maßgabe des § 839 BGB mit der Folge, daß nach Art. 34 GG der Staat oder die Körperschaft, in deren Dienst der Beamte steht, an die Stelle des Bediensteten tritt, gilt nach herrschender[19], wenn auch umstrittener[20] Lehre die Anstellungstheorie.

---

[17] Der Dienstherrnbegriff des Art. 131 WRV ist ein anderer als der des § 23 Abs. 1 DBG (RGZ 142, 190).
[18] Fischbach, § 3 BBG, I (S. 113).
[19] RG in st.Rspr. zu Art. 131 WRV; vgl. statt vieler: RGZ 125, 11; 139, 296; 142, 190; 152, 385; 170, 333; es komme nicht darauf an, wessen Aufgaben der schuldige Beamte wahrgenommen habe. Der BGH folgt dem RG: s. BGHZ 2, 209 u. 350; in DVBl. 1955, S. 329; Forsthoff, VR I, 1958, S. 284; W. Jellinek, VR., 3. Aufl., S. 322; Bochalli, BBG, Komm. 1958, § 78 Anm. 2 b; auch Nadler-W-R, § 23 DBG, S. 488; Brand, § 23 DBG II 2 b (S. 251) u. a. m.
[20] Für die Anwendung der Funktionstheorie haben sich ausgesprochen: Jess,

Die Haftung im Innenverhältnis dagegen — und um diese geht es hier ausschließlich —, also die Haftung dem geschädigten Dienstherrn gegenüber, soll sich nach wohl einhelliger Meinung nach der Funktionstheorie richten[21]. Bei der Rückgriffshaftung gilt ebenfalls der Grundsatz, daß sie dem Dienstherrn gegenüber besteht, dessen Aufgaben wahrgenommen worden sind (§§ 23 II DGB, 46 II BRRG, 78 II BBG), da der Wortfassung des § 23 II DGB etc., die in offensichtlichem Zusammenhang mit § 23 I DBG steht, nichts Gegenteiliges entnommen werden kann[22].

Die Funktionstheorie soll daher für den gesamten Bereich der Innenhaftung Anwendung finden. Nach ihr richtet sich die Haftung allein nach der *Aufgabenwahrnehmung* und damit nach *sachlichen* Gesichtspunkten; auf die Frage, wer den Beamten angestellt hat und besoldet, soll es nicht ankommen. Folgte man der Funktionstheorie, so würde das bedeuten, daß die Aufgabenwahrnehmung das entscheidende Merkmal für die Annahme eines haftungsrechtlichen Dienstherrnverhältnisses[23] des Bundes gegenüber den Landesbeamten abgeben würde. Die §§ 23 I DBG, 46 I BRRG und die entsprechenden landesrechtlichen Vorschriften verstehen die Vertreter der herrschenden Meinung so, als enthielten die Bestimmungen nicht die Fassung „so hat er dem *Dienstherrn*", sondern „so hat er der *Körperschaft*" dessen bzw. deren Aufgaben er wahrgenommen hat, den daraus entstandenen Schaden zu ersetzen[24].

BK, Art. 34 Erl. 7 ;Fischbach, § 78 BBG, C 3 (S. 589 ff., S. 299 ff.); Eibl, Bayr. Bürgermstr. 1949, S. 226 f.; Kayser, NJW 1951, S. 95 f.; für das ältere Recht vgl.: Anschütz, Komm. RV, 14. Aufl., S. 611, 670; Friedrichs, Preuß. Kommunal.beamtenrecht 1926, S. 113; Giese, Komm. RV, Anm. 3 zu Art. 131.

[21] RG JW 1936, S. 3311; Nadler-W-R, S. 477; Brand, § 23 DBG A 2 a I (S. 222); Schneider, DBG, 2. Aufl., 1943, S. 323; Jess, BK, Art. 34 Erl. 7; Fischbach, § 78 BBG, § 78 I B 2 (S. 584); ders. bes. deutlich, Berl. BG, Komm., S. 116; BGH, Urt. v. 25. 6. 1956, in Vers.R 1956, S. 657/58 = ZBR 1956, S. 327 = L.-M. 57, 1/2 Bl. 40; BGHZ 2, 350 (352); RGZ 151, 401 (404); insbes. *Reuß*, ErstG. Komm., 1939, § 1 Anm. 8 (S. 44): „Man kann hier von einer „Außenwirkung" des Beamtendienstverhältnisses, von der Begründung eines Anspruchs zugunsten eines Dritten sprechen..."; „hat der schadenstiftende Beamte..., obwohl er einem fremden Dienstherrn untersteht, bei der Schadensverursachung die Aufgaben des geschädigten Dienstherrn wahrgenommen, so kann sich dieser ausnahmsweise bei der Geltendmachung seines Ersatzanspruches wie der eigene Dienstherr des Schädigers auf § 23 DBG stützen. Es handelt sich hier nicht nur um die Fälle, in denen der Beamte — etwa im Rahmen der sog. Auftragsverwaltung — seinen mittelbaren Dienstherrn schädigt, in dem z. B. ein im Dienst einer Gemeinde... stehender Beamter Reichsaufgaben wahrnehmen und hierbei das Reich schädigt, sondern auch um den Fall, daß der schadensersatzberechtigte Dienstherr zum schuldigen Beamten weder im Verhältnis des unmittelbaren, noch in dem des mittelbaren Dienstherrn steht" (S. 45).

[22] *Plog-Wiedow*, BBG Komm., § 78 B IV 4: der in Abs. 1 klar zum Ausdruck gebrachte Grundsatz gilt mangels einer abweichenden Vorschrift auch für Abs. 2.

[23] Ob dieses auch als „mittelbares Dienstherrnverhältnis" bezeichnet werden könnte, sei dahingestellt. Dienstrechtliche Beziehungen, auch mittelbarer Art, sind nämlich im Rahmen der Funktionstheorie ohne Bedeutung.

[24] Kölble, DÖV 1959, S. 809; BGH ZBR 1956, S. 328.

A. Landesbeamte

Gegen die grundsätzliche Anwendung der Funktionstheorie im früheren Recht für die Innenhaftung sind — soweit ersichtlich — keine Gegenstimmen laut geworden. Allerdings hat die Bemerkung Schacks[25] aus dem Jahre 1932, es fehle an einer umfassenden, alle Einzelheiten und streitigen Fragen berücksichtigenden systematischen Gesamtdarstellung, noch heute ihre Berechtigung. Zugunsten der Anwendung der Funktionstheorie für die Haftung im heutigen Bundesstaat haben sich Fricke[26] und Schäfer[27] ausgesprochen. Kölble[28] und Schmidt[29] schließen die Möglichkeit eines Vorgehens des Bundes gegen Landesbeamte mittels der Funktionstheorie nicht aus. Gegen eine unmittelbare Inanspruchnahme von Landesbediensteten im Rahmen der Bundesauftragsverwaltung haben sich neben Godschalk[30] — zumindestens den Ergebnissen nach — Fritz[31], Herder[32], Prechtel[33] und Zschacke[34] geäußert.

Während sich Godschalk bei seiner entschiedenen Ablehnung grundsätzlich gegen die Anwendbarkeit der Funktionstheorie unter den gegebenen staats- und verfassungsrechtlichen Verhältnissen wendet, behandeln die übrigen Verfasser das Problem nicht ausdrücklich; eine Auseinandersetzung kann daher insoweit mit ihnen nicht erfolgen.

Die höchstrichterliche Rechtsprechung hatte bislang keine Gelegenheit zu der Frage, ob ein Vorgehen des Bundes unmittelbar gegen Beamte, die im Rahmen der Bundesauftragsverwaltung dem Bund einen Schaden zugefügt haben, mit Hilfe der Funktionstheorie möglich ist, Stellung zu nehmen. Das Urteil des Bundesgerichtshofes vom 25. 6. 1956[35] klärt lediglich den Begriff „Dienstherr" im § 23 I, § 78 I BBG, Art. 35 I Württ.-Bad. BG im Sinne der Funktionstheorie, indem es die Aufgabenwahrnehmung allein als solche für haftungsbegründend erachtet[36]. In

---
[25] Beamtenjahrbuch 1932, S. 206, 259, 311 m. w. N.
[26] RiA 1959, S. 148.
[27] IfLA 1958, S. 226, allerdings nur als ultima ratio für den Fall, daß andere Möglichkeiten einer Schadensregulierung nicht anerkannt werden; „welche Fülle von verfassungsrechtlichen Fragen, insbesondere föderaler Natur, von anstellungsrechtlichen und sonstigen beamtenrechtlichen Problemen dadurch hochgebracht würden, kann hier nur angedeutet werden".
[28] Kölble, DÖV 1959, S. 809.
[29] DÖV 1959, S. 803 ff.
[30] RiA 1959, S. 232 ff.
[31] IfLA 1958, S. 221 ff. (224).
[32] RdLA 1957, S. 353 f.; *Herder* trifft die Problematik deswegen nicht, weil er die Funktionstheorie zu sehr im Zusammenhang mit der Staatshaftung sieht.
[33] KOV 1957, S. 228 f.
[34] ZLA 1957, S. 145; *Zschacke* folgert sein Ergebnis lediglich aus einem fehlenden Dienstverhältnis des Landesbeamten zum Bund.
[35] Siehe BGH ZBR 1956, S. 327; vgl. auch S. 78 Anm. 3.
[36] „Diese Gesetzesbestimmung (Art. 35 I Württ.-Bad. BG) stellt es nicht entscheidend auf die allgemeinen beamtenrechtlichen Beziehungen zwischen

dem entschiedenen Rechtsstreit hatten die Beklagten, die als städtische Beamte kraft Gesetzes oder durch Wahl als Mitglieder des Gemeinderates dem Verwaltungsrat und dem Kreditausschuß der städtischen Girokasse (der Klägerin) angehörten, allerdings *unmittelbar* Aufgaben der Klägerin erfüllt. Der BGH hatte hier demnach nur im Verhältnis städtische Girokasse — Mitglieder des Verwaltungsrates (Vorstand) über die Anwendbarkeit der Funktionstheorie zu befinden.

Bevor die anschließende Frage behandelt wird, wer Aufgabenträger der Bundesauftragsverwaltung ist und ob gegebenenfalls die Funktionstheorie im Rahmen der Haftungsvorschriften die Wahrnehmung unmittelbarer Aufgaben verlangt oder etwa auch eine mittelbare Aufgabenwahrnehmung als haftungsbegründend ausreichen läßt, sind noch Überlegungen darüber anzustellen, ob die Funktionstheorie überhaupt unter den gewandelten staatsrechtlichen Verhältnissen in der Bundesrepublik verwendbar ist, mit anderen Worten, ob auch im Bund — Länder — Verhältnis nach der Konstruktion des Grundgesetzes der Bund generell „Haftungs-Dienstherr" von Landesbeamten sein kann[37, 38].

Die Bundesrepublik Deutschland hat durch das Grundgesetz eine föderative Struktur erhalten; auf dem Gebiet der Verwaltung sind die Zuständigkeiten zwischen Bund und Ländern nach den im VII. Abschnitt enthaltenen Bestimmungen deutlich voneinander abgegrenzt. Gleichwohl bedeutet Föderalismus allerdings nicht, daß Zentralstaat und Gliedstaaten beziehungslos nebeneinander stehen. Der Bundesstaat wäre auch nicht funktionsfähig, wenn zwischen seinen Gliedern nicht Mitwirkungsrechte und Einwirkungsrechte vielfältigster Art zugelassen wären[39]. Damit ist im Grundsatz also nicht ausgeschlossen, auch die Funktionstheorie als ein Mittel der genannten Art aufzufassen, welches dem ver-

---

Beamten und Dienstherrn ab, sondern sie sieht die haftungsbegründende Rechtsbeziehung darin, daß der Beamte Aufgaben eines bestimmten Dienstherrn wahrgenommen und dieser dadurch Schaden erlitten hat. Es kann mithin als „Dienstherr" im Sinne der angezogenen Bestimmung auch ein anderer als die Anstellungskörperschaft des Beamten in Betracht kommen."

[37] Auf dieses Problem weist allein *Godschalk*, aaO, S. 232 ff., hin, der sich eingehend gegen die Auffassung *Frickes*, RiA 1959, S. 51 ff. u. 147 ff. (148) wendet. Godschalk stellt bei seiner Untersuchung aber von vornherein zu sehr auf das Kriterium der Aufgabenwahrnehmung ab und unterscheidet dieses daher nicht genügend von der Frage der Verwendbarkeit des Begriffs „Haftungs-Dienstherr" im Bereich der Bundesauftragsverwaltung selbst; er berücksichtigt also nicht in genügender Weise den Umstand, daß für die Haftungsfrage im Innenverhältnis ein besonderer Dienstherrnbegriff gilt.

[38] Daß die Funktionstheorie im Verhältnis Land—Gemeinde auch heute uneingeschränkt bei einer Schädigung des Landes zur Anwendung gelangt, ist nicht zweifelhaft, da deren Stellung zueinander durch das GG im Vergleich zum Verhältnis Zentralstaat—Gliedstaat keine so tiefgreifenden Veränderungen erfahren hat.

[39] Vgl. Köttgen, JÖR Bd. 11, S. 206.

fassungsrechtlichen Grundgedanken nicht widerspricht, da es u. U. geeignet sein kann, die bundesstaatliche Zäsur in zulässiger Weise zu überbrücken. Möglicherweise könnte die Funktionstheorie zu einem reibungsloseren Zusammenwirken im bundesstaatlichen Gefüge beitragen, wenn sich dadurch die Interessenkonflikte auf legitime Weise ausgleichen ließen. Von dieser Auffassung scheinen auch die Fassungen der Haftungsbestimmungen[40] der Gesetze neueren Datums[41] auszugehen. Zumindest beschränken die einschlägigen gesetzlichen Bestimmungen den Begriff des „Haftungsdienstherrn" ihrer Wortfassung nach nicht auf bestimmte Verhältnisse wie das zwischen Land und Gemeinde. Der Wille des Gesetzgebers von Bund (§§ 46 I BRRG, 78 BBG) und Ländern scheint daher wohl dahin zu gehen, den haftungsrechtlichen Dienstherrnbegriff und damit die Funktionstheorie in allen Bereichen gelten zu lassen, in denen Beamte einer Körperschaft Aufgaben einer anderen wahrnehmen. Hinzu kommt, daß gerade im Bereich der Bundesauftragsverwaltung die bundesstaatliche Trennung wegen der erhöhten Einflußmöglichkeiten des Zentralstaates auch in personeller Hinsicht (vgl. Art. 85 Abs. 2 Satz 2 und 3 GG) weniger spürbar ist, so daß man wenigstens sagen kann, daß das Grundgesetz der Annahme eines haftungsrechtlichen Dienstherrnbegriffs nicht im Wege steht, wenn es selbst — wenn auch schwache — personale Verknüpfungen zu bestimmten Kategorien von Länderbeamten zuläßt[42].

Im Ergebnis ist nach allem festzustellen, daß es durch das Grundgesetz nicht ausgeschlossen ist, auch im Innenverhältnis Bund—Länder die Funktionstheorie anzuwenden; demzufolge kann auch der Bund als haftungsrechtlicher Dienstherr der im Bereich der Bundesauftragsverwaltung tätigen Landes-(und Kommunal)beamten angesehen werden.

*c) Nehmen die im Rahmen der
Bundesauftragsverwaltung tätigen Landesbeamten
Aufgaben des Bundes oder des Landes wahr?*

Zu der Vorfrage, ob unter „Aufgabenwahrnehmung" allein die Zuständigkeit zum Vollzug der Bundesgesetze anzusehen ist, so daß es genügt, daß der Beamte und das ihm übertragene Amt zum Verwaltungsbereich der Länder gehören, oder ob sich der Begriff „Aufgaben" auch auf den Inhalt des jeweils zu vollziehenden Gesetzes erstreckt, genügt an dieser Stelle der Hinweis, daß unter „Aufgaben" im Sinne des

---

[40] Vgl. *Jess*, BK, Art. 34 Erl. 7: „Damit hat sich der Gesetzgeber für die gesamte Innenhaftung für die Organ-(Funktions)theorie entschieden.
[41] Vgl. S. 81.
[42] Zur Auftragsverwaltung vgl. im übrigen I. Teil, 2. Abschn. A I b, II b; II. Teil, 4. Abschn., C II.

Grundgesetzes (vgl. Art. 106 Abs. 4 Ziff. 1) stets nur die Verwaltungsaufgaben zu verstehen sind, wie sie sich aus der Kompetenzverteilung der Verfassung ergeben[43]. Um entscheiden zu können, wessen Aufgaben in diesem Sinne der einzelne Landesbeamte nun im Rahmen der Bundesauftragsverwaltung wahrnimmt, ist daher zunächst zu untersuchen, welche Rechtsnatur die Bundesauftragsverwaltung hat. Sollte sich nämlich ergeben, daß Landesbeamte im Bereich der Bundesauftragsverwaltung „Aufgaben des Bundes" wahrnehmen, so wäre der Bund haftungsrechtlich Dienstherr der Landesbediensteten, die Funktionstheorie würde im Innenverhältnis Bund—Länder anwendbar sein und die Haftungsvorschriften der Landesbeamtengesetze dementsprechend zum Zuge kommen.

Im Schrifttum werden im wesentlichen zu diesem Problem drei Auffassungen vertreten[44].

Der Auffasung, bei der Bundesauftragsverwaltung handele es sich um Bundesverwaltung, die aber nicht durch Bundesbehörden, sondern durch Landesbehörden ausgeübt werde, war von Mangoldt[45, 46].

Auch F. Klein ist der Meinung, daß es sich bei der Bundesauftragsverwaltung um Bundesverwaltung handelt. Er hat in einem Vortrag über v. Mangoldt hinausgehend die Auffassung vertreten, daß die Länder sogar beim landeseigenen Vollzug von Bundesgesetzen wegen der in Art. 84 II und 84 V GG enthaltenen Rechte keine körperschaftliche Verbandskompetenz besäßen und insoweit auf die Stufe von Bundesorganen herabgedrückt und der Bundesregierung unmittelbar nachgeordnet und unterstellt seien[47]. Daher nimmt es nicht Wunder, daß nach Klein „die in das Gefüge der Auftragsverwaltung einbezogenen Landesstellen" — wie auch die Gemeinden und Gemeindeverbände — „als bloße Substituten einer bundeseigenen Behördenorganisation und damit als Bundesorgane" zu kennzeichnen sind[48]. Gegen die These Kleins sind während der Diskussion sogleich erhebliche Bedenken erhoben worden[49]. Klein hat sich zwar gegen den Vorwurf, seine Ausführungen atmeten unita-

---
[43] Im einzelnen vgl. I. Teil, 2. Abschn., A II.
[44] Vgl. Patzig, AÖR 86 (1961), S. 282; ders. in DVBl. 1966, S. 389.
[45] Komm., Art. 85 Anm. 2 unter Berufung auf die Ausführung des Abgeordneten Strauss (45. Sitz. HA, steno. Prot. S. 595).
[46] Ebenso wohl *Giese-Schunck*, Art. 85, Anm. II 1: „Bei Art. 85 sind die Länder zur Durchführung nicht nur berechtigt, sondern auch verpflichtet; sie erfüllen dabei *Bundesaufgaben*." Neuerdings wird diese Auffassung auch von der Gutachterkommission für die Finanzreform vertreten (vgl. Rd.-Nr. 205). Der bloße Hinweis auf das Weisungsrecht des Art. 85 Abs. 3 GG dürfte zur Begründung allerdings wohl nicht ausreichen (vgl. auch S. 42 ff.).
[47] Gemeinschaftsaufgaben, S. 137 f.
[48] aaO, S. 142.
[49] aaO, S. 180 ff.

A. Landesbeamte

rischen Geist, verwahrt, jedoch eingeräumt, daß aus seiner Sicht auf dem Gebiet der Finanz- und Wirtschaftsverfassung eine föderalistische Struktur nicht denkbar sei. Demgemäß können die Ausführungen Kleins als ein Versuch angesehen werden, dem Grundgesetz zentralistische Züge abzugewinnen, die es seinem Wortlaut und seinem Sinn nach nicht haben kann und auch nicht hat[50]. Mit Recht hat daher Görg dargetan, daß die These Kleins eindeutig den Art. 83 ff. GG widerspricht[51].

Görg[52], Bettermann[53], Herrfahrd[54]t, Hamann[55], Kölble[56], Köttgen[57] und Maunz[58], sowie Rasch[59] und Sturm[60] halten die Auftragsverwaltung für echte Landesverwaltung, bei der dem Bund lediglich erhöhte Einflußmöglichkeiten zustünden (Weisungsrecht).

Als eine „gemeinsame Verwaltung"[61] von Bund und Ländern sehen Bullinger[62], Heim[63], Schäfer[64] und Wessel[65] die Bundesauftragsverwaltung an, wobei sie u. a. darauf hinweisen, daß der Bund in verschiedener Form (wie etwa nach Art. 87 b II, 120 a, 85 IV Satz 2, 108 IV 2 GG) „mitverwaltend" tätig werde und sich ein Instanzenzug von den Bundesministerien bis hin zu den unteren Verwaltungsbehörden der Länder und Gemeinden (Gemeindeverbände), wenn diese in den Vollzug der Bundesgesetze eingeschaltet seien, zeige[66, 67].

---

[50] Vgl. auch BVerfGE 1, 34; 4, 139; 5, 199 f.
[51] AÖR 1964, Bd. 89, S. 500; ebenso Köttgen, JÖR n. F. Bd. 11, S. 225, 241; Köttgen meint allerdings, daß der These Kleins nicht jede Berechtigung abgesprochen werden könne, wenn sie lediglich verwaltungssoziologisch gemeint sein sollte. Für diese Annahme liegen jedoch keine Anhaltspunkte vor.
[52] Speyer-Beiträge, S. 218; s. a. Fußn. 61.
[53] In einer Anmerkung zu einem BGH-Urteil v. 19. 4. 56, MDR 1956, S. 604.
[54] BK, Bem. I u. II 1 zu Art. 85; nach Herrfahrdt hat „sich die mehr föderalistische Grundauffassung durchgesetzt".
[55] Unter Berufung auf Maunz, Komm., Art. 85 A.
[56] DÖV 1959, S. 807 (810) mit nicht ganz eindeutiger Stellungnahme.
[57] DÖV 1955, S. 485 (491).
[58] Staatsrecht, S. 204: „Landesverwaltung nach Weisung".
[59] In v. Brauchitsch, S. 96 f.
[60] DÖV 1966, S. 266.
[61] Als solche sah die BReg. die Auftragsverwaltung in ihrer Begr. des Entwurfs des Finanzanpassungsgesetzes an (BT-Drs. 480, Nr. 64, 176). Görg, der in DÖV 1955, S. 273 (277) diese Auffassung noch unwidersprochen gelassen hatte, hat an anderer Stelle (Beiträge, S. 218) ausdrücklich Bedenken gegen die Theorie der „Gemeinschaftsverwaltung" geäußert.
[62] AÖR 83, S. 279 (286).
[63] DÖV 1958, S. 566 (570).
[64] DÖV 1960, S. 641 (646).
[65] DVBl. 1949, S. 327 (329), der als besonderes Merkmal der Landesverwaltung im Auftrage des Bundes die Einschaltung der obersten Bundesbehörden in die Verwaltungszuständigkeit bezeichnet.
[66] Köttgen, JÖR 3, S. 97 unter e) meint allerdings, daß das bundesstaatl. Verbot eines Bund und Land verkoppelnden Instanzenzuges die äußerste Grenze bildet; ders. in „Die Gemeinde und der Bundesgesetzgeber", 1957, S. 81 f.

Der Bundesgerichtshof hat in einem Urteil vom 30. 12. 1954 unter Berufung auf das Wesen der Auftragsverwaltung im Raum des öffentlichen Rechts dargetan, daß die Verwaltungstätigkeit im Rahmen der Auftragsverwaltung allein und verantwortlich bei den Ländern oder den zuständigen Selbstverwaltungskörperschaften liege[68]. Der „Beauftragte" nehme bei der Erledigung der Auftragsangelegenheiten zwar „Aufgaben des Auftraggebers" wahr, werde jedoch nicht als dessen Organ tätig und seine eigenen Organe, die als handelnde bei der Erfüllung der übertragenen Aufgaben in Erscheinung träten, könnten nicht auch gleichzeitig als Organe des „Auftraggebers" angesehen werden; das gelte anerkanntermaßen für den Bereich der staatlichen Auftragsangelegenheiten, innerhalb dessen die Kommunalbehörden oder die mit der Wahrnehmung der übertragenen staatlichen Aufgaben betrauten Beamten nicht Organe des Staates sind. Nichts anderes könne aber im Rahmen der Bundesauftragsverwaltung für das Verhältnis zwischen Bund und Ländern gelten.

Die Bezeichnung der Auftragsangelegenheiten als Wahnehmung von „Aufgaben des Auftraggebers" scheint für die erste Lehrmeinung (von Mangoldt) zu sprechen. Bei näherer Betrachtung zeigt sich jedoch, daß das Gericht unter Aufgabenwahrnehmung hier nicht die Verwaltungstätigkeit als solche versteht, sondern lediglich zum Ausdruck bringen will, daß die als Auftragsangelegenheit wahrzunehmenden Verwaltungsbereiche Sachgebiete betreffen, für deren Regelung — durch Normsetzung — der Zentralstaat zuständig ist. In den Urteilsgründen ist demgemäß an anderer Stelle (S. 100) zutreffend dargetan, daß der Verantwortungsbereich der Bundesbehörden im Rahmen der Auftragsverwaltung verfassungsmäßig auf die in Art. 85 GG geregelten Einwirkungsmöglichkeiten beschränkt sei. Die Verwaltungstätigkeit liege im übrigen allein und eigenverantwortlich bei den Ländern. Wenn das Bundesgericht weiter ausführt, daß es mit der in der Verfassung geregelten Funktionsabgrenzung zwischen Bund und Ländern nicht in Einklang stehe, in den Ländern oder den ausführenden Verwaltungsbehörden bei Ausübung der Bundesauftragsverwaltung Organe des Bundes zu sehen, so unterstützt diese Auffassung deutlich die zweite der aufgeführten Thesen.

Die dritte der genannten Meinungen scheint der Bundesgerichtshof für das Gebiet der Ausgleichverwaltung bzw. der Ausführung des frü-

---

[67] Nicht eindeutig ist die Stellungnahme *Schulte-Frohlindes*, S. 11, der die Bundesauftragsverwaltung, wohl im Anschluß an *Köttgen* (vgl. Fußn. 1), als eine Verwaltungsform „sui generis" oder als ein „aliud" bezeichnet, aber auch von „gemeinsamer Tätigkeit" spricht. Eine klare Aussage vermeidet auch *Patzig*, AÖR 1961, S. 286.
[68] BGHZ 16, 95 (99 f.).

heren Soforthilfegesetzes zu vertreten[69], indem er feststellt, daß das Soforthilfegesetz, das Lastenausgleichsgesetz und die tatsächliche Verwaltungsübung Gemeinden, Länder und den Bund zu einer gemeinsamen Aufgabe eng miteinander verbunden hätten. Daß es sich bei der Ausgleichsverwaltung allerdings um eine Sonderform handelt, ist an anderer Stelle bereits gesagt[70].

Bei näherer Betrachtung der erstgenannten obergerichtlichen Entscheidung fällt auf, daß die Ausführungen zur Rechtsnatur der Auftragsverwaltung in einem Fall dargelegt sind[71], der das Verhältnis Bund—Länder aus der Sicht des einzelnen, betroffenen Staatsbürgers — also das Außenverhältnis — betrifft[72]. Demgegenüber liegt im zweiten Urteil das Innenverhältnis zwischen Bund und Ländern zugrunde[73]. Für dieses verfassungsrechtliche Innenverhältnis kommt das Gericht, von den Besonderheiten bei der Durchführung des SHG und LAG einmal abgesehen[74], zu Ausführungen, die zu der Prüfung der Frage Anlaß geben, ob eine Unterscheidung zwischen dem Außen- und Innenverhältnis zur Klärung der Rechtsnatur der Bundesauftragsverwaltung beizutragen vermag[75].

So unterliegt es keinen Bedenken, die Bundesauftragsverwaltung, was das Außenverhältnis anbelangt, als echte Landesverwaltung anzusehen. Nach außen hin tritt nämlich nur das Land im Rahmen seiner Verwaltungsausübung dem Bürger in eigener Zuständigkeit und Verantwortung gegenüber[76]. Rechtsbeziehungen zwischen dem einzelnen Staatsbürger und dem Bund bestehen dagegen nicht. Die Behörden bleiben auch Landesbehörden und die Bediensteten unterstehen dienstrechtlich dem jeweiligen Land. Unter anderem diese Gesichtspunkte werden von denjenigen Verfassern betont, welche die Bundesauftragsverwaltung als Landesverwaltung ansehen. Demgegenüber stellen v. Mangoldt und Klein[77] zur Begründung ihrer Auffassung im wesentlichen auf die im Innenverhältnis zwischen Bund und Ländern bestehenden Rechtsbeziehungen ab. Das ist insoweit richtig, als für die Frage der Rechtsnatur

---

[69] Urt. v. 5. 5. 1958, BGHZ 27, S. 210 (213).
[70] S. 56; s. a. Maunz, StR (9. Aufl.), S. 208; Schäfer, DÖV 1957, S. 112 ff.; Köttgen, Die Gemeinde ..., S. 77 f.
[71] Zur Verkehrssicherungspflicht auf Bundesstraßen die Frage, ob der Bund oder die Länder bei deren Verletzung haften.
[72] Vgl. auch BGHZ 26, 232 (236) zwischen LVA und Versicherungsämtern.
[73] BGHZ 24, 302 (305 f.) zwischen AOK und der BRD.
[74] Daß an die Stelle der BReg. der Präs. d. Bundesausgleichsamtes getreten ist, macht keinen wesentlichen Unterschied.
[75] Vgl. auch Maunz-Dürig, Art. 85 Rd.-Nr. 6, 12.
[76] Vgl. Maunz-Dürig, Art. 85 Rd.-Nr. 6.
[77] Als die Vertreter der entgegengesetzten Meinung, Komm. Art. 85 Bem. 2 (S. 460 f.), s. a. S. 90 f.

in erster Linie das verfassungsrechtliche Innenverhältnis und nicht so sehr das Außenverhältnis entscheidend sein kann. Das gilt insbesondere, wenn man zur Klärung die Entstehungsgeschichte des Art. 85 GG heranzieht und allgemein die Herkunft der Bundesauftragsverwaltung aus dem Kommunalrecht berücksichtigt[78].

Für die Frage, ob der Bund im Rahmen der Bundesauftragsverwaltung Landesbedienstete auf Grund der Haftungsbestimmungen der Landesbeamtengesetze in Anspruch nehmen kann, kommt es also entscheidend auf das Innenverhältnis zwischen Bund und Ländern und die hier bestehenden Rechtsbeziehungen an. Die gesonderte Betrachtung des Außenverhältnisses kann im wesentlichen nur dazu dienen, die Deutung der im Innenbereich zwischen Zentralstaat und Gliedstaaten bestehenden Rechtsbeziehungen zu erleichtern. Diese sind allein verfassungsrechtlicher Art. Ob Länderbedienstete also Aufgaben des Bundes oder der Länder wahrnehmen, entscheidet sich demzufolge hier nach verfassungsrechtlichen Kriterien.

Es erscheint angebracht, zur rechtlichen Qualifikation der Bundesauftragsverwaltung als Landes- oder Bundesaufgabe und zum Versuch einer Klärung der Rechtsbeziehungen im Innenverhältnis die Entstehungsgeschichte des Art. 85 GG heranzuziehen. Diese liefert allerdings — wie sich zeigen wird — keine eindeutigen Maßstäbe.

Vorweg besteht die Vermutung, daß der Verfassungsgeber zwei unterschiedliche Institutionen wollte, wenn er schon eine Verwaltung im Auftrage des Bundes schuf bzw. zuließ.

Wenn man sich die föderative Grundkonzeption der Verfassung vor Augen hält, ist es bezeichnend für den föderativen Ausgangspunkt der Entstehungsgeschichte auch der Auftragsverwaltung, daß im entsprechenden Art. 113 HCHE die Formulierung „Landesverwaltung nach Weisung" gewählt war. Art. 113 HCHE lautet:

„(1) Soweit die Bundesgesetze durch die Länder nach Weisung des Bundes ausgeführt werden, bleibt die Einrichtung der Behörden im Rahmen der Bundesgesetze Angelegenheit der Länder. Der Bund kann Vorschriften über die einheitliche Ausbildung der Beamten und Angestellten sowie über seine Mitwirkung bei der Bestellung der Leiter der Ober- und Mittelbehörden erlassen.

(2) Die Landesbehörden unterstehen den Weisungen der zuständigen obersten Bundesbehörde."

---

[78] Die Theorie der Gemeinschaftsaufgaben ließe sich nach der Unterscheidung eines Außen- und Innenverhältnisses nur halten, wenn man die B.-Auftragsverwaltung als *Ganzes* nähme, wobei dann allerdings die Unterscheidung des Innen- und Außenverhältnisses innerhalb der Gemeinschaftsaufgabe (als Oberbegriff) doch erfolgen müßte, da von niemandem bezweifelt wird, daß nach außen hin die B.-Auftragsverwaltung Landesverwaltung ist; vgl. auch Schulte-Frohlinde, S. 11.

Schon nach dieser Fassung sollte die Behördenorganisation also Sache der Länder sein und es der Bundesregierung nicht erlaubt werden, in die Personalhoheit der Gliedstaaten einzugreifen. Schließlich sollte der Bund auch in dienststrafrechtlicher Hinsicht keine Rechte eingeräumt bekommen. Sicher ist damit zunächst soviel, daß der Verfassungsausschuß von Herrenchiemsee die *Auftragsverwaltung* als Landesaufgabe ansah und dementsprechend bezeichnete[79].

Fraglich ist aber, ob diese Grundauffassung bis in die endgültige Fassung des Art. 85 GG erhalten geblieben ist oder ob sich ein mehr zentralistischer Zug durchgesetzt hat.

Nach Herrfahrdt[80] hat sich in der Regelung des Grundgesetzes eine gegenüber der Weimarer Zeit mehr föderalistische Grundauffassung durchgesetzt. v. Mangoldt bezeichnet diese Auffassung Herrfahrdts als unbewiesen[81]. Er stützt seine These auf die Ausführungen der Abgeordneten Dr. Laforet und Dr. Hoch, die auf der 45. Sitzung des Hauptausschusses des Parlamentarischen Rates[82] u. a. ausgeführt haben, daß mit der Bezeichnung „Verwaltung im Auftrage des Bundes" das Mißverständnis ausgeräumt werden sollte, das durch die Wahl der Worte „nach Weisung" in Art. 113 HCHE entstanden war[83]. Nach der Darlegung der Abgeordneten solle die Benennung „Auftragsverwaltung" im Gegensatz zur Verwaltung „nach Weisung" eine allgemeine Unterordnung der Länder besagen. Den Ausführungen der Abgeordneten kann insoweit zugestimmt werden, als sie davon ausgegangen sind, daß sich aus dem Recht des Zentralstaates, in Einzelfällen Weisungen zu erteilen, keine allgemeine Unterordnung der Länder ergibt. Aber auch die Bezeichnung „Auftragsverwaltung" erscheint ungeeignet, eine allgemeine Unterordnung der Gliedstaaten zum Ausdruck zu bringen. Aus dem Umstand nämlich, daß ein Gemeinwesen eine bestimmte Angelegenheit für eine andere Körperschaft wahrnehmen muß und dieses Verhältnis als „Auftrag" bezeichnet wird, ergibt sich keineswegs zwingend die allgemeine Unterordnung der „beauftragten" Körperschaft, sondern unter der Voraussetzung einer näheren Ausgestaltung des „Auftragsverhältnisses" lediglich das Bestehen bestimmter Einwirkungsrechte. Die Ausführungen der Abgeordneten vermögen demnach insoweit nicht zu überzeugen, da sich allein aus der Auswechselung der Worte „nach Weisung" durch „im Auftrage" schon vom Begriff her keine inhaltliche Änderung oder auch nur Klarstellung des Rechtsinstituts ergibt. Es erscheint daher weiter

---

[79] Ganz im Sinne des Londoner Dokuments I der Militärgouverneure (vgl. JÖR Bd. I, S. 2); auch Zinn, AÖR 75, S. 291.
[80] BK, Art. 85 Bem. I.
[81] Art. 85, Anm. 2.
[82] Vgl. Sten. Prot. S. 494 f.
[83] Vgl. auch Schriftl. Bericht des Abgeordneten Dr. Laforet, S. 40.

erforderlich, die Verfassungstexte der Art. 113 HCHE und 85 GG einer vergleichenden Interpretation zu unterziehen, um auf diese Weise zu versuchen, den Maßstab zur Klärung der Rechtsnatur der Bundesauftragsverwaltung zu finden.

Zunächst haben beide Vorschriften den für die Annahme einer Landesverwaltung sprechenden Grundsatz gemeinsam, daß die Einrichtung der Behörden Angelegenheit der Länder bleibt. Die Einschränkung in Art. 85 Abs. 1 „soweit nicht Bundesgesetze mit Zustimmung des Bundesrates etwas anderes bestimmen" wahrt voll die föderative Ausgangslage, da das Länderinteresse durch Einschaltung des Bundesrates berücksichtigt wird. Da es in Art. 113 nur hieß, „im Rahmen der Bundesgesetze", also ohne ausdrückliche Benennung des Bundesrates, zeigt sich in Art. 85 eher eine Verstärkung der föderativen Elemente der Norm.

Dagegen hat Abs. 2 S. 1 des Art. 85 die Stellung des Bundes verstärkt, da Art. 113 — wohl versehentlich — der Bundesregierung nicht das Recht einräumte, allgemeine Verwaltungsvorschriften zu erlassen. Da dieses Einwirkungsrecht des Zentralstaates diesem auch im Rahmen des Art. 84 Abs. 2 GG zugestanden ist und der Erlaß der Verwaltungsvorschriften ebenfalls an die Zustimmung des Bundesrates geknüpft wird, ergibt sich jedoch auch hier keine wesentliche Abweichung von der föderalistischen Ausgangslage.

Entwurf und Verfassungstext enhalten beide eine Regelung darüber, daß der Bund (so Art. 113) bzw. die Bundesregierung (Art. 85 Abs. 2 S. 1, 2) die einheitliche Ausbildung der Beamten und Angestellten regeln können und die Bestellung der Leiter der Mittelbehörden nur einvernehmlich (Art. 85) bzw. unter Mitwirkung des Bundes (Art. 113) erfolgen kann. Auch insoweit ist daher eine Beeinträchtigung des föderativen Prinzips durch die endgültige Fassung des Art. 85 GG nicht erkennbar.

Weiterhin stimmen die das Weisungsrecht regelnden Art. 113 Abs. 2 und Art. 85 Abs. 3 Satz 1 wörtlich überein. Daher läßt sich aus dieser Vorschrift ebenfalls keine Erweiterung der Bundeszuständigkeit herleiten. Es ist vielmehr umgekehrt bezeichnend für den Charakter der Bundesauftragsverwaltung als Landesverwaltung nach Weisung, daß die Weisungen, außer wenn die Bundesregierung, also nicht die die Weisungen sonst erteilenden obersten Bundesbehörden, es für dringlich erachtet, an die obersten Landesbehörden zu richten sind (Art. 85 Abs. 3 S. 2). Da diese Regelung im Herrenchiemsee-Entwurf keine Entsprechung hatte, wird durch diese wesentliche Einschränkung des zentralstaatlichen Einwirkungsrechts die föderalistische Ausgangslage unterstrichen, wenn nicht verstärkt. An dem Bestehen lediglich eines Weisungsrechts zeigt sich, daß keine Bundesverwaltung vorliegt, da bei einer Bundesverwaltung das Recht, nachgeordnete Behörden anzuweisen, selbstverständlich wäre und nicht eigens erwähnt zu werden brauchte (vgl. z. B. 86 GG).

A. Landesbeamte 97

Gleich wesentlich ist der Umstand, daß — wiederum ohne Gegenstück in Art. 113 HCHE — durch Art. 85 Abs. 4 S. 1 GG die Länder lediglich einer Bundesaufsicht unterworfen werden. Die Bundesaufsicht ist nämlich ihrem Wesen nach auch nur ein Einwirkungsrecht. Ihr Vorhandensein unterstützt in starkem Maße die These, daß die in Art. 85 GG geregelte Verwaltung Landesverwaltung ist. Daß die Bundesaufsicht im Rahmen des Art. 85 im Gegensatz zu Art. 84 Abs. 3 S. 1 GG auch die Zweckmäßigkeit der Gesetzesausführung erfaßt, ist nur ein gradueller Unterschied. Wenn schließlich der Bundesregierung durch Art. 85 Abs. 4 Satz 2 u. a. das Recht gegeben ist, Beauftragte zu allen Behörden zu entsenden, so hätte es der Aufnahme dieses Rechts nicht bedurft, wenn die Auftragsverwaltung den Charakter einer Bundesverwaltung hätte, da dann eine Entsendung von Beauftragten überflüssig wäre.

Die Wahrung des föderativen Prinzips äußert sich nicht zuletzt auch darin, daß die Auftragsverwaltung nur in den von der Verfassung selbst vorgesehenen Fällen zulässig ist (numerus clausus), der Zentralstaat sie also nicht ohne Verfassungsänderung oder — wie in der Weimarer Zeit — durch Gesetz erweitern kann.

An anderer Stelle[84] ist bereits dargetan worden, daß nach richtiger Auffassung die Kommunalbehörden bei der Wahrnehmung der staatlichen Auftragsangelegenheiten nicht Organe des Staates sind und daß dieser Grundsatz auch im Rahmen der Bundesauftragsverwaltung zwischen Bund und Ländern gilt. Geht man richtig davon aus, daß die Auftragsverwaltung ihren Ursprung im Kommunalrecht hat[85] und die Grundsätze der kommunalen Auftragsverwaltung in Wissenschaft und Praxis[86] demzufolge ohne besondere Einschränkungen als auf das Bund-Länder-Verhältnis übertragen angesehen werden, so unterstützt auch dieser Umstand die These, welche sich für die Charakterisierung der Bundesauftragsverwaltung als Landesverwaltung ausspricht. Galt vor 1933 die Verantwortlichkeit der Länderminister in den betreffenden Angelegenheiten nicht ihrem Landtag, sondern dem zuständigen Reichsminister gegenüber als wesentliches Merkmal der Reichsauftragsverwaltung[87], so stellen die Abgeordneten Dr. Laforet und Strauß diesen Grundsatz auch für die Bundesauftragsverwaltung heraus und betonen, daß auch die obersten Landesbehörden gegenüber dem Staatsbürger verantwortlich

---

[84] Vgl. S. 92.
[85] Vgl. S. 34 Fußn. 3.
[86] Maunz-Dürig, Art. 85 Rdnr. 5 (Auftragsverwaltung ihrem Herkommen nach nicht föderalistisch); Wolff, VR I (2. Aufl.), S. 22; Weber, Spannungen..., S. 71 f.; BGHZ 16, S. 99 f.; Schulte-Frohlinde, S. 126; Görg, DÖV 1955, S. 276 Ziff. 2; Rasch in v. Brauchitsch, Bd. 1, S. 93; Giese-Schunck, Art. 83 Anm. 4.
[87] Peters, Reich u. Länder, 1929, S. 367; Lassar, Hdb. Bd. 1, S. 315; Anschütz daselbst, S. 367, 374; Herrfahrdt, BK, Art. 85 Anm. I.

7 Jeddeloh

seien[88]. Würde man dieser Auffassung folgen, so wären die Länder nach außen gegenüber dem Staatsbürger verantwortlich[89] und müßten außerdem im Innenverhältnis gegenüber dem Bund die Verantwortung tragen. Diese Konstruktion wäre zwar denkbar; gegen ihre Richtigkeit spricht jedoch der vorstehend im einzelnen dargelegte föderalistische Charakter des Artikel 85 GG, der insoweit zu einer Auffassung zwingt, die mit der zur früheren Reichsauftragsverwaltung vertretenen Lehre nicht übereinstimmt[90]. Wenn im Zusammenhang mit der Auslegung des Art. 85 GG ausgeführt worden ist, daß sich aus dem Bestehen eines exekutivischen Weisungsrechts nicht notwendig die allgemeine Unterordnung derjenigen Körperschaft ergibt, die angewiesen werden kann, so darf die Frage nicht unerörtert bleiben, ob das Weisungsrecht des Art. 85 Abs. 3 GG auch als nur im Einzelfall auszuübendes Recht geeignet ist, zur Verzahnung von Behörden verschiedener Rechtsträger zu führen, deren Beziehungen insoweit als „Internum" erscheinen[91].

Es unterliegt wohl keinem Zweifel, daß ein in einem bestimmten Verwaltungsbereich gegenüber einer anderen Körperschaft bestehendes Weisungsrecht die Beteiligten in diesem Bereich enger zusammengerückt *erscheinen* läßt[92]. Damit ist jedoch noch nichts darüber gesagt, daß das Weisungsrecht rechtlich zu einer Verzahnung und tatsächlich zur Verschmelzung der ursprünglich selbständigen Körperschaften führen muß. Das gilt insbesondere im Verhältnis zwischen Bund und Gliedern im Bundesstaat. Jedes Bundesland besitzt für sich Staatsqualität[93]. Die Be-

---

[88] Darüber hinaus müßte daher dann auch die BReg. (Bundeskanzler) in den Bundesauftragsangelegenheiten dem BT gegenüber für das von ihr lenkbare Verhalten der Länderbehörden verantwortlich sein (Art. 65, 67 GG).

[89] Nach der Rechtssprechung (BGH NJW 1956, S. 1028) dringt die Verantwortung des Bundes nämlich nur dann nach außen, wenn er seine Aufsichtspflichten verletzt hat; a. A. Bettermann, MDR 1956, S. 605.

[90] Für die Reichsauftragsverwaltung scheint *Peters*, Reich und Länder, aaO, S. 372, allerdings auch eine persönliche Verantwortlichkeit des einzelnen Landesbeamten allgemein vorausgesetzt zu haben; „... unbeschadet der Möglichkeit, einen einzelnen Landesbeamten von Reichs wegen zur Verantwortung zu ziehen..."; Peters hat seinerzeit darüber hinaus ein besonderes Dienststrafverfahren (entspr. Art. 103 Abs. 3 Österr. Verf.) befürwortet. Im Rahmen des Art. 85 GG liegt diese Voraussetzung aber nicht vor.

[91] Vgl. BGHZ 27, 210; in dieser Entscheidung verneint der Gerichtshof eine Haftung der Länder aus Art. 34 GG, § 839 BGB im Bereich der Bundesauftragsverwaltung mit der Begründung, daß das Land hier nicht „Dritter" i. S. § 839 BGB sei; a. M. vorher Kühne-Wolff, § 305 LAG Anm. 3; Harmening, § 305 LAG Anm. VI; vgl. auch Zschacke, ZLA 1957, S. 145 (147); Maunz-Dürig, Art. 84 Rdnr. 26.

[92] So ist bei Dienstaufsichtsbeschwerden der zuständige Bundes- und nicht der Landesminister oberste Instanz; vgl. Wessel, DVBl. 1949, S. 327 ff.; s. a. Schulte-Frohlinde, S. 54.

[93] Vgl. BVerfGE 1, 34; Bettermann, MDR 56, S. 604.

ziehungen zum Bund sind durch die Verfassung geregelt; die einschlägigen Verfassungsnormen sind gerade darauf angelegt, die Selbständigkeit der zur Ausführung der Weisungen verpflichteten Gliedstaaten zu gewährleisten. Da — wie dargelegt — auch in Art. 85 GG das föderative Prinzip voll gewahrt ist[94], besagt daher das Weisungsrecht des Abs. 3 nicht mehr und nicht weniger, als daß die Bundesauftragsverwaltung ihrer Konstruktion nach Landesverwaltung ist, die aber verstärkten administrativen Ingerenzen des Bundes zugänglich ist. Der Gedanke der „Einheit der Staatsgewalt"[95] kommt insoweit im Bundesstaat bei der Bundesauftragsverwaltung nicht zum Zuge.

Zuletzt führt auch die Unterscheidung nach dem Träger öffentlicher Verwaltung und die Frage nach der unmittelbaren oder mittelbaren Zugehörigkeit der zu verwaltenden Aufgaben (Kompetenzen) zu einem Träger öffentlicher Verwaltung und dessen Weisungsabhängigkeit von einem anderen Verwaltungsträger[96] zu keinem anderen Ergebnis.

Unmittelbare Bundesverwaltung liegt normalerweise nur dann vor, wenn Kompetenzen des Bundes von dessen eigenen Organen wahrgenommen werden[97]. Wenn Wolff[97] die Verwaltung von Bundesangelegenheiten durch die Länder demgegenüber als mittelbare Bundesverwaltung bezeichnet, so kann diese Benennung irreführen, wenn auch Wolff davon ausgeht, daß die Länder durch ihre eigenen Organe und auf Grund eigener sich aus der Verfassung (Art. 106 Abs. 4 Ziff. 1, 30, 83, 84, 85 GG) ergebender Verwaltungskompetenz die Gesetze des Bundes vollziehen. Der VIII. Abschnitt des Grundgesetzes ist daraufhin angelegt, daß sich der Bund, soweit ihm nicht durch die Verfassung selbst eine eigene Verwaltungskompetenz zugewiesen worden ist, der Behördenorganisation seiner Gliedstaaten zur Ausführung seiner Gesetze bedienen muß. Durch die in der Verfassung enthaltenen Einwirkungsrechte wird die Bundesauftragsverwaltung weder Bundesverwaltung noch sogenannte „Gemeinschaftsaufgabe". Sie ist vielmehr Landesverwaltung[98].

Aus dieser Feststellung ergibt sich, daß in den Bereichen der Bundesauftragsverwaltung tätige Landesbedienstete unmittelbar Aufgaben der Länder wahrnehmen. Das zur Anwendung der Funktionstheorie erforderliche Merkmal der Aufgabenwahrnehmung einer anderen Körperschaft ist also nicht gegeben. Daher muß eine Inanspruchnahme von Län-

---

[94] Vgl. insbesondere Art. 85 Abs. 3 Satz 2 GG.
[95] BGHZ 15, 305.
[96] Vgl. Wolff, VR I (1958), § 4 I.
[97] aaO, § 4 I.
[98] Eine andere Auffassung müßte evtl. Platz greifen, wenn der Bund Art. 104a Abs. 2 FinanzreformG (BR-Drs. 138/68) durchsetzen könnte. Art. 104a II lautet: „Handeln die Länder im Auftrage des Bundes, trägt der Bund die sich daraus ergebenden Ausgaben."

derbediensteten unter Berufung auf die Funktionstheorie im Rahmen der Haftungsbestimmungen der Landesbeamtengesetze aus der Betrachtung ausscheiden[99].

IV. Erstattungsgesetz

Der Bund hat demnach — das sei der Vollständigkeit halber erwähnt — auch in verfahrensrechtlicher Hinsicht keine besondere Handhabe, gegenüber Länderbediensteten Haftungsansprüche geltend zu machen. Da die Geltendmachung eine öffentlich-rechtliche Streitigkeit nichtverfassungsrechtlicher Art wäre, könnte der Bund zwar gemäß § 40 VwGO i. V. m. den einschlägigen, § 126 Abs. 1, 2 BRRG entsprechenden landesrechtlichen Rechtswegbestimmungen (z. B. § 192 Nds. BG) den Verwaltungsrechtsweg beschreiten. Die Verfahrenserleichterung durch das Erstattungsgesetz[1] ist im Verhältnis Bund—Landesbeamter im Rahmen der Bundesauftragsverwaltung allerdings nicht gegeben, da für einen Beamten, der nur Aufgaben eine fremden Körpersaft wahrzunehmen hat, diese Verwaltung „fremde" Verwaltung bleibt.

V. Auswirkungen des Ergebnisses auf außerhalb der Bundesauftragsverwaltung stehende Landesbeamte

In der Vorbemerkung zum 2. Hauptteil[2] ist als Grund für die Beschränkung der Untersuchung zunächst auf die Bediensteten der Bundesauftragsverwaltung angeführt worden, daß die dem Bund in diesen Bereichen zustehenden stärkeren Ingerenzen und die insbesondere auf das sachliche Weisungsrecht zurückführende erhöhte Beeinflußbarkeit der Länderverwaltung für den Bund mehr Aussicht auf Erfolg eröffnet. Wenn sich diese Vermutung als unzutreffend und nicht begründet herausgestellt hat, so hat die Abhandlung darüber hinaus außerdem schon jetzt sichtbar werden lassen, daß nahezu alle Gründe, die gegen eine Haftung der Länderbediensteten im Rahmen der Bundesauftragsverwaltung genannt werden konnten, ebenso gegen eine Inspruchnahme auch der Beamten und Angestellten im landeseigenen Bereich sprechen. Denn wenn Länderbedienstete bei der Bundesauftragsverwaltung Aufgaben der Länder und nicht des Bundes wahrnehmen, so ist die landeseigene

---

[99] Übereinstimmend: Godschalk, RiA 1959, S. 232; vgl. auch unten 4. Abschn. C I; a. A. Fricke, RiA 1959, S. 148; K. H. Schäfer, IFLA 1958, S. 226; König, DÖV 1957, S. 112 f.; vgl. auch LVG Schleswig, DÖV 1960, S. 465 f.; zweifelnd: Kölble, DÖV 1959, S. 809; Schmidt, DÖV 1959, S. 805.

[1] Gesetz über das Verfahren f. d. Erstattung v. Fehlbeträgen an öffentlichem Vermögen v. 18. 4. 1937 (RGBl. I S. 461) i. d. F. v. 24. 1. 1951 (BGBl. I S. 109) mit DVO v. 29. 6. 1937 (RGBl. I S. 723) i. d. F. d. BdF durch RdErl. v. 5. 4. 1954 (MBl.Fin. S. 212).

[2] Vgl. S. 71.

A. Landesbeamte

Ausführung von Bundesgesetzen erst recht Länderaufgabe. Der Bund läßt sich daher auch hier keineswegs als „Haftungs-Dienstherr" der im landeseigenen Bereich mit der Ausführung von Bundesgesetzen betrauten Landesbeamten bezeichnen. Wenn sich daher ein schadenstiftender Vorgang bei einem Vollzug gem. Art. 83, 84 GG abspielt, so gilt nicht § 46 Abs. 1 BRRG u. a., sondern es können u. U. lediglich die Vorschriften über die Außenhaftung Platz greifen[3].

VI. Haftung nach sonstigen Vorschriften für Beamte der landeseigenen- und der Bundesauftragsverwaltung?

a) § 839 BGB?

Da bei der Außenhaftung gem. Art. 34 GG der Staat an die Stelle des Beamten tritt[4] und § 839 BGB den Art. 34 nur materiell ausfüllt[5], ist ein unmittelbares Vorgehen des Bundes im Wege der Außenhaftung gegen Landesbeamte — sofern die Voraussetzungen der genannten Bestimmungen gegeben wären — nicht möglich[6]. Denkbar ist eine Haftung der Beamten nur dergestalt, daß das Land nach den dem § 46 Abs. 2 BRRG entsprechenden landesrechtlichen Vorschriften bei seinem Bediensteten Rückgriff nimmt. Das setzt jedoch voraus, daß der betreffende Regreßpflichtige seinem Dienstherrn dadurch einen (unmittelbaren) Schaden zugefügt hat, daß er in Ausübung hoheitlicher Befugnisse einen Dritten geschädigt hat und der Dienstherr für den entstandenen Schaden in Anspruch genommen werden kann. Der Beamte unterliegt auf diese Weise nur einer mittelbaren Inanspruchnahme.

Zur Frage, ob eine unmittelbare Haftung des Landes besteht, wird im 4. Abschnitt Stellung zu nehmen sein.

b) §§ 823, 826 BGB?

Hat der Beamte bei Ausübung öffentlicher Gewalt schuldhaft die ihm einem Dritten gegenüber obliegende Amtspflicht verletzt, so richtet sich grundsätzlich seine Haftung nach § 839 BGB[7]. § 839 BGB ist nach einhelliger Meinung in Rechtsprechung und Rechtslehre gegenüber den §§ 823 ff. BGB lex specialis und schließt daher insbesondere die Anwen-

---

[3] Vgl. hierzu insbesondere Fischbach, BBG, S. 585.
[4] BGHZ 4, 45; Palandt, 19. Aufl., § 839 BGB Anm. 2.
[5] RGZ 102, 169; BGHZ 4, 46; 10, 138.
[6] Vgl. II. Teil, 3. Abschn.
[7] Die Primärhaftung d. Beamten bestimmt sich auch dann nach § 839, wenn er im privatrechtl. Geschäftskreis gehandelt hat; dann richtet sich jedoch die Übernahmehaftung des Staates nicht nach Art. 34 GG.

dung der §§ 823, 826 BGB aus[8]. Falls keine Amtspflichtverletzung vorliegt, die Tatbestandsmerkmale der §§ 823, 826 BGB aber dennoch erfüllt sind, käme eine Haftung aber unmittelbar nach diesen Vorschriften in Frage.

c) Haushaltsrechtliche Vorschriften

1. Haftungsbestimmungen (§§ 32, 33 RHO)

Die bisherigen Ausführungen, vor allem die Darstellung der Formen der Mittelbewirtschaftung[9], haben an vielen Stellen erkennen lassen, daß sich die finanzrechtlichen Beziehungen zwischen Bund und Ländern bei der Bewirtschaftung von Bundesmitteln insbesondere auf das Haushaltsrecht gründen[10]. Es ist daher angebracht, kurz zu untersuchen, ob das Haushaltsrecht Bestimmungen enthält, die eine unmittelbare Inanspruchnahme von Länderbediensteten — auch etwa im Wege der Rechnungskontrolle — gestatten, oder die ein mittelbares Vorgehen des Bundes, d. h. eine Berufung auf Verstöße gegen das Haushaltsrecht im Verlaufe einer gerichtlichen Auseinandersetzung, ermöglichen. Daß die betreffenden haushaltsrechtlichen Vorschriften in erster Linie die Aufgabe haben, Schäden gar nicht erst entstehen zu lassen, bedarf keiner Erwähnung. Ist es aber zu Überhebungen gekommen, so gilt folgendes:

Nach § 32 RHO tritt eine Haftung der Bediensteten ein, wenn diese Maßnahmen treffen, die eine Überschreitung der zugewiesenen Mittel nach sich ziehen *werden*. Der Beamte haftet dann in gleicher Weise, als wenn bereits eine Haushaltsüberschreitung vorläge (§ 33 Abs. 1 und 2). Der Haushalt ist dann überschritten, wenn der Gesamtbetrag der verausgabten Mittel den Geldansatz des in Betracht kommenden Titels überschreitet[11]. Gemäß § 33 Abs. 3 S. 1 RHO sind Beamte oder Angestellte, die schuldhaft entgegen den Vorschriften der Abs. 1 und 2 eine Maßnahme anordnen oder eine Zahlung anweisen, zu der der Bund rechtlich nicht verpflichtet ist, der Bundeskasse zum Schadensersatz verpflichtet. Das gleiche gilt für Beamte und Angestellte der Länder und sonstiger öffentlich-rechtlicher Körperschaften, soweit diese Haushaltsmittel des Bundes für „Rechnung des Bundes" bewirtschaften (Abs. 3 S. 2)[12].

---

[8] BGHZ 3, 94 (101); 13, 25 (28); Larenz, SchR II, 1956, S. 355; Palandt, aaO, Anm. 1.
[9] I. Teil, 2. Abschn., B III b.
[10] Vgl. vor allem §§ 2, 4 BRHG, 4 I. ÜLG.
[11] Vialon, Haushaltsrecht, § 33 RHO Anm. 8; die Ausnahme des § 31 RHO braucht hier nicht erörtert zu werden.
[12] Die ausdrückliche Ausdehnung der Haftung auf Beamte und Angestellte der Länder erfolgte durch das Ges. z. Änd. d. RHO v. 8. 3. 1930 (vgl. Schulze-Wagner, RHO, § 33, Anm. 13).

A. Landesbeamte

Diese haushaltsrechtlichen Vorschriften stellen nach richtiger Auffassung[13] jedoch nur mehr besondere Anwendungsfälle der allgemeinen Haftungsnormen des Beamtenrechts dar; sie dienen demnach heute lediglich noch dem Zweck, den in der Haushaltswirtschaft tätigen Beamten ihre Haftpflicht eindringlich vor Augen zu halten[14]. Darüber hinaus können die §§ 32, 33 RHO auf ihrem speziellen Sektor die allgemeinen beamtenrechtlichen Vorschriften wohl materiell ausfüllen und einen Maßstab für ihre Anwendung liefern.

Das wird jedoch im Verhältnis Bund—Länder selten sein, da eine Haftung nach den §§ 32, 33 RHO ohnehin nur in Betracht kommt, wenn Haushaltsüberschreitungen vorliegen; durch das im Rahmen der Bewirtschaftungsform „für Rechnung des Bundes" angewandte Betriebsmittelsystem werden Überschreitungen des Bundeshaushalts durch Länderbedienstete aber verhindert[15]: Die Kassen dürfen keine Zahlungen mehr leisten, sobald die für einen bestimmten Zeitraum angeforderten und bewilligten Betriebsmittel verbraucht sind (vgl. §§ 47—52 RWB). Fehlerhaft bewilligte Leistungen können daher keine den Jahresplan des Bundes überschreitende Haushaltsbelastung nach sich ziehen. Da durch fehlerhaft bewilligte Leistungen der Bund jedoch mit Ausgaben belastet wird, die er zu tragen rechtlich nicht verpflichtet war, stellt sich die Frage, ob für den Fall einer rechtlich unbegründeten Zahlung in § 33 Abs. 3 RHO ein gegenüber den Abs. 1 und 2 selbständiger Haftungstatbestand geschaffen werden sollte, so daß die Beamten haften, obwohl ein rechnerisches Defizit nicht entstanden ist.

§ 33 Abs. 3 RHO enthält gegenüber Abs. 1 und 2 keinen neuen selbständigen Haftungstatbestand; das Tatbestandsmerkmal „... zu der das Reich rechtlich nicht verpflichtet ist ..." bezieht sich nach der Fassung der Vorschrift eindeutig nur auf die Abs. 1 und 2; § 33 RHO — und § 32 RHO für den zeitlich vorangehenden Raum — können daher auch nur insoweit zum Zuge kommen, als das schuldhafte Verhalten der Bediensteten eine Haushaltsüberschreitung zur Folge gehabt hat[16].

2. Rechnungsprüfung (Art. 114 GG; §§ 2, 4, 6, 10 BRHG; 84, 87, 102, 104 RHO).

Möglichkeiten der Schadensregulierung im Wege der Rechnungskontrolle des Bundes und die Abgrenzung der Haftungsfrage vom Rechnungsprüfungsverfahren.

Die Prüfungszuständigkeit des Bundesrechnungshofes erstreckt sich gemäß § 4 Abs. 2 unter den Voraussetzungen der Ziff. 1—3 BRHG auch

---
[13] Vgl. S. 82 und Helmert, Haushaltsrecht, S. 235 ff.
[14] Helmert, aaO, S. 235.
[15] S. 62 ff.
[16] So auch Vialon, Haushaltsrecht, § 33 RHO Anm. 35; s. a. Stefen, KOV 1955, S. 242.

auf Behörden der Länder; sie umfaßt auch hier die Kontrolle der Rechtmäßigkeit der Verwaltung („Verwaltungskontrolle")[17]. § 4 Abs. 5 BRHG sieht allerdings vor, daß eine Prüfung der Verwaltung von Bundesmitteln durch die Länder von seiten des Bundesrechnungshofes nur gemeinsam mit den obersten Rechnungsprüfungsbehörden der Länder vorgenommen werden kann und berücksichtigt auch damit die föderative Struktur der Bundesrepublik.

Haben demnach Landesbeamte Rechnungsfehlbeträge[18] an Bundesmitteln verursacht, so steht dem Bund in Gestalt des Bundesrechnungshofes eine Institution zur Seite, die den so entstandenen Schaden, gleichviel, ob Rechnungsfehlbeträge „von einem beteiligten Rechnungsbeamten, von anderen Beamten oder von einem Dritten zu erstatten sind"[19], beizutreiben versuchen kann. Die Bundesregierung hat allerdings auf das dem Rechnungshof zur Verfügung stehende Verfahren keinen Einfluß, da der Bundesrechnungshof ihr gegenüber selbständig und nur dem Gesetz unterworfen ist (§ 1 Abs. 2 BRHG)[20]. Der Rechnungshof ist jedoch auch von sich aus verpflichtet, dafür zu sorgen, daß Fehlbeträge wieder eingezogen werden (§ 104 RHO); es steht ihm frei, zunächst der Verwaltung die Wiedereinziehung zu überlassen (§ 103 RHO). Gemäß § 102 i. V. m. § 2 BRHG verfügt der Bundesrechnungshof grundsätzlich aber auch selbständig über Zwangsmittel, die sich nach Abs. 2 auch gegen Stellen, die nicht der Bundesverwaltung angehören, namentlich die Behörden der Länder, Gemeinden und Gemeindeverbände richten können[21].

Diese Möglichkeit erleidet aber infolge der gegenüber der RHO veränderten verfassungsrechtlichen Lage eine entscheidende Einschränkung: Adressat der Verfügung ist stets nur das jeweilige Land als Gebietskörperschaft, nicht aber der einzelne Bedienstete des Landes[22].

Der Bundesrechnungshof kann die zuständige oberste Dienstaufsichtsbehörde der Landesbeamten nur um die Verhängung von Strafen *ersuchen*, die seinen Anordnungen Nachdruck verleihen und sie schließlich durchsetzen sollen[23].

---

[17] Vgl. § 96 Abs. 1 Ziff. 3 RHO; Lassar, Erst.anspr., S. 40; Bank, DÖV 1962, S. 526; s. a. Laband 4, S. 563 ff.
[18] = „wenn infolge unrichtiger Berechnung oder infolge Zahlungen entgegen einer gesetzlichen oder einer anderen Vorschrift zu viel ausgegeben oder infolge Irrtums usw. zu wenig vereinnahmt ist", Schulze-Wagner, § 53 RHO Anm. 4; § 104 Anm. 1.
[19] Vgl. Begr. d. Entw. RHO (RT-Drs. 4510 vom 9. 6. 1922): Unerheblich ist auch, ob sie erst vom Rechnungshof oder etwa schon vorher entdeckt sind. Wann ein Fehlbetrag vorliegt, entscheidet der Rechnungshof.
[20] Vgl. E. R. Huber, Festschrift für Nikisch, S. 334 ff.
[21] Der BRH und die Landesrechnungshöfe sind Aufsichtsbehörden i. S. der §§ 222 Abs. 1 Nr. 3, 224 AO (Entsch. BRH vom 26. 4. 1954, abgedr. in DÖH 1954, S. 236); Vialon, Haushaltsrecht, §§ 54 RHO Anm. 25, 102 Anm. 7.
[22] Vgl. auch S. 15; Triepel, Reichsaufsicht, S. 316.
[23] Vgl. Vialon, Haushaltsrecht, § 102 RHO Anm. 6 und 7.

A. Landesbeamte

Damit ist aber das Bundesvermögen im Konfliktsfalle nicht geschützt. Falls nämlich die Länder eine Ersatzpflicht ihrer Beamten im Einzelfall bestätigen, werden sie von sich aus die zur Beitreibung erforderlichen Schritte unternehmen; vor allem wird der gemäß § 4 Abs. 5 BRHG in die Prüfung eingeschaltete jeweilige Landesrechnungshof gegen den betreffenden Beamten vorgehen. Hier bestehen ohnehin keine Schwierigkeiten.

Bestreiten jedoch die Landesbehörden die Begründetheit der Ersatzforderung, und weigert sich die oberste Landesbehörde, dem Ersuchen stattzugeben, ist der Bund gezwungen, seinen Schaden gerichtlich geltend zu machen.

Regelmäßig wird es also zum Rechtsstreit über Ersatzforderungen des Bundes gegen Bedienstete der Länder auch nur kommen, *nachdem* Überzahlungen durch die Rechnungskontrolle festgestellt worden sind und deren Mittel nicht ausgereicht haben, die fehlerhaft verausgabten Beträge der Bundeskasse wieder zuzuführen; im Prozeß ist § 104 RHO keine materiell-rechtliche Grundlage für Ansprüche des Bundes; die Vorschrift enthält nur eine Zuständigkeitsregelung. Sie ist nicht geeignet, der Forderung des Bundes auf Zahlung eine rechtliche Grundlage zu verleihen[24].

Möglich ist auch, daß die zuständige oberste Bundesbehörde die betreffende oberste Landesbehörde von sich aus ersucht, für die Beitreibung von Überzahlungen zu sorgen, insbesondere wenn der Schaden von der Verwaltung selbst — evtl. von der Rechnungsprüfung — entdeckt worden ist. Die oberste Bundesbehörde braucht also nicht das Ergebnis einer späteren Rechnungsprüfung abzuwarten.

Aus Gründen der bundesstaatlichen Courtoisie wird der Bund jedoch tunlichst davon Abstand nehmen, den Klageweg zu beschreiten, bevor das Land sein Ersuchen[25] nicht zurückgewiesen hat.

Damit hat sich ergeben, daß das Rechnungsprüfungsverfahren bei Übereinstimmung von Bund und Ländern die bundesstaatliche Zäsur durchaus zu überbrücken vermag und geeignet ist, Schädigungen des Bundes vorzubeugen und entstandene Schäden zu beseitigen, so daß das Haftungsproblem gar nicht entsteht.

Auf der anderen Seite zeigt sich jedoch, daß das Haushaltsrecht bei fehlender Übereinstimmung keine Handhabe für ein erfolgreiches (selbständiges) Vorgehen der obersten Bundesbehörden bereithält.

---

[24] OVGE Münster, 16, 66.
[25] oder das des Bundesrechnungshofes; beide Ersuchen können auch parallel laufen.

B. Nicht-beamtete Landesbedienstete

Angestellte des öffentlichen Dienstes hafteten bis zum 31. 3. 1961 nach dem jeweiligen Arbeitsvertragsrecht, vor allem gemäß § 6 ATO[26], der lautete:

„Verletzt der Angestellte vorsätzlich oder fahrlässig seine Dienstpflicht, so haftet er dem Dienstberechtigten gegenüber für den daraus entstehenden Schaden nach Maßgabe der geltenden Bestimmungen."

Die Haftung der Angestellten richtete sich demnach auch nach früherem Recht nach dem jeweils geltenden Beamtenrecht (§ 23 Abs. 4 DBG; Nr. 7 Bes.-DO-Reich[27]); Bayr.DO zu § 6 ATO, Art. 85 Bayr.BG: "§ 78 BBG gilt sinngemäß."

Mit dem Inkrafttreten des Bundesangestelltentarifvertrages (BAT) am 1. 4. 1961 ist § 6 ATO aufgehoben (§ 37 BAT). Nunmehr gilt für die Angestellten von Bund, Ländern und Gemeinden allein § 14 BAT:

„Für die Schadenshaftung des Angestellten finden die für die Beamten des Arbeitgebers jeweils geltenden Vorschriften entsprechende Anwendung."

Da die Haftung für Verschulden bei Ausübung öffentlicher Gewalt öffentlich-rechtlich ist und unabhängig davon gilt, in welcher Form die Ausübung öffentlicher Gewalt dem im öffentlichen Dienst Stehenden übertragen worden ist, ist Beamteneigenschaft im Sinne des Beamtenrechts nicht erforderlich. Beamter im Haftungssinne (§ 839 BGB) kann auch ein Angestellter sein.

Im übrigen gilt das vorstehend zu A. Gesagte.

---

[26] Vom 1. 4. 1938 (RArbBl. VI, S. 471) i. d. F. v. 1. 11. 1943 (RArbBl. IV, S. 838); RBB 1944, S. 22 i. V. m. § 191 BBG; Wacke, Öffentliches Dienstrecht, 1939, S. 49 ff.; ders. Grundl. des öffentlichen Dienstrechts, 1957, S. 37 ff.
[27] Vgl. z. B. für den Geschäftsbereich des Reichs- und Preuß. Ministers des Innern vom 14. 11. 1938 (MBL V, S. 1887/89; oder RFinBl 1942, S. 153). Für die Weitergeltung vgl. v. Turegg, VR (1956), S. 348; Fischbach, BBG, § 78 A I 6; Bochalli, BBG, § 78 Anm. 1.

Vierter Abschnitt

Haften die Länder dem Bund unmittelbar?

A. Allgemeines

Hier wird in erster Linie entscheidend sein, ob sich insbesondere aus dem Wortlaut der Staatsverfassung selbst eine die Haftung der Länder gegenüber dem Bund begründende Anspruchsgrundlage herleiten läßt[1]. Wie sich nämlich im Verlaufe der Untersuchung wiederholt gezeigt hat, handelt es sich bei der Haftungsproblematik um ein besonderes Problem, das sich aus der Praxis des durch das Grundgesetz geschaffenen Bundesstaates ergibt. Ist das aber der Fall, dann ist grundsätzlich auch die Verfassung zur Erteilung einer Antwort auf dieses bundesstaatliche Problem berufen, denn sie bestimmt die im bundesstaatlichen Verhältnis zwischen Zentralstaat und den Gliedstaaten bestehenden Rechte und Verpflichtungen; an der Übereinstimmung mit ihren Prinzipien muß sich die Richtigkeit eines jeden denkbaren Haftungsanspruchs erweisen.

Als ein weiterer Ausgangspunkt kann der Umstand angesehen werden, daß die auszuführenden Bundesgesetze selbst keine besonderen Haftungsbestimmungen enthalten; diese Ausgangslage trifft für die im Rahmen der Bundesauftragsverwaltung und in landeseigener Verwaltung zu vollziehenden Gesetze des Zentralstaates zu[2].

B. Rechtsweg

In Betracht kommt entweder die Zuständigkeit des Bundesverfassungsgerichts nach Art. 93 Abs. 1 Ziff. 3 GG i. V. m. § 13 Ziff. 7 BVerfGG oder die des Bundesverwaltungsgerichts gemäß Art. 93 Abs. 1 Ziff. 4 GG i. V. m. § 50 Abs. 1 Nr. 1 VwGO.

Das Bundesverfassungsgericht ist dann zuständig, wenn die Haftungsfrage als eine Meinungsverschiedenheit über Rechte und Pflichten des

---

[1] Nicht zu folgen ist daher der Auffassung Sturms (DÖV 1966, S. 257), daß die Anspruchsgrundlage primär in den zu vollziehenden Einzelgesetzen zu suchen sei.

[2] Wie dargelegt (S. 57 f.), finden sich allein im WAG und AltspG Anspruchsnormen, die jedoch keine Haftung der Länder, sondern lediglich der in den Gesetzesvollzug eingeschalteten Kreditinstitute gegenüber dem Ausgleichsfonds statuieren.

Bundes und der Länder bei der Ausführung von Bundesrecht durch die Länder oder bei der Ausübung der Bundesaufsicht aufzufassen ist[3]. Bei negativer Definition ergibt sich, daß das Bundesverfassungsgericht nicht zur Entscheidung berufen ist, wenn die haftungsrechtliche Inanspruchnahme eines Landes als eine Streitigkeit nichtverfassungsrechtlicher Art angesehen werden müßte, da dann das Bundesverwaltungsgericht in erster und letzter Instanz zuständig wäre.

Beide Auffassungen lassen sich folgerichtig begründen[4], je nachdem, ob der Streit in das Gewand einer Streitigkeit über eine einzelne Verwaltungsmaßnahme gekleidet — hier also durch Erhebung einer Schadensersatzforderung — oder als Feststellungsklage zur grundsätzlichen Klärung der verfassungsrechtlichen Frage angesehen wird, ob Schadensersatzforderungen der fraglichen Art zwischen Bund und Ländern generell mit der Verfassung vereinbar sind[5].

Im letzteren Falle kann gemäß § 69 i. V. m. § 67 im Rahmen des § 13 Nr. 7 BVerfGG nur die Unvereinbarkeit der beanstandeten Maßnahme, hier die Erhebung der Schadensersatzansprüche überhaupt ausgesprochen werden, während das Bundesverwaltungsgericht nach § 50 Abs. 1 Nr. 1 VwGO im Einzelfall zur Leistung von Schadensersatz verurteilen kann[6]. Daß auch das Bundesverwaltungsgericht bei seiner Entscheidung die Verfassung zu beachten hat, ist nicht zweifelhaft; kommt es zu der Auffassung, daß nach der erhobenen Klage eine Meinungsverschiedenheit verfassungsrechtlicher Art Gegenstand des Streites ist, muß es die Sache dem Bundesverfassungsgericht vorlegen[7]. Obwohl es demnach den Anschein hat, als ob der Kläger bzw. Antragsteller durch Ausgestaltung der Klage den Rechtsweg bestimmen kann, dürfte nach richtiger Ansicht in aller Regel das Bundesverfassungsgericht zuständig sein, denn nur seine Entscheidung ist geeignet, die Haftungsfrage grundlegend zu klären[8]. Allein die Zuständigkeit des Bundesverfassungsgerichts wird dem Umstand gerecht, daß die Haftungsfrage in erster Linie ein verfas-

---

[3] Der Begriff „Streitigkeiten" in Art. 93 (1) Ziff. 1 u. 4 ist gegenüber „Meinungsverschiedenheiten" in Ziff. 2, 3 der engere Begriff (BVerfGE 2, 156).
[4] Vgl. Geiger, BVerfGG, § 71 Anm. 2 (S. 229).
[5] Keinesfalls läßt sich ein solches Rechtsverhältnis, bei dem sich Zentral- und Gliedstaaten als Träger hoheitl. Gewalt gegenüberstehen, wie früher (vgl. Triepel, Streitigkeit, S. 31 f.; hierzu auch oben S. 16 ff., 19 als bürgerl.-rechtl. o. „halb-privatrechtl." Verhältnis verstehen; zur Rspr. d. RG vgl. auch Bachof, Vornahmeklage, S. 100.
[6] Ebenso wie das BVerfG gem. § 72 (1) Nr. 2, 3 BVerfGG bei von diesem zu entscheidenden Streitigkeiten (Art. 92 I Ziff. 4 GG i. V. m. § 13 Nr. 8 BVerfGG (ohne Rechtswegverweisung); vgl. auch BVerwG DÖV 1961, S. 545.
[7] Vgl. Eyermann-Fröhler, 4. Aufl. (1965), § 50 VwGO, Rdnr. 5.
[8] Würde es die Haftung der Länder feststellen, hätte das BVerwG die Möglichkeit und die Aufgabe, über die Berechtigung einzelner Ersatzforderungen zu urteilen.

sungsrechtliches Problem ist[9]. Als solches ist es eine Meinungsverschiedenheit im Sinne Art. 93 Abs. 1 Nr. 3 GG[10].

C. Die Länderhaftung im einzelnen

I. Art. 108 Abs. 4 S. 2 GG

Soweit auf dem Gebiet der Finanzverwaltung dem Bund Steuern zufließen, werden die Finanzbehörden der Länder im Auftrage des Bundes tätig (Art. 108 Abs. 4 S. 1 i. V. m. Art. 85 GG). In Gestalt des S. 2 des Art. 108 Abs. 4 GG ist dem Zentralstaat eine Vorschrift an die Hand gegeben, nach der die Länder für eine ordnungsgemäße Verwaltung der dem Bunde zustehenden Steuern mit ihren eigenen Einkünften haften[1].

Art. 108 Abs. 4 S. 2 GG beweist, daß der Verfassungsgeber die bundesstaatliche Haftungsproblematik nicht übersehen hat[2]. Zunächst war die Aufnahme einer Haftungsnorm in die Verfassung nicht vorgesehen[3]; erst als das Vorhaben, eine einheitliche Bundesfinanzverfassung zu schaffen, wegen der Einwendungen der Militärgouverneure scheiterte, stellte sich dem Parlamentarischen Rat die Frage nach einer Berücksichtigung der Bundesinteressen bei der Verwaltung der Einnahmen[4]. Dieser entstehungsgeschichtliche Umstand und die Tatsache, daß sich keine abweichende Stimme in den Beratungen erhoben hat, deuten darauf hin, daß der Verfassungsgeber im Bereich der Finanzverwaltung der Auffassung war, daß dem Bund auf der Einnahmenseite in den Ländern selbst ein liquider Schuldner zur Verfügung stehen sollte[5].

Ohne Art. 108 Abs. 4 S. 2 GG erscheint also eine Inanspruchnahme der Länder selbst für nicht erhobene Steuern ausgeschlossen, da sonst eine ausdrückliche Anspruchsgrundlage ebenso fehlen würde, wie bei den übrigen Auftragsverwaltungen. Der Auffassung Vialons[6], aus Rechts-

---

[9] Vgl. allgemein hierzu Geiger, aaO, S. 229.
[10] Zutreff. daher *Schmidt*, DÖV 1959, S. 803; a. A. *Kölble*, DÖV 1959, S. 813; ihm folgend *Hamann*, Art. 83, B 7, der insoweit zu Unrecht auf einen nur akzessorischen Zusammenhang hinweist.
[1] Vgl. auch S. 17 f., insbes. S. 24.
[2] Über das Verfahren der Geltendmachung bestehen unterschiedliche Auffassungen. Z. T. wird die Vorschrift lediglich im Zusammenhang mit der Bundesaufsicht gesehen (v. Mangoldt, Komm., S. 576); nach richtiger Auffassung ist das BVerfG nur subsidiär zuständig, da die Zuständigkeit des BVerwG gemäß Art. 93 Abs. 1 Ziff. 4 GG i. V. m. § 50 VwGO gegeben sein kann (so wohl auch Bühler, BK, Art. 108, Bem. I b; Giese-Schunck (1962), Art. 108, Erl. 10).
[3] Vgl. Art. 123 HChE und JÖR 1, S. 790 ff.
[4] Antrag der CDU/CSU-Fraktion v. 6. 4. 1949, vgl. JÖR 1, S. 803.
[5] Vgl. die Regelung im Reich 1871, s. oben S. 28 ff.
[6] Haushaltsrecht, Art. 108 GG, Bem. 17.

gründen hätte es der Feststellung des Grundgesetzes in Abs. 4 S. 2 vielleicht nicht bedurft, ist daher nicht zu folgen, sofern Vialon zum Ausdruck bringen will, daß die Länderhaftung ohnehin bestehen würde.

Die Bedeutung des Art. 108 Abs. 4 S. 2 GG äußert sich nach der hier vertretenen Auffassung darin, daß der Oberverband die Garantie besitzt, die ihm zustehenden Einnahmen von den Ländern auch tatsächlich zu erhalten, damit auch der Zentralstaat seiner eigenen Finanzverantwortung und seinen gesetzlichen Verpflichtungen entsprechend nachkommen kann.

Das Vorhandensein einer Haftungsnorm für die im Auftrage des Bundes tätige Einnahmenverwaltung läßt folgende weitere Schlußfolgerungen zu:

Wenn der Verfassungsgeber von dem Standpunkt ausgegangen wäre, daß der Bund die rechtliche Möglichkeit habe, Beamte und Angestellte der Länder wegen zu Unrecht verausgabter oder fehlerhaft nicht vereinnahmter Mittel in Anspruch zu nehmen, hätte es einer ausdrücklichen Begründung der Länderhaftung, wie sie Art. 108 Abs. 4 S. 2 GG enthält, nicht notwendig bedurft[7]. Diese Überlegung stützt zunächst somit das im 3. Abschnitt gefundene Ergebnis[8], daß Bedienstete der Länder dem Bund ohnehin nicht unmittelbar haften.

Der Charakter des Art. 108 Abs. 4 S. 2 GG als Spezialvorschrift äußert sich weiter darin, daß einem Vorgehen gegen Bedienstete der Landesfinanzverwaltungen in § 23 Reichsabgabenordnung eine besondere Schwierigkeit im Wege steht. Nach dieser Vorschrift kann nämlich wegen einer Amts- oder Dienstpflichtverletzung Schadenersatz nur verlangt werden, wenn die Pflichtverletzung mit einer im Wege des gerichtlichen Strafverfahrens zu verhängenden öffentlichen Strafe bedroht ist. Auch wegen dieser Ausnahmevorschrift zugunsten der Finanzbeamten läßt sich daher bei der Bedeutung der Steuereinnahme für den Staat und im Hinblick auf den Kompromißcharakter der Bundesfinanzverfassung die Meinung vertreten, daß gerade auch deswegen hier eine Sonderregelung der Haftungsfrage zugunsten des Bundes geboten gewesen ist[9].

Daß die Verfassung eine Länderhaftung lediglich auf einem einzelnen Gebiet der Bundesauftragsverwaltung statuiert, kennzeichnet diese Norm nach alledem wohl als eine Ausnahmevorschrift. Sie stellt eine Sonder-

---

[7] Hierauf hat zu Recht *Godschalk*, RiA 1959, S. 233, hingewiesen.
[8] Vgl. S. 99 f.
[9] Die rechtlichen und tatsächlichen Schwierigkeiten einer Ersatzerlangung von i. S. des Beamtenrechts schuldhaft handelnden Bediensteten sind — wie sich im Verlaufe der Abhandlung gezeigt hat — aber im übrigen in allen Bereichen der Auftragsverwaltung sonst im gleichen Umfang gegeben; die durch § 23 AO bestehende Schwierigkeit hat daher nur graduelle Bedeutung.

regelung dar, die allein im Zusammenhang mit der besonderen Ordnung der Finanzverfassung zu sehen ist; als Ausnahmeregelung dürfte Art. 108 Abs. 4 S. 2 GG einer extensiven Auslegung, vor allem einer entsprechenden Heranziehung auch nur für die übrigen Auftragsverwaltungen, bereits auf den ersten Blick nicht fähig sein[10].

Da es also nicht möglich erscheint, in Art. 108 Abs. 4 S. 2 GG wegen seines extremen Spezialitätscharakters eine für alle Formen der Bundesauftragsverwaltung gültige Haftungsnorm zu erblicken und eine entsprechende Anwendung der Haftungsregelung aus diesem Grunde ebenfalls ausscheiden dürfte, stellt sich das Problem, ob das Grundgesetz damit schlechthin in allen anderen Fällen jeden Schadensersatzanspruch des Bundes gegen die Länder ausschließen und auf diese Weise verhindern will, daß dem Bund auf dem Umweg über einen Schadensersatzanspruch Sanktions- und Korrekturmittel gewährt werden, die über das verfassungsrechtlich zulässige Maß administrativer Ingerenzen hinausgehen.

Bei dieser Fragestellung wird zu klären sein, ob das Grundgesetz dadurch, daß es die Haftung bei der Ausgabenverwaltung nicht ausdrücklich regelt, gerade durch sein Schweigen zu der Auffassung zwingt, daß — von Art. 108 Abs. 4 S. 2 GG abgesehen — für Haftungsansprüche kein Raum ist. Das würde — mit anderen Worten — bedeuten, daß eine sogenannte „beabsichtigte Lücke" vorläge, die jedoch in Wahrheit dann keine echte Lücke wäre, sondern eine — eben negative — Entscheidung[11].

Eine echte (Gesetzes-)Lücke bedeutet soviel wie eine Lücke des positiven Rechts unter Ausschluß der Analogie, die bereits Lückenfüllung ist; die Lücke stellt sich insoweit als Manko des Gesetzes, als vom heutigen Standpunkt aus unerträgliche Unvollständigkeit dar[12]. Der Verfassungsgeber hat die Haftungsproblematik — wie gezeigt — nicht übersehen. Außerdem spricht gerade bei einer Verfassungsurkunde eine Vermutung für deren Vollständigkeit; das Verfassungsrecht ist als die Summe der das gesamte Staatsleben tragenden Grundsätze dazu bestimmt, in sich eine weit stärker geschlossene und homogenere Einheit zu bilden als zahlreiche andere Gesetze[13]. Es ließe sich also argumentieren, daß das Grundgesetz in der Haftungsfrage keine Lücke aufweise, sondern daß gerade wegen Art. 108 Abs. 4 S. 2 GG der Gegenteilsschluß (argumentum

---

[10] BVerwGE 12, 254 f.; Schmidt, DÖV 1959, S. 805; Sturm, DÖV 1966, S. 258; Collasius, aaO, S. 40 ff.; Forsthoff, S. 154; Sturm, DÖV 1966, S. 80.
[11] Vgl. Anschütz, VerwArch Bd. 14 (1906), S. 317, 323; Voigt, VdVDStRL Bd. 10, S. 41; BGH DÖV 1954, S. 344.
[12] Engisch in Festschrift für Sauer, S. 86, 92; Larenz, Methodenlehre, S. 286: Lücke = planwidrige Unvollständigkeit.
[13] Hamann, Komm., 2. Aufl., Einf. I E; vgl. auch die zutreffenden Ausführungen Schmidts, DÖV 1959, S. 804 unter Ziff. II 2 m. w. N.

e contrario) geboten sei, nach welchem eine Länderhaftung außer im Falle des Art. 108 GG von der Verfassung eben nicht gewollt sei.

Der Gegenteilsschluß ist jedoch nur zulässig, „wenn *eindeutig zu erkennen ist*[14], das der Gesetzgeber mit der Beschränkung seiner Regelung auf bestimmte Fälle zum Ausdruck bringen wollte, daß die anderen Fälle nicht so geregelt sein sollten[15]. Ob diese Eindeutigkeit bei der Haftungsfrage gegeben und damit wegen des Umkehrschlusses die Analogie ausgeschlossen ist, kann jedoch nur nach einer gründlichen Abwägung des gesetzlich geregelten und des zu entscheidenden Interessenkonflikts getroffen werden[16]. Selbst wenn man davon ausgeht, daß für das argumentum e contrario im vorliegenden Falle bereits gewichtige Gründe angeführt werden konnten, dürfte von Eindeutigkeit, namentlich wegen der späteren Änderung der Bundesfinanzverfassung[17], nicht gesprochen werden können.

Wie Barthlomeyczik im übrigen zutreffend entwickelt hat[18], geht der Gegenteilsschluß auch nur logisch der Analogie voraus[19]. Der Gegenteilsschluß läuft praktisch stets neben der Analogie her; praktisch erweist sich die Richtigkeit des einen an der Richtigkeit des anderen und umgekehrt. „Daher kann auch der Gegenteilsschluß nicht mit Aussicht auf ein richtiges Ergebnis gezogen werden, bevor versucht worden ist, einen analogen Obersatz für die analoge Rechtsfindung zu gewinnen[20]."

Im Sinne dieser Ausführungen soll daher im folgenden zunächst versucht werden, die in der Verfassung für die Ausgabenverwaltung fehlende Regelung durch Analogieschluß zu ersetzen. Wenn dieser Versuch nicht zum Ziel führt, wird abschließend darüber zu befinden sein, ob sich daraus bereits auch der Umkehrschluß ergibt.

In der Einleitung des 4. Abschnitts ist bereits die Problematik angeklungen, die sich aus der für die vorliegende Untersuchung bestehenden Notwendigkeit ergibt, im Rahmen von bestehenden Verfassungsnormen zu einer analogen Rechtsfindung zu gelangen. Es ist die von Bilfinger[21] kurz angrissene Frage, auf welchem Rechtsboden Lücken in der Verfassung ausgefüllt werden können. Die Antwort wird darin bestehen müssen, daß zwar die für die Auslegung von Gesetzen allgemein geltenden

---

[14] Hervorhebungen vom Verfasser.
[15] Bartholomeyczik, Die Kunst der Gesetzesauslegung, S. 92.
[16] Bartholomeyczik, aaO, S. 92.
[17] Vgl. S. 109.
[18] Bartholomeyczik, aaO, S. 92.
[19] Enneccerus-Nipperdey, BGB Allgem. Teil, Bd. 1, § 58 II 4 (S. 341); Ulrich Klug, Juristische Logik, S. 134 ff.
[20] Bartholomeyczik, aaO.
[21] VdVDStRL Bd. 10, S. 49.

C. Die Länderhaftung im einzelnen

Regeln grundsätzlich auch für die Auslegung von Verfassungsbestimmungen heranziehbar sind. Bei der Anwendung herkömmlicher Auslegungsgrundsätze muß aber sorgfältig geprüft werden, ob sie dem besonderen Wesen des Verfassungsrechts gerecht werden[22].

Zur analogen Heranziehung dürften daher in erster Linie Verfassungsnormen selbst oder mit den verfassungsrechtlichen Grundentscheidungen und dem Wesen und dem Rang des Grundgesetzes im Einklang stehende allgemeine Rechtsgrundsätze in Betracht kommen.

II. „Öffentlich-rechtliches Auftragsverhältnis"?

Die Verwendung der Wortfassung in Art. 85 Abs. 1 GG Gesetzesausführung „im Auftrage des Bundes" könnte zu der Annahme verleiten, zwischen dem Bund und den Gliedstaaten bestehe ein öffentlich-rechtliches Auftragsverhältnis, auf welches die Vorschriften des bürgerlichen Rechts (§§ 662 ff., 276, 278 BGB) als Ausdruck eines allgemeinen Rechtsgedankens oder mittels Analogie anwendbar seien.

Unter Analogie wird gemeinhin die ausdehnende Anwendung der aus dem Gesetz zu entnehmenden Prinzipien auf Fälle, die den im Gesetz entschiedenen rechtsähnlich sind, das heißt, ihnen in den für den Grund der Entscheidung maßgebenden Teilen wesensgleich sind, verstanden[23]. Dabei geht die Gesetzesanalogie von einem einzelnen Rechtssatz aus, während die Rechtsanalogie aus einer Mehrzahl einzelner Rechtsvorschriften durch Induktionsschluß entwickelt wird[24].

Bei der Untersuchung der beamtenrechtlichen Haftung der Länderbediensteten waren eingehende Überlegungen zur Rechtsnatur der Bundesauftragsverwaltung anzustellen[25]. In dem Zusammenhang ist auch anhand der Materialien zum Grundgesetz der Frage nachgegangen worden, welche Bedeutung gerade die Benennung „Auftragsverwaltung" hat[26]. Im Ergebnis kam es zu der Feststellung, daß die Bundesauftragsverwaltung eine spezielle bundesstaatliche Organisationsform ist. Dieses durch die Verfassung selbst begründete staatsrechtliche Verhältnis eigener Art hat mit dem Auftragsrecht des Bürgerlichen Gesetzbuches außer dem Namen so gut wie nichts gemeinsam. Dementsprechend ist in der Literatur[27] und in der Rechtsprechung[28] die Wesensverschiedenheit der beiden Institute stets zu Recht nachdrücklich herausgestellt worden.

---

[22] Vgl. Forsthoff, Festg. f. C. Schmidt, 1959, S. 37; Küchenhoff, DVBl. 1951, S. 585 ff., 617 ff.; Scheuner, DVBl. 1952, S. 613 ff.; Hamann, 2. Aufl., Einf. I E.
[23] Enneccerus-Nipperdey, BGB - Allgem. Teil, Bd. 1, S. 339.
[24] Enneccerus-Nipperdey, aaO, S. 340; s. a. Collasius, S. 25.
[25] Vgl. II. Teil, 3. Abschn., A III C.
[26] S. 94 f.
[27] Schmidt, DÖV 1959, S. 806 f.
[28] BVerwGE 12, 254; BGHZ 16, 99.

Fehlt es aber bereits an einer Gleichheit oder Ähnlichkeit der Interessenlage des öffentlich-rechtlichen Verhältnisses mit den heranzuziehenden privatrechtlichen Bestimmungen, so können letztere zur ergänzenden Rechtsfindung nicht verwendet werden[29].

Diese Auffassung wird in besonderem Maße zu gelten haben, wenn das öffentlich-rechtliche Verhältnis ein solches des Verfassungsrechts ist. Daher ist es richtig zu sagen, daß die Bundesauftragsverwaltung sich nicht mit einem bürgerlich-rechtlichen Auftragsverhältnis vergleichen läßt, da das zwischen Bund und Ländern insoweit bestehende Zuordnungsverhältnis eigener — nämlich auf bundesstaatlichen Prinzipien beruhender — Art ist[30]. Die Bundesauftragsverwaltung fußt nicht auf einer vertraglichen Vereinbarung zwischen Bund und Ländern, sondern unmittelbar auf dem Grundgesetz. Etwas anderes mag bei Erledigung von Bauaufgaben des Bundes durch die Länder, die aufgrund von Verwaltungsabkommen erfolgt, gelten[31].

Die Länder besorgen auch keine „fremden Geschäfte", sondern die Bundesauftragsverwaltung ist Landesverwaltung.

Für eine Anwendung auftragsrechtlicher Gesichtspunkte ist demnach kein Raum.

III. Allgemeiner Erstattungsanspruch

Das Verwaltungsrecht hat zum Ausgleich von ungerechtfertigten Vermögensverschiebungen, bei denen die Gerechtigkeit einen Ausgleich der mit der Rechtslage nicht mehr übereinstimmenden Vermögenslagen verlangt[32], einen gegenüber den §§ 812 ff. BGB selbständigen Rechtstitel entwickelt. Die besondere verfassungsrechtliche Problematik, ob das im Verwaltungsrecht entwickelte Institut auch im bundesstaatlichen Verhältnis Grundlage von Ansprüchen sein kann, darf zunächst unbeachtet bleiben, da sich möglicherweise ergibt, daß die tatbestandsmäßigen Voraussetzungen der Anspruchsgrundlage ohnehin nicht erfüllt werden.

Der allgemeine Erstattungsanspruch ist als ungeschriebener Grundsatz des Verwaltungsrechts von Lassar[33] in folgender Weise definiert

---

[29] Vgl. auch unten S. 122; Schack, Festschr. f. R. Laun, S. 275 (282); bzgl. „Auftrag" vgl. daselbst S. 289 f.
[30] Vgl. BVerwGE 12, 253 m. zust. Anm. Bachofs, JZ 1962, S. 355 Nr. 26; das BVerwG hat eine entsprechende Heranziehung des § 19 Abs. 3 AltspG auf die Verhältnisse im Ausgleichsrecht zu Recht als nicht vergleichbar abgelehnt.
[31] So Sturm, DÖV 1966, S. 78 (80).
[32] Wolff, VR I (1958), § 44 II.
[33] Erstattungsanspruch, S. 226.

C. Die Länderhaftung im einzelnen 115

worden: „Eine causa-lose öffentliche Leistung, deren Inhalt einen Vermögenswert hat, ist demjenigen zu erstatten, auf dessen Kosten sie bewirkt ist."

Diese Begriffsbestimmung, so zutreffend sie allgemein sein mag, läßt hier jedoch eine Reihe von Fragen offen.

Daß Bund und Länder sich einander gleichgeordnet gegenüberstehen, würde zwar der Anwendung des Grundsatzes allein nicht hinderlich sein, denn auch zwischen Gleichgeordneten, die zueinander in öffentlich-rechtlichen Beziehungen stehen, können ungerechtfertigte Vermögensverschiebungen eintreten, die einen Ausgleich erfordern[34]. Häufig werden daher auch Ausgleichsansprüche aller Art zwischen verschiedenen öffentlichen Rechtsträgern generell „Erstattungsansprüche" genannt[35].

Streng genommen ist diese Art von Ansprüchen aber keineswegs identisch mit dem anfangs bezeichneten öffentlich-rechtlichen Rechtstitel. Der allgemeine Erstattungsanspruch ist seinem Wesen nach nämlich ein Anspruch auf Rückgewähr, kein Anspruch auf Entschädigung[36]. Der Erstattungsanspruch ist die Kehrseite des Anspruchs auf die Leistung[37].

Im Rahmen der Bewirtschaftungsform „für fremde Rechnung"[38] leistet der Bund jedoch nicht an die Länder, sondern die Behörden der Länder sind nach geltendem Recht befugt, selbst auf Kosten des Bundes an Dritte zu leisten. Demnach werden zwar auf Kosten der Bundesrepublik Leistungen bewirkt; insoweit läge diese Voraussetzung vor. Anspruchsgegner für einen Rückgewährsanspruch kann aber nur derjenige sein, der durch die Leistung etwas erlangt hat[39]. Das ist jedoch der jeweilige tatsächliche Leistungsempfänger, keineswegs aber das Land. Diesem steht gegen den Dritten der Erstattungsanspruch zu, sofern die übrigen Voraussetzungen erfüllt sind[40, 41]. Inwieweit das Land verpflichtet ist, den Anspruch auch geltend zu machen, ist bereits ausgeführt worden[42].

---

[34] Lassar, aaO, S. 95; s. a. Scholwien, S. 1, 141.
[35] So Ansprüche auf Aufwendungsersatz aus sog. öffentl.-rechtl. Geschäftsführung ohne Auftrag; vgl. BVerwG DVBl. 1956, S. 375; vgl. oben S. 65 Fußn. 144, 145.
[36] E. R. Huber, Wirtsch.VerwR, Bd. 2, S. 622.
[37] BVerwGE 4, 215 (219).
[38] Vgl. I. Teil, 2. Abschn., B III b 1.
[39] Wolff, VR I, 1961, § 44 II b 1.
[40] Vgl. hierzu II. Teil, 1. Abschn.
[41] „Von Erstattung kann ... nur zwischen solchen Personen die Rede sein, die an der stattgefundenen Rechtsgüterverschiebung unmittelbar beteiligt waren, Rechtsnachfolger eingeschlossen", Bachof, Vornahmeklage, S. 105.
[42] Vgl. II. Teil, 1. Abschn., B I.

Zwischen dem Bund und den Ländern fehlt es aus diesem Grunde bereits an einem Erstattungsverhältnis[43].

Es läßt sich auch nicht sagen, daß das auf Rechnung des Bundes leistende Land durch diese Leistung auf Kosten des Bundes von einer Schuld befreit wird. Diese Meinung vertritt Sturm[44] unter Hinweis auf den allgemeinen Lastenverteilungsgrundsatz des Art. 106 Abs. 4 Ziff. 1 GG, wonach die Länder die durch die Ausführung eines Bundesgesetzes erwachsenden gesamten Lasten und damit auch das uneingeschränkte Verwaltungsrisiko beim Vollzug zu tragen hätten. Wenn man nämlich überhaupt von einer „Schuld" im Zusammenhang mit Art. 106 Abs. 4 Ziff. 1 GG sprechen kann, dann allerdings insoweit, als der Bund zum großen Teil Leistungen auf seinen Haushalt auch außerhalb der Sachbereiche des Art. 120 GG übernommen hat, für deren Bereitstellung er nach der Verfassung nicht zuständig ist. Ist das aber geschehen, dann hat er die Länder damit generell von ihrer verfassungsrechtlichen „Schuld" zur Lastenübernahme befreit. Wenn allein Überhebungen von der Übernahme ausgenommen werden sollten, das Verwaltungsrisiko im übrigen also bei den Gliedstaaten verbleiben sollte, so müßte diese Auffassung irgendwo zum Ausdruck gekommen sein, etwa in Gestalt einer Haftungsvorschrift beispielsweise im I. ÜLG[45]. Daß eine solche Bestimmung fehlt, gibt zu der Vermutung Anlaß, daß die Länder zur Übernahme der Haftung für Überzahlungen bei Art. 120 GG grundsätzlich nicht bereit waren, so daß auch hier der Zentralstaat das volle Risiko übernehmen mußte.

Der Erstattungsanspruch ist schließlich auch deswegen nicht begründet, weil die Bundesmittel, über welche Länderbehörden verfügen, nicht ohne rechtlichen Grund[46] an die Länder gewährt sind, wenn man unterstellt, daß das Land die Mittel mindestens für den Zeitraum einer „logischen Sekunde", und zwar nach der Buchung zu Lasten des Bundeshaushalts bis zur tatsächlichen Übergabe an die Leistungsempfänger, erlangt; denn die von Landesbediensteten bewilligten Bundesmittel werden dem Empfänger nicht unmittelbar von einer Bundeskasse, sondern von der zuständigen Landeskasse überwiesen.

Daß die Bewilligung und Auszahlung an den Dritten, sofern sie infolge mangelhafter Beachtung der gesetzlichen Bestimmungen erfolgen, des

---

[43] Die Frage der Bereicherung, auf welche die §§ 812 ff. BGB entscheidend abstellen, ist f. d. Erstattungsanspruch weniger wichtig (Lassar hält eine Bereicherung nicht für notwendig; Bachof, aaO, S. 105).

[44] DÖV 1966, S. 261 f.

[45] Vgl. z. B. die Haftungsregelung Land—Gemeinden (Gemeindeverbände) im Landesorganisationsgesetz NW, § 16 Abs. 2 S. 4.

[46] Hierbei ist dem Mangel des rechtlichen Grundes der spätere Wegfall des ursprünglich vorhandenen rechtlichen Grundes gleichzustellen (h. M.; vgl. OVGE Münster 16, S. 66 f. in einem einschlägigen Fall).

C. Die Länderhaftung im einzelnen

rechtlichen Grundes entbehren und die zu Unrecht gewährten Mittel vom Land grundsätzlich zurückverlangt werden können[47], ist nicht zweifelhaft.

Demgegenüber verfügen die Länder über die für die Weiterleitung bestimmten Bundesmittel im Verhältnis zum Bund nicht sine causa auf dessen Kosten; vielmehr sind sie, soweit sie unmittelbar für Rechnung der Bundesrepublik leisten, hierzu durch § 21 I. ÜLG auf den dort aufgeführten Sachgebieten oder durch die entsprechende Norm des sonst auszuführenden Gesetzes[48] rechtlich befugt.

Es läßt sich auch nicht sagen, daß dieser Rechtsgrund nach Erhalt der Mittel durch die fehlerhafte Weitergabe an den Dritten weggefallen ist. Denn der Rechtsgrund, auf Grund dessen Landesbehörden Ausgaben für Rechnung des Bundes an die vermeintlich Berechtigten leisten, ist ein anderer als derjenige, der den Ländern das Recht gibt, die Ausgaben aus Bundesmitteln zu bewirken. Hat also das Land die erhaltenen Mittel *tatsächlich* für den in dem betreffenden Gesetz vorgeschriebenen Zweck entsprechend dem bereits vorliegenden mittelzusprechenden Verwaltungsakt verwendet, so handelt es sich um eine Ausgabe auf demjenigen Sachgebiet, auf welchem der Bund die Aufwendungen zu tragen oder sich zur Übernahme auf seinen Haushalt verpflichtet hat, auch wenn der der Leistung an den Dritten zugrundeliegende Verwaltungsakt fehlerhaft ist[49].

Aus dieser Auffasung ergibt sich umgekehrt, daß der Bund vom Land Erstattung verlangen kann, wenn dieses über die in Anspruch genommenen Bundesmittel anderweitig weiterverfügt oder im Widerspruch mit dem rechtlichen Grund, welcher die Inanspruchnahme von Haushaltsmitteln des Bundes erst ermöglicht, die Mittel nicht der Zweckbestimmung des ausgeführten Gesetzes gemäß, sondern z. B. für andere Aufgaben verwendet hat, denn hierfür besteht von Anbeginn an im Verhältnis zum Bund kein rechtlicher Grund[50].

Problematisch hingegen sind die Fälle[51], in denen Landesbehörden scheinbar zu Recht Bundesmittel in Anspruch nehmen, die jedoch den vorgegebenen Empfängern nicht zufließen, sondern von Landesbediensteten veruntreut werden; die Bediensteten buchen die Beträge zwar als Ausgaben der dafür vorgesehenen Ausgabetitel des Bundeshaushalts, lei-

---

[47] Siehe aber II. Teil, 1. Abschn., B II.
[48] Vgl. die Beispiele im I. Teil, 2. Abschn., B II.
[49] OVGE Münster 16, 67; bei fehlerhafter Gesetzesanwendung handelt es sich also immer noch um „Aufwendungen" des Kostenträgers, falls die in Anspruch genommenen Mittel dem Verwendungszweck gemäß tatsächlich verausgabt werden; zweifelnd Griffel, DÖH 1957, S. 244, Fußn. 4.
[50] OVG Münster, aaO; Griffel, DÖH 1957, S. 243 f.
[51] Hierauf hat bereits Griffel, aaO, aufmerksam gemacht.

ten die Mittel tatsächlich jedoch nicht weiter, sondern behalten und verwenden sie für sich persönlich. Das Land hat hier also keine „Ausgaben" im Sinne beispielsweise des § 21 des I. ÜLG geleistet, da Leistungsberechtigte entweder gar nicht vorhanden sind oder ihnen die Mittel vorenthalten werden.

Da insofern Landesbedienstete Bundesmittel ohne rechtlichen Grund in Anspruch genommen haben, liegt diese Voraussetzung des allgemeinen Erstattungsanspruchs vor. Wie schon bemerkt[52], ist aber nur derjenige zur Rückgewähr verpflichtet, dem die Leistung auch zugeflossen ist. Anspruchsgegner des Erstattungsanspruches könnte hiernach lediglich der betreffende Bedienstete sein, denn das Land selbst hat nichts erlangt[53]. Der Erstattungsanspruch ist daher gegen das Land nicht begründet.

IV. Bundestreue

Im Schrifttum haben Kölble[54] und Schäfer[55] den Versuch unternommen, dem ungeschriebenen Verfassungsgrundsatz der Bundestreue einen Inhalt zu geben, der es dem Zentralstaat ermöglichen soll, Ersatzansprüche gegenüber den Gliedstaaten unter direkter Anwendung dieses Prinzips als Anspruchsgrundlage durchzusetzen[56]. Dieser Auffassung ist, unter ausdrücklicher Auseinandersetzung mit Kölble, alsbald das LVG Schleswig in seinem Urteil[57] vom 14. 1. 1960 mit guten Gründen entgegengetreten, indem es ausgeführt hat, daß der Grundsatz der Bundestreue nichts dafür hergebe, wann, unter welchen Voraussetzungen und vor allem in welchem Ausmaß gehaftet werde[58].

Später hat Groß[59] eingehend den verfassungsrechtlichen Gehalt des Prinzips der Bundestreue im Zusammenhang mit der Haftungsproblematik[60] aufgezeigt und an Hand der Entstehungsgeschichte des Grund-

---

[52] Vgl. S. 116.
[53] Vgl. die Ausführungen des 3. Abschnitts, namentlich unter A VI.
[54] In DÖV 1959, S. 809 ff. (812) für das Bund-Länder-Verhältnis generell.
[55] DÖV 1960, S. 641 (649) unter Bezugnahme auf *Kölble* für die Verwaltung nach Art. 85 GG.
[56] Im Zusammenhang mit der Haftungsfrage ist der Grundsatz der Bundestreue schon frühzeitig in die Diskussion eingeführt worden, so z. B. durch *Stefen*, DÖH 1955, S. 245 = KOV 1956, S. 42.
[57] Abgedruckt in DÖV 1960, S. 464.
[58] Zur Frage der Bestimmtheit des Begriffs Bundestreue, vgl. *Klein*, Heft 58 Schriftenreihe Fin. u. Steuern, S. 10 ff.
[59] DÖV 1961, S. 404 ff.
[60] Nur in dieser Hinsicht verdient der Begriff hier Beachtung; zur Bundestreue allgemein vgl.: Bayer, Die Bundestreue; Hertl, Die Treupflicht der Länder gegenüber dem Bund u. d. Folgen ihrer Verletzung, aaO; Görg, Festg. für Herrfahrdt, S. 73 (89 f.) im Hinblick auf die Kompetenzverteilung im Bereich des Finanzwesens. Zu der Monographie *Bayers* vgl. die gedankenreichen Ausführungen von E.-W. *Fuß*, DÖV 1964, S. 37 ff.

C. Die Länderhaftung im einzelnen

satzes und unter Anführung der einschlägigen Rechtsprechung, insbesondere der des Bundesverfassungsgerichts, überzeugend dargetan, daß der Charakter der Bundestreue eine Verwendung als Anspruchsgrundlage für Schadensersatzforderungen verbietet. Den Ausführungen von Groß ist insoweit nichts hinzuzufügen.

Inzwischen hat sich auch das Bundesverwaltungsgericht gegen eine Ableitung eines von der Bundesrepublik erhobenen Anspruchs aus dem Grundsatz der Bundestreue ausgesprochen[61]; es hat dabei zwar eingeräumt, daß der Begriff Bundestreue nicht nur einen politischen, sondern auch einen rechtlichen Inhalt habe[62]; das Gericht vertritt aber insoweit zu Recht die Ansicht[63], daß der politische Charakter überwiege, indem es darlegt, daß das Prinzip der Bundestreue für die politische Zuordnung von Bund und Ländern und für die Staatsleitungen in ihrer Eigenschaft als Träger dieser Politik gelte, jedoch keine Handhabe biete, um für den gegebenen Sachverhalt, der die technische Abwicklung eines bestimmten Verwaltungsbereiches betreffe, eine Haftung der Länder gegenüber dem Bund zu begründen.

Hält man sich vor Augen, daß der Begriff Bundestreue als ungeschriebener Verfassungsgrundsatz in seinem Kern allein dem Verfassungsrecht angehört, so erscheinen die Bemühungen, die Bundestreue als Rechtsgrundlage für im Zusammenhang mit der Ausführung von Bundesgesetzen entstandene finanzielle Ersatzansprüche anzuwenden, als bereits im Ansatzpunkt verfehlt. Die Bundestreue soll nämlich die aufeinander angewiesenen Teile des Bundesstaates stärker innerhalb der gemeinsamen grundgesetzlichen Ordnung binden[64]. Mit dieser Bindungsfunktion wäre die Verwendung der Bundestreue als Grundlage für Schadensersatzprozesse nicht vereinbar, da auf diese Weise das durch die Bundestreue erstrebte bundesstaatliche Einvernehmen gerade nicht hergestellt werden würde.

Es würde daher auch eine Abwertung des zur Gewährleistung eines guten bundesstaatlichen Einvernehmens entwickelten allgemeinen Verfassungsprinzips „Bundestreue" bedeuten, wollte man den Grundsatz in einer solchen Weise zur Abwicklung von Verwaltungskomplikationen im einzelnen verwenden.

Wenn das Bundesverwaltungsgericht in dem zitierten Urteil im Zusammenhang damit von der „technischen Abwicklung eines bestimmten Verwaltungsbereichs" spricht, so äußert sich darin wohl dasselbe Bedenken; das Gericht bringt jedoch mit dieser Wendung nicht in der

---

[61] BVerwGE 12, 253 (255).
[62] Sturm, DÖV 1966, S. 78 (80).
[63] BVerfGE 8, 122 (140) übereinstimmend.
[64] BVerfGE 8, 122 (140).

wünschenswerten Schärfe zum Ausdruck, daß es in dem von ihm zu entscheidenden Fall verfahrensrechtlich zwar um die Durchsetzung eines verwaltungsrechtlichen Anspruchs, im Grunde jedoch um einen sich aus der bundesstaatlichen Zuordnung ergebenden Haftungsanspruch ging, für den das Verfassungsrecht eine Anspruchsgrundlage nicht gewährt.

V. Aufrechnung

Es ist weiter zu fragen, ob es dem Bund auch verwehrt ist, sich an seinen Gliedstaaten in der Weise wegen eingetretener Schädigungen schadlos zu halten, daß er in Höhe der jeweils entstandenen Ersatzforderung gegen spätere Leistungsanforderungen der Länder aufrechnet, d. h. von der im Verkehr der öffentlichen Kassen untereinander in solchen Fällen üblichen Einbehaltung Gebrauch macht[65].

Die Zulässigkeit der Aufrechnung im öffentlichen Recht wird heute allgemein bejaht[66]; im einzelnen wird jedoch noch manche Frage offengelassen[67]; so beispielsweise, ob gegen öfentlich-rechtliche Ansprüche *mit* privatrechtlichen Forderungen aufgerechnet werden kann. Eine Auseinandersetzung mit dieser Streitfrage kann hier jedoch unterbleiben, da die Bundesrepublik mit ihrer Ersatzforderung, die ohne Zweifel dem öffentlichen Recht angehört, entweder *gegen* eine privatrechtliche Forderung des Landes oder — was nahe läge — gegen öffentlich-rechtliche Forderungen der Länder gegen den Bund aufrechnen würde.

Die Maßstäbe für die Aufrechnung des öffentlichen Rechts sind den in den §§ 387 ff. BGB zum Ausdruck gelangenden Grundsätzen zu entnehmen, sofern diese nicht auf die Besonderheiten des Privatrechts abstellen[68]. Soweit die Länder nun rechtlich befugt sind, etwa nach § 21 Abs. 1 I. ÜLG Bundesmittel in Anspruch zu nehmen, ist eine Aufrechnungslage nicht gegeben, denn nicht die Länder sind Gläubiger der Leistung, sondern der nach dem jeweiligen leistungsgewährenden Gesetz anspruchsberechtigte Staatsbürger. In diesen Fällen scheitert eine Einbehaltung von späteren Leistungsanforderungen der Länder an den Bund für Dritte also bereits daran, daß es an der erforderlichen Gegenseitigkeit der Forderungen fehlt[69].

Überdies wäre eine Aufrechnung auch deswegen unzulässig, weil die Bundesrepublik als Träger der Aufwendungen — ob zu Recht oder Un-

---

[65] Vgl. hierzu OVG Münster, OVGE 16, 62 ff. (unter II).
[66] Vgl. BVerwG DVBl. 1960, S. 36; BVerwG NJW 1958, S. 1107 m. zust. Anm. von Obermayer.
[67] Forsthoff, VR I (7. Aufl.), S. 258 ff.; s. a. OVG Münster, aaO, S. 61 ff.
[68] Forsthoff, aaO, S. 259.
[69] „Der Gläubiger der einen muß der Schuldner der anderen Forderung sein und umgekehrt" (Larenz, SchuldR I, 1960, S. 278).

recht sei dahingestellt — nicht im Wege der Aufrechnung die den Ländern durch Gesetz erteilte Ermächtigung, unmittelbar für Rechnung des Bundes Zahlungen zu bewirken, einschränken oder aufheben kann, da sie sich auf diese Weise ihrer Finanzverantwortung oder der einmal übernommenen Leistungspflicht entziehen würde.

Etwas anderes wäre es, wenn der Bund mit einer vom Land nicht bestrittenen oder rechtskräftig festgestellten Ersatzforderung der Einfachheit halber gegen eine Forderung des Landes selbst aufrechnet[70].

VI. Öffentlich-rechtliches Schuldverhältnis

Möglicherweise ergeben sich Ersatzansprüche des Bundes gegen die Gliedstaaten aus den Grundsätzen des allgemeinen Schadensersatzrechts, insbesondere aus einem sogenannten „öffentlich-rechtlichen Schuldverhältnis"[71], dessen Verletzung die Haftung der Länder begründen würde.

Zwar ist der Gedanke, daß derjenige, der einem anderen rechtswidrig und schuldhaft einen Schaden an einem von der Rechtsordnung geschützten Gut zugefügt hat, Ersatz leisten muß, ein Bestandteil des gesamten Rechtslebens[72]; eine erhöhte Sorgfaltspflicht tritt darüber hinaus ein, wenn jemand durch Gesetz oder Vereinbarung dazu berufen ist, die Interessen eines anderen wahrzunehmen oder zumindest zu beachten[73].

Voraussetzung für eine Haftung aus einem öffentlich-rechtlichen Schuldverhältnis ist jedoch, daß ein solches Verhältnis überhaupt wirksam begründet worden ist.

Eine Begründung des Schuldverhältnisses durch Vereinbarung zwischen Bund und Ländern muß ausscheiden, da die Beteiligten eine diesbezügliche Vereinbarung nicht getroffen haben[74]. Das Schuldverhältnis müßte demnach kraft Gesetzes entstanden sein.

Für die Annahme, daß bei der Ausführung von Bundesgesetzen durch die Länder ein gesetzliches Schuldverhältnis öffentlich-rechtlicher Natur besteht, ist jedoch kein Raum.

Durch die Verfassung, welche die rechtlichen Beziehungen zwischen dem Zentralstaat und den Gliedstaaten in erster Linie regelt, werden

---

[70] Bei der Finanzverwaltung dürfte eine Einbehaltung auf Grund Art. 108 Abs. 4 S. 2 GG zulässig sein (so Giese-Schunck, Art. 108, Anm. 10; Bühler, BK, Art. 108, Bem. I b.
[71] A. A. *Godschalk*, RiA 1959, S. 233, der — für den Bereich der BAuftragsverw. — eine Schadensersatzpflicht d. Länder hiernach für begründet erachtet.
[72] Enneccerus-Nipperdey, 1960, § 208 I.
[73] Vgl. z. B. Kühne-Wolff, § 305 LAG, Anm. 3.
[74] Etwas anderes kann u. U. für Verwaltungsabkommen gelten.

„öffentlich-rechtliche Schuldverhältnisse", wie sie hier verstanden werden, nicht begründet. So enthält das Grundgesetz in seinem VIII. Abschnitt die Regelung der bundesstaatlichen Kompetenzverteilung. Es befaßt sich in diesem Abschnitt weder mit der Haftungsfrage selbst, noch enthält es irgendeinen Anhaltspunkt, der den Schluß auf ein allgemeines gesetzliches Schuldverhältnis zuließe. Soweit die Länder Bundesgesetze vollziehen, sind die Einwirkungsmöglichkeiten des Bundes auf die Ausführung durch die Art. 84 85 GG erschöpfend geregelt.

Auch der Hinweis auf Art. 108 Abs. 4 Satz 2 GG, der im speziellen Bereich der Finanzverfassung (X. Abschnitt) ausdrücklich eine Haftung der Länder für die ordnungsgemäße Verwaltung der dem Bunde zufließenden Steuern statuiert, vermag eine gegenteilige Auffassung[75] nicht zu stützen. Art. 108 Abs. 4 Satz 2 GG ist nämlich eine Sondervorschrift für einen speziellen Teil der Bundesauftragsverwaltung und damit spezielle Anspruchsgrundlage[76]. Als solche kann diese Vorschrift demnach kein Argument für die Annahme liefern, zwischen Bund und Ländern bestehe generell bei der Ausführung der Bundesgesetze ein „öffentlich-rechtliches Schuldverhältnis".

Weiterhin enthalten aber auch weder die zum Grundgesetz ergangenen Ausführungsgesetze (Überleitungsgesetzgebung) noch die auszuführenden Gesetze selbst Anhaltspunkte für ein die bundesstaatliche Zäsur überbrückendes öffentlich-rechtliches Schuldverhältnis. Das Recht der Länder, über Bundesmittel zu verfügen, ist als ein durch Gesetz begründetes Ermächtigungsverhältnis gekennzeichnet worden[77]. Namentlich durch § 21 des I. ÜLG ist den Ländern die Befugnis erteilt, einseitig über fremde Mittel wirksam zu verfügen. Der Umstand, daß ein bloßes Ermächtigungsverhältnis besteht, zeigt aber gerade, daß zwischen Bund und Ländern ein Schuldverhältnis mit gegenseitigen Rechten und Pflichten — wie z. B. die Anwendung „verwaltungsüblicher Sorgfalt"[78] — durch die Länder nicht vorliegt. „Verwaltungsübliche Sorgfalt" wäre am ehesten vergleichbar etwa mit dem im Zivilrecht gewohnheitsrechtlich anerkannten Rechtsgedanken der „positiven Forderungsverletzung"[79]. Damit ist aber keineswegs gesagt, daß dieses Rechtsinstitut auch im öffentlichen Recht anwendbar ist[80], denn bei einer analogen Anwendung dürfte niemals von der äußeren Ähnlichkeit der Tatbestände allein aus-

---

[75] Godschalk, RiA 1959, S. 233.
[76] Vgl. oben unter I.
[77] Vgl. S. 62.
[78] Godschalk, aaO.
[79] Enneccerus-Lehmann, 1958, § 55 I.
[80] Meier-Branecke, aaO, AÖR 11, S. 230 ff.

gegangen werden[81]. Da aber im Bund-Länder-Verhältnis ein Schuldverhältnis, das zu verletzen wäre, gar nicht begründet ist, kann eine weitere Erörterung dieser Frage unterbleiben.

Die Richtigkeit der hier vertretenen Auffassung wird außerdem durch folgende Überlegung gestützt: Dem Bund steht gegenüber der in § 21 I. ÜLG enthaltenen Ermächtigung der Länder lediglich das sehr allgemein gehaltene haushaltsrechtliche Weisungsrecht des § 4 Abs. 2 Ziff. 2 des I. ÜLG als Einwirkungsrecht zur Verfügung; außerdem wäre auf § 4 Abs. 2 Ziff. 1 hinzuweisen, nach der die Vorschriften des Bundeshaushaltsrechts anzuwenden sind. Beide Bestimmungen geben aber nichts für die Annahme her, zwischen Bund und Ländern bestehe ein „öffentlich-rechtliches Schuldverhältnis"; seiner Zweckbestimmung nach erreicht § 4 I. ÜLG zwar eine gewisse Überbrückung der Trennung von Finanz- und Verwaltungsverantwortung, aber auch nicht mehr[82].

VII. Treuhandschaft

Weiterhin soll nicht unerwähnt bleiben, daß eine Haftung der Länder nicht durch entsprechende Heranziehung des Rechtsgedankens der Treuhandschaft begründet werden kann.

Das Ermächtigungsverhältnis, im Rahmen dessen die Länder befugt sind, im eigenen Namen über Bundesmittel rechtswirksam zu verfügen, weist zwar durchaus verwandte Züge mit der sogenannten Ermächtigungs-(Verwaltungs-)treuhand auf[83]. Im Gegensatz zur fiduziarischen Treuhand nämlich, bei welcher dem Treuhänder ein Vermögensgegenstand aus dem Vermögen des Treugebers übertragen wird, so daß der Treugeber nicht Eigentümer bleibt, behält der Treugeber bei der Ermächtigungstreuhand das Eigentum; der Treuhänder ist lediglich ermächtigt, im eigenen Namen über das Treugut zu verfügen.

Die Übereinstimmung in bezug auf das Verhältnis des Bundes zu seinen Gliedstaaten wäre insoweit darin zu erblicken, daß auch die Länder ermächtigt sind, im eigenen Namen über Mittel zu verfügen, die im Eigentum des Bundes stehen[84].

Hierbei ist aber der Bund nicht Treugeber und die Länder sind nicht Treuhänder, da zwischen beiden bei der Ausführung von Bundesgesetzen ein Treuhandverhältnis der genannten Art nicht besteht.

---

[81] Meier-Branecke, aaO, S. 230; die Unterschiede des öffentl. Rechts u. d. Privatrechts sind stets zu beachten. Insbesondere ist zu beachten, ob für die Analogie die „Gleichheit des gesetzgeberischen Grundes" gegeben ist (Meier-Branecke, S. 280; Schack, RVerwBl. 1934, S. 221).
[82] Vgl. im einzelnen S. 49 ff.
[83] Vgl. Siebert, Treuhandverhältnis, S. 232—313, Enneccerus-Nipperdey, Allgem. Teil, Bd. 2 (1960), § 179 IV 1.
[84] Vgl. oben Fußn. 77.

Eine rechtsgeschäftliche Treuhand dahingehend, wegen der praktisch uneingeschränkten Ermächtigung der Länder deren Bindung im Innenverhältnis durch entsprechende obligatorische Verpflichtung zu bewirken, so daß die Länder von ihrer Ermächtigung nur im Rahmen der getroffenen Abmachungen Gebrauch machen, liegt nicht vor.

Auch für ein gesetzliches Treuhandverhältnis, welches die Verfügungsbefugnis der Gliedstaaten einzuschränken im Stande wäre, finden sich ebensowenig Hinweise wie für die Annahme eines gesetzlich begründeten „öffentlich-rechtlichen Schuldverhältnisses", so daß im wesentlichen auf die letzteres betreffenden voraufgegangenen Erörterungen verwiesen werden kann. Was das Grundgesetz selbst anbelangt, so läßt sich aus dem ungeschriebenen Verfassungsgrundsatz der Bundestreue für ein weitergehendes Treuhandverhältnis nichts herleiten, denn der Begriff der Bundestreue äußert seine Wirksamkeit allein auf dem von der Verfassung selbst ergriffenen Gebiet[85].

§ 21 I. ÜLG begründet ein reines Ermächtigungsverhältnis ohne treuhänderische Bindung; die durch § 4 I. ÜLG getroffene Beschränkung der Ermächtigung stellt kein Treuhandverhältnis her.

VIII. Ist Art. 34 GG i. V. m. § 839 BGB im bundesstaatlichen Verhältnis anwendbar?

Eine Untersuchung verdient schließlich der Gedanke, die Länder seien dem Bund bei Verwendung der in *Art. 34 GG* enthaltenen Rechtsgrundsätze zum Schadensersatz verpflichtet.

Es ist versucht worden, auf diese Weise eine Haftung auch im Rahmen der ländereigenen Verwaltung (Art. 83, 84 GG) zu begründen[86].

In rechtssystematischer Hinsicht würde die Anwendung des Art. 34 GG auf das bundesstaatliche Verhältnis den Versuch einer Analogie zu Art. 108 Abs. 4 Satz 2 GG darstellen. Daß der Versuch einer entsprechenden Anwendung nicht von vornherein abwegig ist, ergibt der Umstand, daß sich Art. 34 GG im II. Abschnitt des Grundgesetzes mit der Überschrift „Der Bund und die Länder" befindet.

Bevor Art. 34 aber unmittelbar oder auch — wie hier — analog angewendet werden kann, müssen grundsätzlich die Tatbestandsvoraussetzungen des § 839 BGB erfüllt sein. Denn die Länder würden, wie schon unter der Geltung des Art. 131 WRV allgemein anerkannt war, nur soweit haften, als der Beamte nach § 839 BGB haftet, wenn er unmittelbar in

---

[85] Vgl. oben unter IV.
[86] Vgl. z. B. Stefen, DÖH 1955, S. 245 = KOV 1956, S. 42; für die Bundesauftragsverw., vgl. *Fricke*, RiA 59, S. 51 (53) und S. 144; ihm widerspricht insoweit zutreffend *Godschalk*, RiA 59, S. 232.

C. Die Länderhaftung im einzelnen

Anspruch genommen würde[87]. Der Weg zur Hoheitshaftung des Staates führt daher immer über § 839 BGB. Dieser bleibt in Verbindung mit Art. 34 GG die Grundlage der Hoheitshaftung[88].

Die Anwendung dieses Grundsatzes hätte zur Folge, daß bei der Haftung nach Art. 34 GG die Verantwortlichkeit für eine Amtspflichtverletzung i. S. des § 839 BGB den Staat oder die öffentlich-rechtliche Körperschaft träfe, in deren Dienst sich der Amtsträger befindet[89]; das ist der Dienstherr, zu dem der Beamte im Anstellungsverhältnis steht[90]. Die Haftung des nach der Anstellung zu bestimmenden Dienstherrn tritt also ausnahmslos an die Stelle derjenigen des Beamten aus § 839 BGB[91]. Hätte demnach im Einzelfall ein Bediensteter den Tatbestand des § 839 BGB erfüllt[92], so könnte der Geschädigte (Bund) ihn nicht persönlich in Anspruch nehmen, sondern nur die Anstellungskörperschaft; im Bund-Länder-Verhältnis wäre das also das betreffende Land.

Für den Schadensersatzanspruch aus Amtspflichtverletzung und für den Rückgriff — das sei der Vollständigkeit halber erwähnt — darf der ordentliche Rechtsweg nicht ausgeschlossen werden (Art. 34 Satz 3 GG); da es sich bei einzelnen Rückforderungen nicht um Fragen des Lasten- und Finanzausgleichs handelt[93], für die der Verwaltungsrechtsweg eröffnet wäre[94], und die Bundesrepublik den Schadensersatzanspruch ausdrücklich auf § 839 BGB stützen müßte[95], bestehen gegen die Zulässigkeit des ordentlichen Rechtsweges keine Bedenken. Ohne Rücksicht auf den Streitwert wären die Landgerichte sachlich zuständig (§ 71 Abs. 2 Ziff. 2 GVG).

Bevor jedoch geprüft werden kann, ob ein den Bund schädigendes Verhalten von Länderbediensteten unter § 839 BGB subsumierbar ist, muß die Frage behandelt werden, ob eine analoge Anwendung[96] des Art. 34 GG im Rahmen der bundesstaatlichen Finanzverfassung und der Organi-

---

[87] Vgl. RGZ 96, 143.
[88] Vgl. Enneccerus-Lehmann, SchuR, Bd. II, S. 970; Kayser-Leiß, S. 20; a. M. im Hinblick auf BGHZ 13, 88 ff. W. Jellinek, JZ 1955, S. 147 (149).
[89] „Beamter" ist hierbei jede mit hoheitlichen Aufgaben betraute Person; auf die staatsrechtliche „Beamtenqualität" kommt es nicht an. Vgl. statt vieler: Soergel-Siebert, BGB, 1962, § 839 Anm. 30.
[90] Herrschende Anstellungstheorie, vgl. die Nachw. S. 85 Fußn. 19.
[91] Vgl. S. 79.
[92] Der Umfang der Haftung regelt sich also nach § 839 BGB (RG in ständiger Rechtspr., vgl. Jess, BK, Art. 34 Erl. 8; auch in dieser Beziehung stehen sich Art. 34 GG u. Art. 131 WRV gleich (Heidenhain, NJW 1949, S. 841 ff.; OGH BrZ, NJW 1950, S. 261).
[93] Siehe hierzu II. Teil, 4. Abschn., A, B.
[94] Vgl. BGHZ 24, S. 303 (308).
[95] Vgl. OVG Münster, OVGE 16, S. 60 (61).
[96] Über die Voraussetzungen der Analogie im einzelnen vgl. S. 113 ff.

sationsnormen der Art. 83 ff. GG überhaupt zulässig ist. Das gilt namentlich auch deswegen, weil § 839 BGB als eine Vorschrift des zivilen Rechts für sich genommen als systemfremde Vorschrift angesehen werden muß, deren Auslegung allein nicht geeignet sein dürfte, ein bundesstaatliches Problem zu bewältigen.

Es ist somit zunächst der Frage nachzugehen, ob eine Anwendung des Art. 34 GG in Verbindung mit § 839 BGB im Rahmen eines betont bundesstaatlich strukturierten Grundgesetzes zwischen dem Bund und den Gliedstaaten verfassungsrechtlich zulässig ist[97].

Wie schon erwähnt, handelt es sich bei einer Inanspruchnahme auf Schadensersatz durch den Bund mit Hilfe des Art. 34 GG i. V. mit § 839 BGB praktisch um eine Analogie zu Art. 108 Abs. 4 S. 2 GG[98]. Anders ausgedrückt geht es um die Frage, ob sich die in Art. 108 Abs. 4 S. 2 GG für die bundesstaatliche Einnahmenverwaltung enthaltene Haftungsregelung unter Verwendung der zu Art. 34 GG i. V. m. § 839 BGB entwickelten und möglicherweise noch darzulegenden Grundsätze auf die sich nach Art. 83 ff. GG vollziehende Ausgabenverwaltung übertragen läßt. Es muß daher geklärt werden, ob die Voraussetzungen für eine Analogie hier gegeben sind.

Die Frage wird zu verneinen sein.

Die Abhandlung geht davon aus, daß das Grundgesetz die Haftung bei der Ausgabenverwaltung nicht ausdrücklich regelt[99]. Ein weiterer Ausgangspunkt besteht darin, daß zur Ausfüllung dieser „Lücke" nur Normen oder Rechtsgrundsätze verwendbar sind, die mit Verfassungsnormen oder verfassungsrechtlichen Grundentscheidungen rang- und wesensgleich sind[100]. Art. 34 GG ist nun zwar eine Norm des Grundgesetzes. Er besagt jedoch etwas wesentlich anderes als Art. 108 Abs. 4 S. 2 GG, denn Art. 34 GG hat in erster Linie die Aufgabe, zu bestimmen, daß für Ansprüche aus Amtspflichtverletzung dem Geschädigten gegenüber der Staat unmittelbar haftet. Der Hauptzweck des Art. 34 GG besteht demzufolge darin, daß dem Geschädigten die Verwirklichung seines Anspruchs garantiert wird und es ihm erspart bleibt, den weit weniger zahlungskräftigen Bediensteten zu verklagen[101]. Außerdem stellt sich der Staat umgekehrt durch Art. 34 GG schützend von seine Amtsträger, indem er sie von der unmittelbaren Haftung befreit[102]. Sinn und Zweck

---
[97] Vgl. S. 107.
[98] Vgl. S. 124.
[99] Vgl. S. 110 f.
[100] Vgl. S. 112 f.
[101] Ein Gesichtspunkt, der, handelte es sich bei Art. 34 GG um eine auf die verfassungsrechtlichen Zuordnungen im Bundestaat anwendbare Vorschrift, dort fehl am Platze wäre.
[102] Vgl. Hamann, Art. 34, Anm. A/B.

des Art. 34 GG liegen also auf einer anderen Ebene als Art. 108 Abs. 4 S. 2 GG. Beide sind demnach nicht wesensgleich. Hinzu kommt, daß Art. 34 GG im Gegensatz zu Art. 108 Abs. 4 S. 2 GG seine materielle Ausfüllung erst durch eine Vorschrift des bürgerlichen Rechts (§ 839 BGB) erfahren muß. Beide Artikel lassen sich daher insofern schwerlich als ranggleich bezeichnen, da Art. 108 Abs. 4 S. 2 GG selbst eine unmittelbare Haftungsnorm ist.

Auch aus der umfangreichen Haftungsrechtsprechung der Zivilgerichte, insbesondere zu dem Problem der „Dritteigenschaft" des Bundes, ergibt sich keine andere Beurteilung. In der Zivilrechtsprechung war schon früh die Frage aufgeworfen und bejaht worden[103], ob Schadensersatzansprüche auch zwischen öffentlich-rechtlichen Körperschaften, und zwar zwischen Gemeinde und Staat[104], bestehen können. Das Reichsgericht hat diese Rechtsprechung fortgesetzt und weiter entwickelt[105]. Mit seinem Urteil vom 9. 1. 1958[106] und weiteren Entscheidungen[107] hat sich der Bundesgerichtshof der Rechtsprechung des Reichsgerichts angeschlossen[108].

Für den Bereich der Bundesauftragsverwaltung hat der Bundesgerichtshof einen Amtshaftungsanspruch im wesentlichen mit der Begründung verneint, daß Bund und Länder (Gemeinden) bei der Erfüllung einer gemeinsamen Aufgabe eng miteinander verbunden seien (Verzahnung, Internum[109]). Die Dritteigenschaft und damit ein Amtshaftungsanspruch wurden dagegen folgerichtig bejaht, wenn öffentlich-rechtliche Körperschaften nicht zu einer gemeinsamen Aufgabe verbunden waren[110]. Es

---

[103] Nach RG Rechtsprechung bestehen umgekehrt auch Amtspflichten des Staates gegenüber den Gemeinden, vgl. RGZ 118, 94 (99).
[104] Entsch. v. 7. 5. 1909 in Recht 1909 Nr. 1886; der Bürgermeister einer Landgemeinde wurde zum Schadensersatz gem. § 839 BGB verurteilt, weil er eine Ruhegehalt beziehende Verwandte pflichtwidrig nicht in der staatl. Steuerliste geführt und dadurch ihre Veranlagung zur Staatssteuer verhindert hatte.
[105] Vgl. RGZ 78, 241; 134, 311; 144, 119 (124); 154, 201 (208). Grundsätzlich schließen auch RGZ 133, 244; 133, 139 Ansprüche aus Amtspflichtverletzung zwischen öffentlich-rechtlichen Körperschaften nicht aus. Das RG hatte lediglich den Rechtsweg als nicht gegeben angesehen (vgl. hierzu Bettermann, JZ 1958, S. 165).
[106] BGHZ 26, 232 (234) und weiteren Entscheidungen.
[107] BGHZ 27, 210; BGH MDR 1960, S. 827.
[108] Zunächst war die Frage offengelassen worden, vgl. Urteil vom 7. 5. 1956 L-M § 839 (Fm) Nr. 2; Pagendarm, L-M § 839 c Nr. 35 Ziff. 3.
[109] Vgl. im einzelnen oben S. 97 ff., insbes. Fußn. 91; es ist allerdings fraglich, ob die Konstruktion in BGHZ 26, 232 (234), die Durchführung der Ausgleichsgesetze sei eine gemeinsame Aufgabe von Bund, Ländern und Gemeinden und ihr Verhältnis stelle sich insoweit als ein Internum dar, verfassungsrechtlich haltbar ist, denn auch die Bundesauftragsverwaltung ist Landesverwaltung und weder Bundesverwaltung, noch sog. Gemeinschaftsaufgabe (vgl. hierzu im einzelnen S. 90 ff.).
[110] Z. B. zwischen der Meldebehörde einer Gemeinde und dem Land bei Ausführung des Landesentschädigungsgesetzes; vgl. auch BGH MDR 1960, S. 827.

wäre aber ein Trugschluß, wenn man daraus, daß die Verwaltungsbereiche von Bund und Ländern gerade bei der landeseigenen Verwaltung streng voneinander getrennt sind[111], die Folgerung zöge, hier liege ein möglicher Anwendungsfall der Amtshaftungsgrundsätze, da der Bund wegen der vorhandenen Trennung als „Dritter" im Sinne des Art. 34 GG bzw. § 839 BGB anzusehen sei. Das Grundgesetz gewährt nämlich dem Zentralstaat auch bei der landeseigenen Verwaltung einen abgeschlossenen Katalog von Sanktions- und Korrekturmitteln, um auf die Länderverwaltungen im Rahmen der Verfassung einwirken zu können[112]. Es hieße, diesen Katalog in verfassungsrechtlich unzulässiger Weise zu erweitern, wenn außer und neben diesen Aufsichtsmitteln der für die Länder weit einschneidendere Amtshaftungsanspruch bestehen würde. Das Grundgesetz hat aus Gründen der Machtverteilung die Verwaltung des Bundesstaates primär den Ländern aufgegeben (Art. 30, 83 GG); es führt die bundesstaatliche Trennung der Funktionsbereiche auch konsequent durch. Es muß daher davon ausgegangen werden, daß diese vom Verfassungsgeber bewußt herbeigeführte Zäsur nicht — auch nicht für den Einzelausschnitt der Haftungsfrage — durch Analogieschluß überbrückt und eingeebnet werden kann. Es dürfte auch nicht Sinn der bundesstaatlichen Kompetenzverteilung sein, wenn der Zentralstaat durch sie zu einer risikofreien Verwaltung käme. Da der Bund vielmehr mit Schädigungen rechnen müßte, falls ihm selbst der Vollzug seiner Gesetze obläge, sind Amtshaftungsansprüche zwischen Bund und Ländern beim fehlerhaften Vollzug von Bundesgesetzen verfassungsrechtlich ausgeschlossen.

Aus diesen Überlegungen ergibt sich zuletzt, daß der Analogieschluß zu Art. 108 Abs. 4 Satz 2 GG überhaupt entfallen muß. Wenn aber der Versuch einer Analogie scheitert, ist nur noch Raum für den Umkehrschluß[113]. Dieser lautet: Das Grundgesetz enthält keine Lücke. Es regelt die Haftungsfrage vollständig. Dadurch, daß die Verfassung durch Art. 108 Abs. 4 Satz 2 GG die Haftung für einen Teilbereich ausdrücklich bejaht, schließt sie die Haftung im übrigen aus. Da im Verhältnis Bund gegenüber den Gemeinden (Gemeindeverbänden) spezielle Haftungsvorschriften nicht vorhanden sind, würde darüber hinaus auch deren Inanspruchnahme durch den Bund keine Aussicht auf Erfolg versprechen[114].

---

[111] Vgl. I. Teil, 2. Abschn., A I.
[112] Vgl. I. Teil, 2. Abschn., A II.
[113] Vgl. S. 112 f.
[114] Vgl. S. 28.

Zusammenfassende Schlußbemerkung

Die Untersuchung zeigt im Ergebnis, daß die Bundesrepublik de lege lata einem schädigenden Verhalten der Länder und deren Bediensteten schutzlos ausgesetzt ist, da ihr weder Ersatzansprüche gegen Beamte und Angestellte noch Schadensersatzansprüche gegen die Länder selbst zustehen.

Es ist daher verständlich, daß dem Bund daran gelegen ist, de lege ferenda eine Änderung der Rechtslage zu seinen Gunsten zu erreichen. Er kann nunmehr auf das kürzlich veröffentliche Gutachten der Kommission für die Finanzreform verweisen. Die Kommission schlägt nämlich im Zusammenhang mit der Neuregelung der bundesstaatlichen Lastenverteilung unter anderem die Einführung eines Art. 104 a Abs. 4 vor, der nach dem Vorschlag der Gutachterkommission folgende Fassung erhalten soll[1]:

„Der Bund und die Länder tragen die bei ihren Behörden entstehenden Verwaltungsausgaben und haften im Verhältnis zueinander für eine ordnungsmäßige Verwaltung. Das Nähere bestimmt ein Bundesgesetz, das der Zustimmung des Bundesrates bedarf."

Allerdings hat der Bundesrat bei der Behandlung der Gesetzesvorlage im sogenannten ersten Durchgang eine Ablehnung dieser Haftungsregelung nicht ausdrücklich erklärt[2]. Auch hierfür dürfte aber die Erklärung des Ministerpräsidenten Kühn[3] gelten, daß eine abschließende Stellungnahme zu den Reformvorschlägen nicht möglich sei, ehe die vorgesehenen Ausführungsgesetze nicht im Entwurf vorliegen.

Nach Art. II des Finanzreformgesetzes soll die Grundgesetzänderung am 1. Januar 1970 in Kraft treten. Es ist nicht zu erwarten, daß die Länder diesen Verfassungsergänzungsvorschlag widerspruchslos akzeptieren werden. Die Bundesregierung hat diesen Vorschlag unverändert als Art. 104 a Abs. 4 in das Finanzreformgesetz übernommen[4, 5]. Die

---

[1] Troeger-Gutachten, Rdnr. 202 (S. 52).
[2] Vgl. „Das Parlament" 1968, Nr. 18.
[3] aaO, vgl. auch S. 33 b.
[4] Vgl. BR-Drs. 138/68.
[5] In der Zeit nach dem Abschluß der Arbeit und dem Tag der mündlichen Prüfung hat der Deutsche Bundestag am 12. 5. 1969 das 21. Gesetz zur Änderung des Grundgesetzes (BGBl. I S. 359 — Finanzreformgesetz —) beschlossen und damit auch Art. 104 a Abs. 4 in die Verfassung eingeführt. Die Verfas-

Länder können im Verlaufe der weiteren Erörterung des Gesetzentwurfs mit guten Gründen darauf hinweisen, daß der vorgeschlagene Passus sich allein zu ihren Lasten auswirken wird und der Zentralstaat bei Verwirklichung der vorgeschlagenen Änderung in den Genuß eines für ihn risikofreien Vollzuges seiner Gesetze gelangen würde. Daß durch die Wortfassung „im Verhältnis zueinander" die Gegenseitigkeit der Haftung begründet würde, dürfte lediglich deklaratorische Bedeutung haben, da eine Finanzierung von Bundesaufgaben durch die Länder und damit eine Verwaltung von Landesmitteln durch den Bund weder jetzt noch zukünftig vorgesehen ist. Fraglich ist auch, ob der wohl aus Art. 108 Abs. 4 Satz 2 GG übernommene und dort unter Umständen tragbare Begriff „ordnungsmäßige Verwaltung" bei der Ausgabenverwaltung nicht zu weitgehend ist. Eine mangelnde Ordnungsmäßigkeit könnte nämlich dem Begriff nach ohne Schwierigkeiten für den Vollzug selbst behauptet werden, sofern dadurch dem Bund finanzielle Nachteile entstehen. Es besteht somit für die Länder die Gefahr, daß sie auch für Schäden haftbar werden, die nicht oder nicht nur in rechtsfehlerhafter Anwendung eines Bundesgesetzes bestehen oder aus ihr herrühren. Dem Zentralstaat stünde damit das Recht zur Beurteilung zu, ob die Gliedstaaten seine Gesetze „ordnungsgemäß ausführen". Da „ordnungsgemäß" begrifflich mehr bedeutet als die Rechtskontrolle gemäß Art. 84 Abs. 3 GG, erhielte der Bund durch Art. 104 a Abs. 4 des Entwurfs ein verstärktes Aufsichtsmittel in die Hand.

Die Gefahr eines weitergehenden Einbruchs in die Länderzuständigkeiten müßte auch darin erblickt werden, daß Art. 104 a Abs. 4 Satz 2 FinanzreformG ein Ausführungsgesetz des Bundes vorsieht. Das Gesetz soll zwar unter dem Zustimmungsvorbehalt des Bundesrates stehen; die Haftung wäre zukünftig damit nicht mehr allein ein allgemeiner Verfassungsgrundsatz. Vielmehr könnte bei entsprechenden parlamentarischen Mehrheitsverhältnissen im Bundestag und den Ländervertretungen, und damit im Bundesrat, eine Gesetzesfassung durchgebracht werden, die ohne den Zwang zur Verfassungsänderung eine mit föderativen

---

sungsänderung tritt am 1. 1. 1970 in Kraft. Von diesem Zeitpunkt ab haften Bund und Länder im Verhältnis zueinander für eine ordnungsgemäße Verwaltung. Art und Umfang der Haftung müssen allerdings noch durch ein zustimmungsbedürftiges Ausführungsgesetz bestimmt werden, bevor sich Art. 104 a Abs. 4 GG n. F. auswirken kann. Die im Zusammenhang mit der Anrufung des Vermittlungsausschusses (vgl. BT-Drs. V/2861, S. 86 Ziff. 4 b) zum Ausdruck kommende Auffassung des Bundesrates, für eine Haftungsvorschrift bestehe kein Bedürfnis, hat sich nach der erneuten Stellungnahme der Bundesregierung (vgl. BT-Drs., aaO, S. 94 unter c) offenbar nicht aufrechterhalten lassen. Die nachstehenden Überlegungen sind damit nicht überholt, sondern gelten sinngemäß für das nach Art. 104 a Abs. 4 S. 2 erforderliche Ausführungsgesetz. Der Verfassungsgeber hat damit im übrigen die hier vertretene Auffassung bestätigt, daß nach geltendem Recht eine Haftung nicht besteht.

Grundsätzen unvereinbare noch stärkere Einflußnahme des Zentralstaates auf die Gliedstaaten im Gefolge hätte.

Für die Bundesländer ist möglicherweise der Gedanke erträglicher, im Rahmen der Überleitungsgesetze oder allgemein im Zuge der Reform des Haushaltsrechts die bloße gesetzliche Verpflichtung zu übernehmen, Überzahlungen, die auf vorsätzlicher oder rechtsfehlerhafter Bewilligung grob fahrlässig von Länderbediensteten geleistet worden sind, von diesen oder den Leistungsempfängern im Rahmen der rechtlichen und tatsächlichen Möglichkeiten einzuziehen und dem Bund zu erstatten. Dieses Verfahren entspricht auch weitgehend der jetzigen Praxis. Gedacht werden könnte an eine entsprechende Änderung des § 21 I. ÜLG oder die Aufnahme einer Vorschrift in das Haushaltsrecht im Zuge der auf diesem Rechtsgebiet eingeleiteten Reformarbeiten.

Schrifttum

Achterberg, Norbert: Die Enteignungshoheit für Bundesbahnzwecke als stillschweigende Verwaltungszuständigkeit des Bundes, DÖV 1964, S. 612.

Adam, Robert: Bundeszuschüsse an die Gliedstaaten in den USA, BayVB 1961, S. 36.

— Bund und Gliedstaaten in den USA, DÖV 1961, S. 407.

— (x) Amtshaftung zwischen Staat und Gemeinden, RiA 1961, S. 359.

Adamovich, L. - *Spanner*, H.: Handbuch des Österreichischen Verfassungsrechts, 5. Aufl., Wien 1957.

Anders, Georg: Zehn Jahre Bund und Kommunen, Der Landkreis 1960, S. 190.

Anschütz, Gerhard: Der deutsche Föderalismus in Vergangenheit, Gegenwart und Zukunft, VdVStRL, Heft 1, 1924, S. 11.

— Reichsaufsicht und Reichsexekution, Handbuch des Deutschen Staatsrechts, Bd. 1, Tübingen 1930, S. 363.

— Die Verfassung des Deutschen Reiches, 14. Aufl., Berlin 1933.

— Lücken in Verfassungs- und Verwaltungsgesetzen, Verwaltungsarchiv, Bd. 14 (1906), S. 315 ff.

Arndt, Adolf: Verfassung des Deutschen Reiches, Berlin 1913.

Bachof, Otto: Die verwaltungsgerichtliche Klage auf Vornahme einer Amtshandlung, Tübingen 1951.

— Anmerkung zu einem Urteil des BVerwG, JZ 1962, S. 350.

— Verfassungsrecht, Verwaltungsrecht, Verfahrensrecht, 2. Aufl., Tübingen 1964.

Bank, Bernhard: Über Umfang und Grenzen der Finanzkontrolle der Rechnungshöfe, AÖR Bd. 80, S. 278.

— (x) Bittere Verwaltungswirklichkeit, DÖV 1961, S. 300.

Bartholomeyczik, Horst: Die Kunst der Gesetzesauslegung, Frankfurt/M., 1960.

Bauch-Danckelmann: Bundesleistungsgesetz, Kommentar, Stuttgart 1957.

Bauch-Schmidt: Landesbeschaffungsgesetz und Schutzbereichsgesetz, Kommentar, Stuttgart 1957.

Bayer, Hermann-Winfried: Die Bundestreue, Tübingen 1961.

Becker, Erich: Die Selbstverwaltung als verfassungsrechtliche Grundlage der kommunalen Ordnung in Bund und Ländern, Handbuch der kommunalen Wissenschaft und Praxis, Bd. 2, Berlin 1956—59.

— Die Ausführung von Bundesgesetzen durch Gemeinden und Gemeindeverbände, BayVerwBl. 1961, S. 65.

Berger: Wann ist der Gemeindebeamte bei Verstößen gegen die Vorschriften des Haushaltsrechts schadensersatzpflichtig?, RVerwBl. 1938, S. 421.

Bettermann, Karl August: Rechtsgrund und Rechtsnatur der Staatshaftung, DÖV 1954, S. 299.

— Anmerkung zum Urteil des BGH v. 19. 4. 1956, MDR 1956, S. 605.

— Anmerkung zum Urteil des BGH v. 27. 5. 1957, JZ 1958, S. 163 (165).

BGB-RGRK: Kommentar, 11. Aufl., Berlin 1960.

Blessin-Ehrig-Wilden: Bundesentschädigungsgesetze, Kommentar, 3. Aufl., München und Berlin 1960.

Bochalli, Alfred: Bundesbeamtengesetz, Kommentar, München und Berlin 1958.

Bonner Kommentar: Kommentar zum Bonner Grundgesetz (Loseblatt), Hamburg 1950.

Brand, Arthur: Deutsches Beamtengesetz, Kommentar, 3. Aufl., Berlin 1940.

Bullinger, Martin: Der Anwendungsbereich der Bundesaufsicht, AÖR Bd. 83 (1958), S. 279.

Burckhardt, W.: Kommentar der Schweizerischen Bundesverfassung, 3. Aufl., Bern 1931.

Burmeister: „Das Deutsche Bundesrecht", Loseblatt, Baden-Baden, Frankfurt/M.

Carl (x): Die Amtshaftung in der Lastenausgleichsverwaltung, ZLA 1960, S. 227.

Collasius, Hans-Jürgen: Ausfüllung von Lücken im Normensystem des Verwaltungsrechts durch Rückgriff auf Vorschriften des BGB (Diss.), Hamburg 1957/58.

Dahlgrün, Rolf: Die staatliche Finanzkontrolle, Staats- und verwaltungswissenschaftliche Beiträge, Festschrift Speyer, Stuttgart 1957.

v. Doemming, Füsslein-Matz: Die Entstehungsgeschichte des Grundgesetzes, JÖR Bd. 1, Tübingen 1951.

Eibl: Zur Frage der Haftung für Amtspflichtverletzungen des Landrats, Bay. Bürgermeister 1949, S. 226.

Engisch, Karl: Der Begriff der Rechtslücke. Eine analytische Studie zu Wilhelm Sauers Methodenlehre, Festschrift für W. Sauer, Berlin 1949, S. 85 ff.

Enneccerus-Lehmann: Recht der Schuldverhältnisse, 15. Bearb., Tübingen 1958.

Enneccerus-Nipperdey: Allgemeiner Teil des Bürgerlichen Rechts, Bd. 2, 14. Aufl., Tübingen 1955.

Erman-Dress: Handkommentar zum BGB, 2. Aufl., Münster 1958.

Eyermann-Fröhler: Verwaltungsgerichtsgesetz, Kommentar, München und Berlin 1950.

— Verwaltungsgerichtsordnung, Kommentar, München und Berlin 1960.

Féaux de la Croix, Ernst: Allgemeines Kriegsfolgengesetz, Kommentar, Stuttgart 1959.

Fischbach, Oskar: Bundesbeamtengesetz, Kommentar, Köln - Berlin 1956; Ergänzungsband 1959.

Fischer-Menshausen, Herbert: Die Abgrenzung der Finanzverantwortung zwischen Bund und Ländern, DÖV 1952, S. 673.
— Die staatswirtschaftliche Bedeutung des neuen Finanzausgleichs, DÖV 1955, S. 261.
— Das Finanzverfassungsgesetz, DÖV 1956, S. 161.
Fleiner, Fritz: Institutionen des Deutschen Verwaltungsrechts, 6 und 7. Aufl., Tübingen 1922.
Fleiner-Giacometti: Schweizerisches Bundesstaatsrecht, Zürich 1949.
Forsthoff, Ernst: Lehrbuch des Verwaltungsrechts, Allgemeiner Teil, Bd. 1, 8. Aufl., München und Berlin 1961.
— Die Umbildung des Verfassungsgesetzes, in: Festgabe für C. Schmitt, Berlin 1959.
Fricke, Weddig (x): Regreßpflicht des Beamten bei fehlerhaftem Verwaltungsakt?, RiA 1959, S. 51.
— (x) Zur Frage der Amtspflichtverletzung im Sinne des § 839 BGB, RiA 1959, S. 147.
Friedrichs: Preußisches Kommunalbeamtenrecht, Berlin 1926.
Friedrichs, Karl: Der Allgemeine Teil des Rechts, Berlin, Leipzig 1927.
Fries, v., Wolf: Finanzielle Wechselbeziehungen zwischen Unterstaaten und oberstaatlichem Verband in Staatenverbindungen, Jur. Diss., Münster 1910.
Friesenhahn, Ernst: Der Rechtsschutz im öffentlichen Recht nach dem Bonner Grundgesetz, DVBl. 1949, S. 478.
Fritz, Rud. (x): Zur Amtshaftung im Lastenausgleich, IFLA 1958, S. 221.
Frowein, Jochen: Die selbständige Bundesaufsicht nach dem GG, Bonner Rechtsw. Abhdlg., Bonn 1961.
Fuß, Ernst-Werner: Die Bundestreue — ein unentbehrlicher Rechtsbegriff?, DÖV 1964, S. 37 ff.
Geib, Ekkehard: Schlesw.-Hol. Beamtengesetz, Kommentar, Stuttgart 1956.
Geiger, Willi: Bundesverfassungsgerichtsgesetz, Kommentar, Berlin und Frankfurt/M. 1952.
— Bedeutung und Funktion des Föderalismus in der Bundesrepublik Deutschland, Bay.Verw.Bl. 1964, S. 65, 108.
Giese, Friedrich: Verfassung des Deutschen Reiches, 8. Aufl., Berlin 1931.
Giese-Schumck, Egon: Grundgesetz für die Bundesrepublik Deutschland, 6. Aufl., Frankfurt/M. 1962.
Godschalk (x): Zur Frage der Amtspflichtverletzung i. S. § 839 BGB, RiA 1959, S. 232.
Gönnenwein, Otto: Gemeinderecht, Tübingen 1963.
Görg, Hubert: Die Überleitungsgesetze des Bundes, DÖV 1951, S. 625.
— Die Vorschläge der Bundesregierung zur Finanzreform und die Gemeinden, RiA 1954, S. 48.
— Zur Frage der Erweiterung der Bundesauftragsverwaltung, DÖV 1955, S. 273.
— Probleme der Bundesfinanzverfassung, Staats- und verwaltungswissenschaftliche Beiträge, Speyer, Stuttgart 1957.

Görg, Hubert: Bundesauftragsangelegenheiten der Gemeinden und Gemeindeverbände und ihre Pflichtaufgaben nach Weisung, DÖV 1961, S. 41.
— Die gegenseitige Treupflicht des Bundes und der Länder auf Gebieten des Finanzwesens, Festgabe für H. Herrfahrdt, Marburg 1961, S. 89.
— Rezension zu Bd. 11 der Schriftenreihe der Hochschule Speyer (Gemeinschaftsaufgaben), AÖR 1964, Bd. 89, S. 495.

Graubaum, Werner: Der Verfassungsschutz durch Bundesaufsicht über die Länder nach dem Bonner Grundgesetz, Jur. Diss., Hamburg 1952.

Griffel, Helmut (x): Die Haftung der Länder für Fehlbeträge an Bundesmitteln, DÖH 1957, S. 243.

Groß, Gerhard (x): Der verfassungsrechtliche Gehalt der Bundestreue, DÖV 1961, S. 404.

Gutachten über die Finanzreform in der Bundesrepublik Deutschland (Troeger-Kommission), Stuttgart, Köln, Berlin, Mainz 1966.

Hacker, Horst: Finanzausgleich und Praxis, Bd. 3, S. 394, Berlin - Göttingen - Heidelberg 1959.

Hänel, Albert: Deutsches Staatsrecht, Bd. 1, Leipzig 1892.

Härtig: Zur Stellung der Rechnungshöfe, DVBl. 1955, S. 173.

Hamann, Andreas: Das Grundgesetz, Kommentar, 2. Aufl., Berlin - Neuwied - Darmstadt 1961.

Harmening, R.: Kommentar zur gesamten Lastenausgleichsgesetzgebung (Loseblatt), München und Berlin.

Hartisch, Hans (x): Zum Verschulden des mitwirkenden Beamten oder Angestellten in Fällen überzahlter Kriegsschadenrente, ZLA 1957, S. 103.

Hatschek, Julius: Deutsches und Preußisches Staatsrecht, 2 Bände, Berlin 1930.

Haueisen, Fritz: Erstattungsansprüche im öffentlichen Recht, NJW 1954, S. 977.
— Betrachtungen über die Rücknahme fehlerhafter Verwaltungsakte, DVBl. 1959, S. 228.

Heide, v. d., Hans-Jürgen: Zur Abgrenzung zwischen den Bunds-, den Länder- und Kommunalfinanzen, DVBl. 1953, S. 289.

Heidenhain, Mart.-Eberh.: Die Amtshaftung in der Bundesrepublik, NJW 1949, S. 841.

Heim, Rudolf: Zum Problem der Beteiligung des Bundes an Verwaltungskosten, DÖV 1958, S. 566.

Helmert, Otto: Haushalts-, Kassen- und Rechnungswesen, Berlin 1961.

Henle, Wilhelm: Finanzausgleich im Widerstreit, DÖV 1962, S. 201.

Herder (x): Fragen zur Haftung bei Amtspflichtverletzungen gegenüber dem Ausgleichsfonds, RLA 1957, S. 353.

Hergenhahn, Th.: Besprechung von RGZ 20, 150 in AÖR Bd. 4, 1889, S. 147.

Hertl, Norbert: Die Treuepflicht der Länder gegenüber dem Bund und die Folgen ihrer Verletzung (das Problem des bundesfreundlichen Verhaltens), Jur. Diss., Würzburg 1956/57.

Hettlage, Karl Maria: Die Neuordnung der Deutschen Finanzverfassung, FinArch. 1953, S. 413.

Hettlage, Karl Maria: Finanzverfassung im Rahmen der Staatsverfassung, VdVDStRL, Heft 14, S. 535.

Heyland, Carl: Deutsches Beamtenrecht, Berlin 1938.

Huber, E. R.: Wirtschaftsverwaltungsrecht, 2 Bände, Tübingen 1953.

— Die institutionelle Verfassungsgarantie der Rechnungshöfe, Festschrift für A. Nikisch, Tübingen 1958.

Hüchting, Paul: Kommt es zur Finanzreform?, DÖV 1954, S. 290.

Jähnig, Werner: Die Gemeindeverwaltung in den USA, DÖV 1958, S. 89.

Jehle, Ernst: Die Ersparnisse am württembergischen Militäretat, AöR Bd. 17 (1902), S. 267.

Jellinek, W.: Verwaltungsrecht, 3. Aufl., Berlin 1931.

— Die Rechtsformen des Staatsdienstes. Begriff und rechtliche Struktur des Beamtenverhältnisses, HdbdDtStR Bd. 2 (1932), S. 23.

— Zum Entwurf einer Verwaltungsgerichtsordnung für Württemberg, AÖR 21, n. F. 1.

— Schadensersatz aus Amtshaftung und Enteignungsentschädigung, JZ 1955, S. 147 ff.

Käß, F.: Altsparergesetz, Kommentar, Stuttgart 1959.

Katzenstein, Dietrich: Rechtliche Erscheinungsformen der Machtverschiebung zwischen Bund und Ländern seit 1949, DÖV 1958, S. 593.

Kayser, Alfred: Anstellungs- oder Funktionstheorie bei Amtshaftung, NJW 1951, S. 95.

Kayser-Leiß: Die Amtshaftung, 2. Aufl., München und Berlin 1958.

Klein, Friedrich: Von der föderativen zur stärker unitarischen Gestaltung des Finanzwesens in der Bundesrepublik, Festschrift für Giese, Frankfurt 1953, S. 61 ff.

— Die bisherige Rechtsprechung des Bundesverfassungsgerichts in Finanz- und Steuerfragen, Heft 58 der Schriftenreihe des Instituts Finanzen und Steuern, 1959, S. 10 ff.

— Verfassungsrechtliche Grenzen der Gemeinschaftsaufgaben, in: „Gemeinschaftaufgaben zwischen Bund, Ländern und Gemeinden", Bd. 11 der Schriftenreihe Hochschule Speyer, Berlin 1961.

— Das Verhältnis von Gesetzgebungs- und Verwaltungszuständigkeit, AÖR 88 (1963), S. 337.

Klug, Ulrich: Juristische Logik, 1. Aufl., Berlin - Göttingen 1951.

Kölble, Josef (x): Wer haftet dem Bund bei fehlerhaftem Vollzug von Bundesgesetzen durch die Länder?, DÖV 1959, S. 807.

— „Gemeinschaftsaufgaben zwischen Bund und Ländern", Schriftenreihe der Hochschule Speyer, Bd. 11, Berlin 1961, S. 43.

— Bildungs- und Forschungsförderung als Aufgabe von Bund und Ländern, DÖV 1964, S. 592.

Koellreuther, Otto: Deutsches Staatsrecht, Stuttgart und Köln 1953.

König, Oskar (x): Zur Frage der Amtshaftung in der Ausgleichsverwaltung, DÖV 1957, S. 112.

Köttgen, Arnold: Der Einfluß des Bundes auf die deutsche Verwaltung und die Organisation der bundeseigenen Verwaltung, JÖR n. F., Bd. 3, S. 92, und Bd. 11, S. 173 ff. (2. und 3. Legislaturperiode).
— Der Einwand der Mischverwaltung und das Grundgesetz, DÖV 1955, S. 485.
— Die Demeinden und der Bundesgesetzgeber, Stuttgart 1957.

Konow, Gerhard: Kooperativer Föderalismus und Gemeinschaftsaufgaben, DÖV 1966, S. 368 ff.

Kormann, Karl: System der rechtsgeschäftlichen Staatsakte, Berlin 1910.

Krause, Wolfgang: Die Verwaltung von Haushaltsmitteln des Bundes durch die Länder und Gemeinden, DÖV 1955, S. 278.

Küchenhoff, Erich: Ungeschriebene Bundeszuständigkeiten und Verfassungsauslegung, DVBl. 1951, S. 585, 617 ff.

Kühne-Wolff: Die Gesetzgebung über den Lastenausgleich (Loseblatt), Stuttgart.

Kurzwelly, Fr.-Wilh.: Die Neuordnung der Kriegsfolgenhilfe, DÖV 1955, S. 281.
— Die Kriegsfolgenhilfe, 2 Bände, Berlin und Köln 1955 und 1957.

Laband, Paul: Die Einheitlichkeit des deutschen Heeres und die Contingentsherrlichkeit, AÖR Bd. 3, S. 491.
— Die geschichtliche Entwicklung der Reichsverfassung seit der Reichsgründung, JÖR Bd. 1 (1907), S. 1 (41).
— Das Reich und die Landeshaushalts-Etats der Bundesstaaten, DJZ 1913, S. 1.
— Staatsrecht des Deutschen Reiches, 5. Aufl., Bd. 1—4, Tübingen 1914.

Larenz, Karl: Lehrbuch des Schuldrechts, 5. Aufl., Bd. 1, München und Berlin 1962.
— Methodenlehre der Rechtswissenschaft, Berlin 1960.

Lassar, Gerhard: Der Erstattungsanspruch im Verwaltungs- und Finanzrecht, Berlin 1921.
— Gegenwärtiger Stand der Aufgabenverteilung zwischen Reich und Ländern, HbdDtStR Bd. 1 (S. 312), Tübingen 1930.

Lechner, Hans: Bundesverfassungsgerichtsgesetz, Kommentar, München und Berlin 1954.

Lehmann, Heinrich: Allgemeiner Teil des BGB, 9. Aufl., Berlin 1955.

Loewenstein, Karl: Verfassungsrecht und Verfassungspraxis der Vereinigten Staaten, Berlin - Göttingen - Heidelberg 1959.

Mangoldt v., H.: Das Bonner Grundgesetz, Kommentar, Berlin und Frankfurt/M. 1953.

Mangoldt-Klein: Das Bonner Grundgesetz, Bd. 1, 2. Aufl., Berlin und Frankfurt 1957.

Marschall-Gudat: Die Allgemeinen Verwaltungsvorschriften für die Auftragsverwaltung der Bundesfernstraßen, Köln - Berlin 1957.

Maunz, Theodor: Die Finanzverfassung im Rahmen der Staatsverfassung, VdStRL Heft 14 (1956), S. 37 ff.
— Deutsches Staatsrecht, 11. Aufl., München und Berlin 1962.

Maunz-Dürig: Das Grundgesetz, Kommentar (Loseblatt), München und Berlin, Stand 1966.

Mayer, O.: Deutsches Verwaltungsrecht, 2 Bände, 3. Aufl., München und Leipzig 1924.

Meier-Branecke: Die Anwendbarkeit privatrechtlicher Normen im Verwaltungsrecht, AÖR Bd. 11 n. F., S. 230.

Menger, Christ.-Friedr.: Höchstrichterliche Rechtsprechung zum Verwaltungsrecht, VerwArch. Bd. 49 (1958), S. 82.

Meyer, G.: Lehrbuch des Deutschen Verwaltungsrechts, Teil 1—2, 2. Aufl., Leipzig 1894.

— Lehrbuch des Deutschen Staatsrechts, 6. Aufl., Leipzig 1905.

Munz (x): Das Verschulden des mitwirkenden Beamten oder Angestellten in Fällen überzahlter Unterhaltshilfe, ZLA 1956, S. 131.

Nadler-Wittland-Ruppert: Deutsches Beamtengesetz, 2 Bände, Kommentar, Berlin 1938.

Naumann: Anmerkung zu einem Urteil des LG Ansbach, DVBl. 1952, S. 633.

Pagenkopf, Hans: Allgemeines Kriegsfolgengesetz, Kommentar, Münster 1958.

Palandt, Otto: Bürgerliches Gesetzbuch, Kommentar, 19. Aufl., München und Berlin 1960.

Patzig, Werner: Der allgemeine Lastenverteilungsgrundsatz des Art. 106 Abs. 4 Nr. 1 GG, AÖR 1961, S. 245.

— Der kooperative Föderalismus, DVBl. 1966, S. 389; AÖR 67, 297.

Peters, Hans: „Reichsauftragsangelegenheiten", in: „Reich und Länder" 1929, S. 367.

— Lehrbuch der Verwaltung, Berlin - Göttingen - Heidelberg 1949.

Plog-Wiedow: Bundesbeamtengesetz, Kommentar (Loseblatt), Berlin - Neuwied - Darmstadt.

Popitz, Johannes: Finanzwirtschaft der öffentlichen Körperschaften, Handbuch Finanzwissenschaft Bd. 2, Tübingen 1927, S. 338 ff.

Prechtel, Günther (x): Wann haftet der Versorgungsbeamte wegen zu Unrecht gewährter Versorgungsleistungen?, KOV 1957, S. 228.

Randel, Edgar (x): Keine Ersatzpflicht gegenüber dem Soforthilfefonds, Selbstverwaltung 1951, S. 297.

Rasch, E.: in M. v. Brauchitsch Bd. 1, erster Halbbd.: Verwaltungsorganisation und Verwaltungsverfahren, Köln, Berlin, Bonn, München 1962.

Reinhardt, Rudolf: Einige Grundgedanken über § 839 BGB und die Staatshaftung, DÖV 1955, S. 542.

Rempel: Anmerkung zu einem Urteil des OVG Münster, NJW 1954, S. 327.

Reuß, W.: Erstattungsgesetz, Kommentar, Berlin 1939.

Rietdorf, Fritz: Die Finanzverantwortung des Bundes gegenüber den Gemeinden, DÖV 1953, S. 225.

— Bundeswahlgesetz und Bundeswahlordnung, DÖV 1953, S. 487.

Rohwer-Kahlmann, Harry: Die Rechtsstellung des Bundes und der Länder in der Versorgungsverwaltung, DVBl. 1952, S. 745.

Ruck, Erwin: Schweizerisches Staatsrecht, 3. Aufl., Zürich 1957.

Sachse-Topka: Niedersächsisches Beamtengesetz, Kommentar, Neuwied 1961.

Schack, Friedrich: in „Beamtenjahrbuch" 1932, S. 206.

— „Auftrag" und „Geschäftsführung ohne Auftrag" im Verwaltungsrecht, RVerwBl. 1934, S. 221.

— „Analogie" und „Verwendung Allgemeiner Rechtsgedanken" bei der Ausfüllung von Lücken in den Normen des Verwaltungsrechts, Festschrift für R. Laun, Hamburg 1948, S. 275.

— Bundesverwaltungsgericht und Requisitionsentschädigung, DVBl. 1957, S. 740.

Schäfer, Hans: Bundesaufsicht und Bundeszwang, AÖR Bd. 78, S. 31.

— Die bundeseigene Verwaltung, DÖV 1958, S. 241.

— (x) Die Bundesauftragsverwaltung, DÖV 1960, S. 641.

Schäfer, K. H. (x): Zur Frage der Amtshaftung in der Ausgleichsverwaltung, DÖV 1957, S. 394.

— (x) Betrachtungen zur Amtshaftung aus der Sicht des Ausgleichsfonds, IFLA 1958, S. 225.

Scheuner, Ulrich: Die Rechtsprechung des Bundesverfassungsgerichts und das Verfassungsrecht der Bundesrepublik, DVBl. 1952, S. 613 ff.

Schieren: in Bundesversorgungsrecht mit Verfahrensrecht, Handkommentar, Bd. 1 und 2, Dortmund 1956.

Schmidt, L. (x): Haftung der Länder im Rahmen der Auftragsverwaltung?, DÖV 1959, S. 803.

Schmitt, C.: Verfassungslehre, Berlin 1954.

Schneider, R.: Deutsches Beamtengesetz, Kommentar, 2. Aufl., Berlin 1943.

Scholvien, Siegfried: Der Erstattungsanspruch im Verwaltungsrecht, Jur. Diss., Hamburg 1958.

Scholz, Franz: Treu und Glauben in der Verwaltungsgerichtsbarkeit, DVBl. 1949, S. 505.

Schreiber, O.: in Handwörterbuch der Rechtswissenschaft, hrsg. von Stier-Somlo und Elster, Bd. 3, Berlin und Leipzig 1928.

Schroer: Die haftpflichtige Körperschaft im Bereich der Amtshaftung, JZ 1952, S. 129.

Schulte-Frohlinde, A.: Die Bundesauftragsverwaltung nach dem GG und ihre Entstehung, Jur. Diss., Köln 1956/57.

Schulze, Hermann: Lehrbuch des Deutschen Staatsrechts, Leipzig 1886.

Schulze-Böhler, Wolfgang: Zur Entwicklung der Schadenshaftung im Innenbereich des öffentlichen Dienstes, DÖV 1961, S. 92.

Schulze, R. - *Wager,* E.: Reichshaushaltsordnung, Kommentar, Berlin 1934.

Schwenck-Biet: Soldatenversorgungsrecht, Kommentar, Frankfurt/M. 1957.

Seifert, Karl Heinz: Bundeswahlgesetz, Kommentar, Berlin und Frankfurt a. M. 1957.

Seydel, v., Max: Commentar zur Verfassungsurkunde für das Deutsche Reich, Freiburg und Leipzig, 2. Aufl., 1897.

Siebert, Wolfgang: Die Haftung der juristischen Personen des öffentlichen Rechts nach § 839 BGB im Rahmen des allgemeinen Haftungsrechts, DÖV 1951, S. 45.

— Das rechtsgeschäftliche Treuhandverhältnis, Marburg 1933.

— Privatrecht im Bereich öffentlicher Verwaltung, Festschrift für Niedermeyer, Göttingen 1953, S. 215.

Soergel-Siebert: BGB-Kommentar, Bd. 1, Stuttgart 1959.

Speck: Die finanzrechtlichen Beziehungen zwischen Reich und Staaten, Breslau 1908.

Stadler, K.: Handbuch der Wohnbauförderung und des sozialen Wohnungsbaues, München und Berlin 1955.

Stadler, Kurt: Die finanzverfassungsrechtliche Bedeutung des „Fernseh-Urteils", DÖV 1961, S. 453.

Stefen, Rudolf (x): Die Haftung des Versorgungsbeamten für nach dem 1. 4. 1951 zu Unrecht gewährte Versorgungsleistungen (Überhebungen), DÖV 1955, S. 239.

— (x) Zur Frage der Haftung der Versorgungsbeamten wegen zu Unrecht gewährter Versorgungsleistungen, KOV 1956, S. 17 ff., 41 ff.

— (x) Generalpardon — und was kommt dann?, DÖH 1957, S. 200.

— (x) Grundsätzliches zur Haftung des Beamten bei überzahlten Leistungen nach dem LAG, ZLA 1959, S. 133.

— (x) Beamtenhaftung im Rahmen des § 47 Verwaltungsverfahrensgesetz, „Der Versorgungsbeamte" 1959, S. 13 ff., 21 ff., 27 ff.

Sturm, Friedrich (x): Die abschließende Regelung der Kriegsfolgelasten, DVBl. 1965, S. 719.

— (x) Die Haftung der Länder bei der Erledigung von Bauaufgaben des Bundes, DÖV 1966, S. 78 ff.

— (x) Die Haftung der Länder (Gemeinden, Gemeindeverbände) bei fehlerhafter Verwendung von Haushaltsmitteln des Bundes im Gesetzesvollzug, DÖV 1966, S. 256.

Thoma, Richard: Das Reich als Bundesstaat, Handbuch des Deutschen Staatsrechts, Bd. 1, S. 169—186.

Triepel, Heinrich: Die Reichsaufsicht, Berlin 1917.

— Streitigkeiten zwischen Reich und Ländern, Festgabe für Kahl, Berlin 1917.

Turegg-Kraus: Lehrbuch des Verwaltungsrechts, 4. Aufl., Berlin 1962.

Vialon, Friedr.-Karl: Öffentliche Finanzwirtschaft, Berlin und Frankfurt a. M. 1956.

— Haushaltsrecht, 2. Aufl., Berlin 1959.

— Das Haushaltsrecht der Bundesrepublik Deutschland, AÖR n. F. Bd. 38 (1951/52), S. 20.

Voigt, Alfred: Ungeschriebenes Verfassungsrecht, VdVStRL Bd. 10, Berlin 1952.

Wacke, Gerhard: Öffentliches Dienstrecht, Berlin 1939.

— Das Finanzwesen der Bundesrepublik, Tübingen 1950.

— Grundlagen des öffentlichen Dienstrechts, Tübingen 1957.

Weber, Werner: Spannungen und Kräfte im westdeutschen Verfassungssystem, Stuttgart 1952.

Werner-Klecatsky: Das Österreichische Bundesverfassungsrecht, Wien 1961.

Wessel: Die Verwaltung, DVBl. 1949, S. 327.

Wilke, Gerhard: Rückforderung zu Unrecht empfangener Leistungen nach dem VerwaltungsverfG., KOV 1955, S. 69.

— Bundesversorgungsgesetz, Handkommentar, München 1960.

Wobser: Das Liquiditätsproblem der Bundeskasse, DÖH 1959, S. 114, 159.

Wodrich, Wilhelm: Die Berechnung der Pauschalbeträge in der Kriegsfolgenhilfe, DÖV 1955, S. 285.

Wolff, Hans Julius: Lehrbuch des Verwaltungsrechts, Bd. 1, 4. Aufl., München und Berlin 1961.

Zeidler, Karl: Gedanken zum Fernseh-Urteil des Bundesverfassungsgerichts, AÖR 1961, S. 361.

Zinn, Georg August: Der Bund und die Länder, AÖR Bd. 75, S. 291.

Zschacke (x): Zum „Regreß" in der Ausgleichsverwaltung, ZLA 1957, S. 145.

Ohne Verfasserangabe: Arbeitsüberlastung und Haftungsansprüche — Kommt ein Generalpardon?, Der Versorgungsbeamte 1957, S. 81, S. 144.

Ohne Verfasserangabe: Gibt es Amtspflichten im Sinne des § 839 BGB zwischen Staat und Gemeinden?, Der Landkreis 1960, S. 456.

Printed by Libri Plureos GmbH
in Hamburg, Germany